名师工程
《基础教育课程》丛书

教育部基础教育课程教材发展中心
《基础教育课程》杂志社组编

基于核心素养的深度学习

JIYU HEXIN SUYANG DE
SHENDU XUEXI

总 主 编　付宜红
本册主编　李文辉

西南大学出版社
国家一级出版社　全国百佳图书出版单位

图书在版编目（CIP）数据

基于核心素养的深度学习 / 李文辉主编. — 重庆：西南大学出版社，2022.6
名师工程
ISBN 978-7-5697-1204-9

Ⅰ.①基… Ⅱ.①李… Ⅲ.①素质教育-教学研究 Ⅳ.①G40-012

中国版本图书馆CIP数据核字（2022）第072805号

基于核心素养的深度学习
JIYU HEXIN SUYANG DE SHENDU XUEXI

李文辉　主编

责任编辑：赖晓玥
责任校对：牛振宇
出版发行：西南大学出版社（原西南师范大学出版社）
　　　　　　地址：重庆市北碚区天生路2号
　　　　　　邮编：400715　市场营销部电话：023-68868624
　　　　　　网址：http://www.xdcbs.com
经　　销：新华书店
印　　刷：重庆市国丰印务有限责任公司
幅面尺寸：170mm×240mm
印　　张：15.25
字　　数：292千字
版　　次：2022年6月　第1版
印　　次：2024年7月　第2次印刷
书　　号：ISBN 978-7-5697-1204-9
定　　价：58.00元

若有印装质量问题，请联系出版社调换
版权所有　翻印必究

foreword 序

　　本丛书是由教育部基础教育课程教材发展中心《基础教育课程》杂志社策划编辑的系列教师读本。丛书中提炼的主题以及精选的文章聚焦当前教育重点、热点话题，体现了《基础教育课程》杂志的办刊理念，浓缩了《基础教育课程》杂志近年来的出刊精华，汇聚了全国一流专家学者、特级教师，以及教育行政、教研人员的科研成果与实践智慧。

　　课程是国家意志的体现，基础教育课程承载着国家对人才培养的目标、期盼与路径设计。2004年，由教育部主管、教育部基础教育课程教材发展中心主办的《基础教育课程》杂志创刊，时任国务院副总理李岚清同志亲笔题写刊名。当时的杂志从教育部为各课程改革实验区编发的《基础教育课程改革通讯》改编而来。十几年来，杂志秉承"专业引领、服务实践"的办刊理念，以全面贯彻新时期党和国家教育方针，坚守素质教育阵地，弘扬课程改革主旋律，落实立德树人根本任务为宗旨，聚焦基础教育课程改革的推进，记录、跟踪改革发展历程，权威发布并深度解读国家基础教育改革及课程教材建设相关政策文件，提炼报道地方及学校改革经验和动态，宣传推广基础教育课程教材、教学教研及评价领域最新成果。如今，《基础教育课程》杂志已成为国内一流的课程教学专业期刊,是国家课程教材专业研究机构——课程教材研究所指定期刊,全国中文核心期刊,中国人民大学复印报刊资料重要转载来源,为中国核心期刊(遴选)数据库、中国学术期刊网络出版总库全文收录。

近年来,《基础教育课程》杂志聚焦教育部主责主业,依托国家教材委员会、教育部基础教育课程教材专家咨询委员会,国家课程方案、各学科课程标准以及中高考命题改革等权威专家力量,在学生核心素养发展、国家课程方案、课程标准、新教材解读以及教学研究、考试评价制度改革、深度学习教学改进、高中育人模式变革等方面做了系列重点报道,已成为地方、学校执行国家课程方案,探索育人模式变革,落实立德树人根本任务的高端交流与展示平台。为使期刊近年来策划组织的相关重大选题和文章发挥更大的辐射作用,在西南大学出版社的支持下,我们策划编撰了此丛书。

此丛书共有两个系列,分别是"基于核心素养的新时代课程建设系列"和"基于核心素养的教学改进系列"。"基于核心素养的新时代课程建设系列"包含《新时代的劳动教育》《新时代的校本课程建设》《新时代的主题教育课程》和《新时代的教研工作》四个分册。"基于核心素养的教学改进系列"涵盖《基于核心素养教学改进的落地导引》《基于核心素养的大单元和大概念教学》《基于核心素养的深度学习》《基于核心素养的项目式学习》《基于核心素养的跨学科学习》《基于核心素养的任务驱动与问题解决式学习》及《基于核心素养、着眼未来的学习》等热点教学策略。此外,"基于核心素养的教学改进系列"还聚焦普通高中新课程标准(2017年版2020年修订)和新高考,涉及语文、数学、英语、思想政治、历史、地理、物理、化学、生物9个学科的新课标、新教材及其对应的新教学策略与教学设计和考试评价等内容。

有别于名家、名师的个人专著,本丛书具有作者众多,研究视角多样,案例丰富、典型,特别是导向前瞻,既有理论指导性又有实践可操作性等鲜明特点,希望能为广大教师在落实立德树人根本任务,构建"五育"并举的学校课程体系,开展基于核心素养的教学以及探索新中高考改革的路上提供切实的引导与帮助!

《基础教育课程》杂志社主编　付宜红

Preface 前言

"只会教,不知道为何而教""只见树木,不见森林""作业重复练习、偏难怪"等教育现象一直困扰着广大一线教师。随着新课程改革的深入,上述课堂教学环节存在的问题受到了广大教育工作者的关注。新课程改革二十年来,教学环节的改革已经逐步走向深入,深度学习教学策略就是课堂教学改革中的积极探索之一。

深度学习是针对浅层学习的弊病提出的。新课程改革以后,自主、合作、探究的教学方式被逐步推广,学生主体地位逐渐确立,但在课堂中仍然存在"满堂说""不深入""讲不完"等现象,有些课堂虽然采用了以学生为主体的形式来开展,也充分激发了学生的积极性,但课堂主题容易偏离、讨论容易浮于表面、教学任务难以完成。由此,教育工作者们主张开展深度学习的教学实践。

深度学习强调课堂教学中学生的自主、合作、探究必须在教师的主导下完成,应在教师引导下逐渐走向深入;深度学习强调学生的学习内容应指向学科核心结构、概念和原理,指向学习内容的深层次学习、分析和重构;深度学习强调在真实的生活情境中进行,要把学生的感知觉、思维、情感、意志、价值观等要素相融合,是需要学生全面参与、全身心投入的活动;深度学习强调学习的目的是核心素养的培育,其中批判性思维、实践探究、创新能力、合作精神等是深度学习的主要培养目标。

深度学习倡导系统设计课堂教学实施的各环节，包括教学主题选择、目标设定、内容和活动确立、激励评价等。主题主要以"知识单元""学习单元"等形式呈现，以大概念的方式组织学习内容，促进单元学习内容的重构；学习目标要指向核心素养培育，要以高阶思维培育为目标；内容和活动的选择要强调深度性、实践性、合作性，促进学生动手能力、合作能力的培育；有效、及时的评价能促进课堂目标的达成，促使学生在课堂上及时调整学习方法，是重要的课堂教学激励手段。

为落实好当前新课标、新教材、新教学、新评价对教师提出的新要求，《基础教育课程》杂志走访课改名家，征集一线优秀学科教研员、特级教师等的科研与教学成果，刊发介绍了大量针对深度学习研究与实践的文章。本书遴选其中精华部分，精心编排，奉献给读者。

全书共分为三个部分。第一部分为"深度学习概述"，主要介绍核心素养与深度学习的关联，阐述深度学习的实施对于促使核心素养落地的积极意义，涉及深度学习的基本内涵、实施要点、实践者的认识等内容。其中第四节"实践者的认识"主要从一线教师角度来叙述对深度学习的认识，对教师具有较强的思想引领作用。本章是全书的引领章节，解决为何进行深度学习这一基础性问题。

第二部分为"深度学习的策略"，这一章主要包括深度学习项目推进策略、深度学习的教学策略两部分内容。深度学习项目推进策略主要从学校层面出发，介绍学校推进深度学习项目的策略。深度学习的教学策略主要聚焦课堂教学环节，介绍了在课堂教学、对话、评价等环节中实施深度学习的策略。本章注重从理论层面进行思想引领，注重方式方法的探索与实践。

第三部分为"深度学习的案例"，精选了不同学科的22篇案例研究论文，涉及语文、数学、英语和其他学科。其中语文学科深度学习教学案例1篇，主要聚焦"小学语文深度学习模板"的设计。数学学科深度学习教学案例11篇，主要聚焦教学理解、实施方法、结构性问题设计与高阶思维培养等内容。英语学科深度学习教学案例3篇，主要聚焦阅读、探究式课堂、写作等内容。其他学科深度学习教学案例7篇，涉及思想政治、化学、物理、信息技术、美术等学科。

本书的编排力求理论与实践相结合，从课程到教学再到评价，全方位呈现有关深度学习研究的新发展、新思考、新实践，既有理论的介绍与剖析，又有实践应用的策略与方法，期待能够为广大教师的教学实践提供参考。

Contents 目 录

第一章 深度学习概述

第一节 核心素养与深度学习 / 1
  深度学习是核心素养培育与发展的基本途径 / 郭　华　1
  深度学习是指向核心素养的学习 / 杨玉琴　3
  转变教学方式，落实核心素养 / 靳建设　4

第二节 深度学习的基本内涵 / 6
  我国"深度学习教学改进项目"的缘起 / 张铁道　张　晓　6
  深度学习的概念 / 郭　华　9
  深度学习的三个基本命题 / 贺　慧　11
  深度学习要重视教学设计 / 崔允漷　13
  深度学习要回归课堂原点 / 贺　慧　14
  深度学习的操作模型 / 贺　慧　17

第三节 深度学习的实施要点 / 20
  深度学习的五个实施要求 / 郭　华　20
  深度学习的四个重要环节 / 郭　华　23
  深度学习的四个要素 / 柏春庆　25
  深度学习的四大操作要领 / 贺　慧　30
  深度学习的六大转变 / 杨玉琴　33
  "深度学习"项目推进的五条经验 / 张铁道　张　晓　35

第四节 实践者的认识 / 38
  对"深度学习"的基本理解 / 柏春庆　38
  走向深度学习 / 贺　慧　40

"深度学习"——来自教师的体会 / 刘秋梅 42
改变从"深度学习"开始 / 于 明 46
在"深度学习"中寻找教师的价值和未来 / 张亚楠 49
深度学习是触及知识内核的学习 / 嵇成国 53

第二章 深度学习的策略

第一节 深度学习项目推进策略 / 55
课程融合：提升深度学习的效益 / 庞 健 张万兵 55
深度学习的课程改革实践 /
　　"江苏省锡山高中课程体系的整体构建与实践创新"项目组 59
静水流"深"，博而有"度"
　　——北京石油学院附属小学"深度学习"项目实施策略 / 郭红霞 62
推进单元整合 促进深度学习 / 王晓英 67
综合实践活动进行深度学习的"四度"策略 / 邵佩红 71

第二节 深度学习的教学策略 / 76
项目式学习：培育核心素养的重要途径 / 贺 慧 张 燕 林 敏 76
深度学习视阈下问题式教学策略 / 王玉红 80
聚焦课堂"深度对话"，实现学生深度理解 / 刘 莉 文陈平 易 娜
　　邓静怡 辛 婕 88
指向深度思考力培养的课堂教学评价 / 刘明成 刘 江 洪 云 94

第三章 深度学习的案例

第一节 语文学科的教学案例 / 101
教学目标牵引的"深度学习"教学改进实践
　　——"小学语文深度学习模板"设计与解读 / 张小华 秦翠林 101

第二节 数学学科的教学案例 / 109
数学深度学习的教学理解与策略 / 刘晓玫 109
小学数学"深度学习"实施的方法和策略 / 贾素艳 116

理解数学核心素养 践行深度学习 / 付 丽 孙京红 120
结构性问题设计与高阶思维培养 / 孙学东 125
指向深度学习的知识教学
　　——以小学数学为例 / 于国海 129
数学教学任务向深度学习问题的转化 / 孙学东 136
慎思笃行品"深度"
　　——海淀小学数学团队基于"深度学习"的教学改进 /
　　孙京红 付丽 141
剩之愈小，割之弥细
　　——小学数学五年级上册《小数除法》单元"深度学习"案例 /
　　石秀荣 贾海林 147
聚焦核心素养 理解儿童 理解数学 / 吴正宪 155
聚焦几何直观 探寻小数意义
　　——《小数的意义》深度思考与实践 / 刘大鹏 157
形神兼备悟小数 / 马云鹏 164

第三节 英语学科的教学案例 / 166

"深度阅读"，落实学生思维品质培养 / 阚小鹏 166
以写促读的探究式课堂：主题语境下的深度学习 / 王军起 章策文 171
深度学习理念下的初中英语写作教学实践 / 杨 政 177

第四节 其他学科的教学案例 / 182

指向深度学习的思想政治课议题式教学 / 刘 乐 182
以深度学习促核心素养发展的化学教学 / 胡久华 189
从深度学习跨向素养养成
　　——《浮力》一课教学设计与反思 / 骆 波 199
指向素养养成的化学深度学习
　　——"保护珊瑚礁——水溶液中的离子平衡主题复习课"例析 /
　　陈 争 207
深度学习视域下思想政治课堂"六有" / 陈海兰 苏晓军 李育民 214
高中信息技术的深度学习主题设计
　　——以宁波中学内地新疆班为例 / 陈宜挺 219
"尽精微致广大"的美术深度学习
　　——由《生命中的色彩：凡·高绘画赏析》一课想到的 / 段 鹏 225

第一章

深度学习概述

第一节　核心素养与深度学习

深度学习是核心素养培育与发展的基本途径

郭　华[①]

深度学习是我国课程教学改革走向深入的必需

改革开放 40 多年来，基础教育研究与实践的最大成就之一，就是树立了"学生是教育主体"的观念。但是，在课堂教学中，学生并未真正成为主体，大多数课堂教学也没有发生根本变化。为什么？因为大多数教学改革尚未抓住教学的根本，对课堂教学的研究还只停留在文本上、观念上，没有落到实际行动中。开展深度学习的研究与实践正是把握教学本质的一种积极努力，是我国课程教学改革走向深入的必需。

时代剧变倒逼教学改革必须走向深入

当前，随着智能机器尤其是智能化穿戴设备的大量出现，部分传统职业已被替代，甚至有人认为教师和教学也可能被替代而消失。在这样的情形下，我们不得不思考：在智能化时代，真的不需要教学了吗？真的不需要教师了吗？当然，那得看是什么样的教学。如果把教学仅仅看作知识的刻板传递的话，那么，智能技术完全可以胜任，教学和教师完全可以被智能机器替代。

[①] 郭华，北京师范大学教授、博士生导师。

借用马云（阿里巴巴集团创始人）的话说，在一个把机器变成人的社会，如果教学还在把人变成机器，是没有出路的。蒂姆西·库克（Timothy D. Cook，苹果公司现任CEO）说："我不担心机器会像人一样思考，我担心的是人会像机器一样思考。"正是由于智能机器的出现和挑战，我们必须严肃思考：教学究竟应该是怎么样的？教学存在的意义和价值究竟是什么？事实上，教学的价值和意义一直都是培养人，但智能时代让它的意义和价值更加鲜明，不能再被忽视。因此，当机器已不只以存储为功能，而开始像人一样思考的时候，我们清醒地意识到：教学绝不是知识传递，甚至知识学习本身也只是培养人的手段，教学的最终目的是实现学生的全面发展。因此，帮助学生在知识学习过程中形成核心素养，在知识学习过程中成长和发展，成为教学的首要任务。

深度学习是指向核心素养的学习

杨玉琴[①]

当前,核心素养成为基础教育改革的支点,发展核心素养是深度学习的目标指向,深度学习是发展核心素养的现实路径。核心素养具有下列属性:①整合性。整合性是学生应具备的、能够适应终身发展和社会发展需要的必备品格和关键能力。②可迁移性。不是掌握碎片化的知识,而是注重有效的迁移及真实问题的解决。③情境性。学习内容是意义化的。而非机械化的。④高阶性。认知维度上更关注分析、评价、创造等高级认知。

深度学习(Deeper Learning)与孤立记忆和非批判性被动接受知识的浅层学习(Surface Learning)相对,是一种主动的、批判性的学习方式,强调理解性的学习、批判性的高阶思维、主动的知识建构、有效的知识迁移及真实问题的解决。中国学生发展核心素养(表1)体系与深度学习能力框架(表2)具有较高的一致性。核心素养不可能通过浅层学习实现,只能通过深度学习习得。

表1 中国学生发展核心素养

文化基础	人文底蕴
	科学精神
社会参与	责任担当
	实践创新
自主发展	学会学习
	健康生活

(教育部学生发展核心素养研究协作组,2016年9月)

表2 深度学习能力框架

认知领域	掌握学科核心知识
	批判性思维和复杂问题解决
人际领域	团队合作
	有效沟通
个人领域	学会学习
	积极的学习心智

(AIR, Study of Deeper Learning: Opportunities and Outcomes)

---

① 杨玉琴,华东师范大学教育学博士、美国波士顿学院访问学者。

转变教学方式，落实核心素养

靳建设[①]

基于核心素养的教学是怎样的？这是一线教师共同关注的问题。对此应达成共识：只有能将学生引向"深度学习"的教学，才是基于核心素养的教学。所谓"深度学习"，就是指在真实复杂的情境中，学生运用所学的本学科知识和跨学科知识，运用常规思维和非常规思维，通过高层次的思维参与与投入，将所学的知识和技能用于解决实际问题，以发展学生的批判性思维、创新能力、合作精神和交往技能的认知策略。正如余文森所言，"没有高水平的思维参与和投入，知识的学习就永远只会停留在符号知识（表层结构）的学习上，而不能深入知识内涵（深层结构），获得知识的价值和意义，进而使知识和思维能力获得良性循环的发展"。因此，要大力引导广大教师切实转变教学方式，指向学生核心素养发展这一基本目标。

一是要实现由"三维目标"向"核心素养"转变。要引导广大教师深入开展基于"核心素养"的教学方式的课例研究，通过课例把核心素养真正落实到课堂教学中，落实到学生的学习方式和教师的教学方式的深刻变革中，从而力争将核心素养由一个抽象的理念变成一个看得见、摸得着的行动。

二是要实现由学科中心向学生中心转变。要积极引导广大教师从以学科为中心、学科核心知识为中心、学科考点为中心，转向以核心素养为中心。从核心知识到核心素养，其本质是从学科中心的课程观向学生中心的课程观的转变。当下，以学科核心知识为中心的教学，过于注重知识而轻经验、重学科逻辑轻心理逻辑、重学术性轻实用性。要倡导从学生的立场出发，核心知识与核心素养并重的课程教学理念，以学生为教学的出发点和落脚点，这要求我们广大教师在学科教学中，不仅要让学生熟练掌握语言文字符号所直接表述的学科知识和技能（概念、规律、命题、理论的内涵及其意义），更要让学生感受、体会和领悟到蕴含在学科知识内容和意义之中或背后的精神、价值、方法论、生活意义（文化意义）。任何学科的教学都不应仅仅为了获得

---

① 靳建设，甘肃省教育科学研究所党委书记兼副所长，教育部基础教育课程教材专家工作委员会委员，全国中小学教育督导评估专家。

学科的若干知识、技能和能力，而是要同时指向人的精神、品格养成，思想情感、思维方式、生活方式和价值观的生成与提升，指向对人的文化意义、思维意义和价值意义的追求。

三是要实现由单一学习方式向多元化学习方式转变。"核心素养"一头连接"全面发展的人"，一头连接"真实的生活世界"，核心素养本身具有可塑造性、后天可培养性和可干预性等特征，因此，核心素养的培养要在真实的生活情境之中进行，要通过真实的情景、多元化的学习方式，如小组讨论、项目式学习、实践探究式学习等，把知、情、行、思、信等要素相融合，统筹落实。

第二节 深度学习的基本内涵

我国"深度学习教学改进项目"的缘起

张铁道[①]　张　晓[②]

"深度学习"教学改进项目是教育部基础教育课程教材发展中心组织专家团队，在借鉴国内外相关研究与成功实践经验基础上，结合我国课程教学改革的实际，以引导中小学教师开展深度学习教学实践为导向的教学改进项目。

专家团队以汇集群体智慧、促进成功经验分享的研修机制来推动项目规划、项目实施方案研制，引导参与者认识深度学习理念与实践策略，以此指导项目实施的全过程。实际上，系列专题研修本身就是项目实施团队亲身体验深度学习的过程，基于项目实施过程的研修已经成为导向和支撑项目实践创新的能力建设过程。

一、从"为理解而教"到"深度学习"

（一）问题与需求

新一轮基础教育课程改革实施十余年来，以改善学生学习体验为主旨的教育理念已经成为越来越多一线教师的教学行为，但仍然存在一些突出问题。例如：基层学校课堂教学中，依然存在教学形式化、教学模式化、教学浅表化、思维深度和有效性不够、适切性不够、整体性结构化弱、实践性薄弱等问题。一线教师在有效促进学生思维品质、培养学习能力等方面有普遍诉求。

（二）政策要求

《国家中长期教育改革和发展规划纲要（2010—2020年）》（下简称《纲要》）强调："严格执行义务教育国家课程标准"，"深入推进课程改革，全面落实课程方案，保证学生全面完成国家规定的文理等各门课程的学习"。《纲

[①] 张铁道，教育学博士，研究员，曾任北京教育科学研究院副院长、北京开放大学副校长。
[②] 张晓，北京市海淀区教师进修学校教师。

要》还要求：要深化教育教学改革，创新教育教学方法，注重学思结合、知行统一和因材施教。强调培养学生的创新意识和实践能力。

为了保障课程改革目标的实现，教育部印发了《义务教育学科课程标准（2011年版）》《幼儿园教师专业标准（试行）》《小学教师专业标准（试行）》《中学教师专业标准（试行）》和《教师教育课程标准（试行）》等。

教育部《关于全面深化课程改革 落实立德树人根本任务的意见》就增强学科教学的育人功能提出了具体要求，包括：需要依据课程标准，强调重要概念的学习，并在学习过程中加强重要概念在学科内的纵向关联和跨学科的关联，加强学生对重要概念的持续理解；需要建立民主、平等的师生关系，促进自主、合作、探究的真正落实；在学习过程中要强调方法的学习，要促进学生方法意识的养成，让学生学会学习。教师要把握正确的教学方法，鼓励学生自主、合作、探究地学习，真正做到学思结合。上述新的需求，都在客观上要求在职教师实践有深度的、能力导向的教学。

（三）"为理解而教"教师网络研修课程的本土化实践

"深度学习"教学改进项目的规划借鉴了哈佛大学的"为理解而教"（Teaching for Understanding）项目及其在我国的初步实践。"为理解而教"教师网络研修课程是美国哈佛大学教育研究生院在多年研究与实践基础上开发的教师职业发展项目，旨在帮助教师发展促进学习者获得有效理解的教学理念，掌握"为理解而教"的教学策略，增强教师教学设计与实施能力，从而达到显著提高教学质量的目的。在教育部基础教育司和北京市教育学会的帮助下，北京广播电视大学（现为"北京开放大学"）于2011年引进该课程，并借助哈佛大学特色课程培训北京市中小学、幼儿园、教研机构、开放大学系统的教师400余人。该课程最为显著的特点在于注重教师的专业学习与教学实践能力培养。北京市海淀区教师进修学校附属实验学校在选派部分教师参加上述课程学习后，随即在学校开展了本土化的教学实践，取得了十分显著的教学成效，并公开出版了实践成果《面向未来的课堂——"为理解而教"单元教学实践案例》。学校的实践不仅得到哈佛大学专家的充分肯定，也引起教育部基础教育课程教材发展中心的关注。这项课程及其实践成为规划"深度学习"教学改进项目的重要参照，"为理解而教"理念本土化的实践也成为"深度学习"教学改进项目的重要资源。

（四）与国际教学改革发展前沿接轨

"深度学习"也是国际教学发展关注的新领域。《2016地平线报告》（基础教育版）把探索深度学习策略作为未来3—5年内驱动学校教育技术应用的关键要素。报告提出，全球各地的许多学校都在关注深度学习方式，它们能支持真实生活体验，以便为学生日后工作做准备。深度学习旨在帮助学生掌握周围世界的新知识和技能。教学策略也从被动接受转向主动获取的学习，让学生从新的信息中形成自己的观点，并能够掌握他们参与的科目。这种策略包括基于问题的学习、基于项目的学习、基于挑战的学习、基于探究的学习，并借此鼓励学习者创造性地解决问题并积极实施解决方案。教育者正在借助学生们早已应用的工具，借助深度学习将课程学习与真实的生活应用相结合。

上述情况表明，在基本满足了基础教育阶段办学条件的前提下，保障全体学生获得有质量的深度学习已经成为国家及全社会对于新时期教学品质的突出要求；深度学习也是符合国际教育发展趋势与实践创新的重要领域，并且已经形成一些值得借鉴和推广的成功经验。

二、"深度学习"教学改进项目的规划

"深度学习"教学改进项目的目标在于：深化课改实践；改变教学模式；促进学生的可持续发展；促进教师专业发展；提升学校在课程实施与教师发展方面的领导力；创新教研机制。

项目的定位在于引导教师解决教学系统中最为基本的问题：什么样的教育内容更有价值——教什么（单元主题—中心任务—载体）；什么样的教与学目标更有意义——学会什么（学习目标—学习预期—目的）；什么样的方式有利于实现目标——怎么教（学习活动—学习过程—设计）；用什么方式检验教学效果——怎么评（持续性评价—达成反馈—检验）。

"深度学习"教学改进项目的对象群体为一线教师。此项目为教师的教学改进实践搭建"脚手架"，提出思路和框架以及教学基本策略；激发教师认知和行为模式的改变；通过边研究、边实验、边总结、边提炼，实现共研共建共生。项目主张：通过教学改进过程发现问题、解决问题，实施行动研究，推出一批教学创新的领军人物——优秀骨干教师，推出一批进行深度课程教学改革的特色学校。

深度学习的概念

郭 华[①]

什么是深度学习？可以从两个层面来理解。一个是初级层面，是针对教学实践领域的弊端提出来的，是针砭时弊的一种提法。深度学习是针对实践中存在大量的机械学习、死记硬背、知其然而不知其所以然的浅层学习现象而提出的。这里的"深度"是指学生的深度学习。我们并不强求教师必须采用某种固定的模式或方法，而是强调，教师要用恰当的方法去引发、促进、提升学生的深度学习。在这个意义上，深度学习是浅层学习的反面，是针砭时弊的。

但是，深度学习绝不只停留于这个层面。深度学习还有另一层面的理解，即高级的层面：深度学习并不只是为了培养学生的高级认知和高阶思维，而是指向立德树人，指向发展核心素养，指向培养全面发展的人。因此，深度学习强调动心用情，强调与人的价值观培养联系在一起。每个教师都应该想：我今天的教学会给学生造成什么样的影响？能够让他有善良、正直的品性吗？会让他热爱学习吗？会影响他对未来的积极期待吗？……总之，深度学习的目的是要培养能够"百尺竿头更进一步"、能够创造美好生活的人，生活在社会历史进行中的、具体的人，而非抽象意义上的有高级认知和高阶思维的偶然个体。

此外，我们的深度学习也与机器的"深度学习"绝不相同。我们所说的深度学习是要激发学生自己的想象力、原创力，培养学生的同情心、敏锐的感受力，提升学生的合作意识、信任感，等等，这是人的深度学习和机器的"深度学习"有根本区别的地方。综上，我们所说的深度学习，必须满足以下四个要点：

1. 深度学习是指教学中学生的学习而非一般意义上学习者的自学，因而特别强调教师的重要作用，强调教师对学生学习的引导和帮助。

2. 深度学习的内容是有挑战性的人类已有认识成果。也就是说，需要深

[①] 郭华，北京师范大学教授、博士生导师。

度加工。深度学习的内容一定是具有挑战性的内容，通常是那些构成一门学科基本结构的基本概念和基本原理，而事实性的、技能性的知识通常并不需要深度学习。在这个意义上，深度学习的过程也是帮助学生判断和建构学科基本结构的过程。

3. 深度学习是学生感知觉、思维、情感、意志、价值观全面参与、全身心投入的活动，是作为学习活动主体的社会活动，而非抽象个体的心理活动。

4. 深度学习的目的指向具体的、社会的人的全面发展，深度学习是形成学生核心素养的基本途径。根据这四个要点，我们给深度学习做了一个界定："所谓深度学习，就是指在教师引领下，学生围绕着具有挑战性的学习主题，全身心积极参与、体验成功、获得发展的有意义的学习过程。在这个过程中，学生掌握学科的核心知识，理解学习的过程，把握学科的本质及思想方法，形成积极的内在学习动机、高级的社会性情感、积极的态度、正确的价值观，成为既具独立性、批判性、创造性又有合作精神、基础扎实的优秀的学习者，成为未来社会历史实践的主人。"[1]

参考文献：

[1] 郭华. 深度学习及其意义 [J]. 课程·教材·教法，2016，36（11）：25-32.

深度学习的三个基本命题

贺 慧[①]

课堂是学生学习的主要场所，课堂教学是学校育人的主要渠道。课堂教学的质量在很大程度上决定着学校的教育教学质量，也是学生发展质量的重要影响因素。新课改以来，课堂教学不断地更新观念，也在不断地催生模式，但纵观课堂教学现状，仍然存在着严重的学习浅表问题：学生学得粗浅而未深入学科本质、学得分散而缺少整合、学得狭隘而一叶障目……这使得学生简单记忆和机械训练的学习状况未能从根本上得到改变，学生在理解知识、建构意义和解决问题的能力发展上严重不足。

"深度"从内涵上讲，泛指触及事物底部和本质的程度。以此推理，深度学习就是触及学习活动底部和本质的学习。对于课堂学习而言，学习内容、学习主体、学习目的是分析学习活动的三个基本维度。而深度学习就是深入学科本质的学习，是触及学生心灵深处的学习，是促进学生持续建构的学习。那么，学科的本质是什么？如何触及学生的心灵深处？如何认识和体现学习过程的本质？

我们认为，深度学习的本质和内涵可以用三个基本命题加以理解。

一、深度学习是有意义的学习

"有意义的学习"包括两层含义：一是新知识与旧知识之间有实质性的关联；二是学生不但获得知识，而且获得了知识对于自身兴趣、情感和思维的精神意义。在奥苏贝尔看来，有意义的学习指符号所代表的新知识与学习者认知结构中已有的适当概念建立非人为的、实质性联系的过程。[1]这样的学习活动中，影响学习的最重要的因素是学习者已经知道了什么，这要求教师根据学生原有知识进行教学。在有意义的学习过程中，学习内容不是直接给予学生的，而是由学生去发现这些知识，然后再将其加以内化。学习的过程是学生在新知与原有认知之间寻找到新的连接点，并将新知内化到原有结构之中，最终形成一个完整的观念体系的过程。深度学习要求学生的学习不是

[①] 贺慧，四川省成都市锦江区教师进修学校副校长。

单纯的接受，而是在发现基础上的同化。

二、深度学习是理解性的学习

深度学习重在引导学生通过深切的体验和深入的思考，达成对学科本质和知识意义的渗透理解。所谓理解性的学习，指的是学生对自身关于学习对象的"前理解"的不断修正的过程，最终目的在于意义的获得及生命的完善。在课堂中的理解性学习中，学生并不是被动地接受教科本和教师讲解所呈现的信息，而是在这些学习内容范畴内自我反思、自我理解。学生通过与文本、教师、环境等多因素对话不断形成"确解"，实现自身对学习对象的理解，最终实现"自我理解"。

三、深度学习是阶梯式的学习

深度学习过程必然是由浅入深的、由表及里的、由外到内的。这就要求学生的深度学习必须是促进式的、层次性的、阶梯式的。学生的深度学习是指在教师的课堂教学促进下和具有较强层次的课堂教学设计下，学生以"阶梯"式的方式逐步地触及兴趣、情感和思维的深处。

参考文献：

[1] 莫雷.教育心理学 [M].广州：广东高等教育出版社，2005：113.

深度学习要重视教学设计

崔允漷[①]

"深度学习"有多种定义,其中有四个关键点:一是高认知,高认知的起点就是理解;二是高投入,即全神贯注;三是真实任务、真实情境的介入;四是反思。

在深度学习中,学生是积极主动的学习者;教师的作用是引起、维持、促进学习;学习的目标是学以致用;学习的内容是蕴含意义的任务,即真实情境的问题解决;教学过程表现为高投入、高认知、高表现的学习;学习评价为真实情境下的问题解决、完成任务的表现;反思即悟中学,是必需的。教学设计的产品即教学方案应该是教师开给学生的学习"处方",让学生明白去哪里、怎么去、怎么知道已经到那里了,而不是教师告诉别人"我自己"要做什么。教师不要整天只关注自己怎么教,而要关注学生学会什么、有没有学会、怎么学会。

因此,教学变革首先要变革教学设计。当下的教案主要涉及三个方面:目标、重难点、教学过程。目标写学生去哪儿;重难点是 20 世纪写教学目的、任务时常写的,而新课程要求写目标了,就不需要写重难点了,因为目标就是回答如何解决重难点问题的;教学过程主要回答教师自己做什么,主语全是教师,如导入、创设情境、讲授新知识、布置作业等等。教师写了那么多年的教案,连"用户"是谁都没搞明白。相反,医生在写处方或病历时从来不写他自己要做什么,而是写病人要做什么。这样一比较,教学的专业性远不及医学。况且,教了不等于学了,学了不等于学会了,教师只关注自己怎么教,能达到"学生的学会"吗?所以,教学变革要从教案开始,教案不变,课堂就不会变!教案变革的方向是把深度学习设计出来,让真实学习真正发生。

[①] 崔允漷,华东师范大学课程与教学研究所所长、教授、博士生导师。

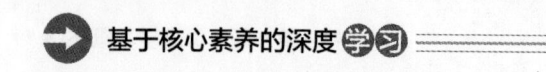

深度学习要回归课堂原点

贺 慧[①]

"课堂原点"大致包含三层意思：（1）课堂学习的起点和终点；（2）课堂学习的本源和根源；（3）课堂学习的本性与本质。统观"为何学""学什么""如何学"和"学得如何"四个课堂教学实践的基本问题，学生课堂学习缺乏深度的根本原因乃是人们普遍关注的"点"大多在课堂之外，偏离了课堂学习的四个基本方面，即智慧与生命、学科与教材、知识与能力、学习与发展。这四大基本方面分别指向主体论、知识论、学习论与发展论四大理论领域，共同构成课堂教学改革与实践的理论基石。从实践操作的意义上讲，学生、学科与学习是课堂教学设计的三大原点。唯有深入地认识和把握这三个原点，才能真正回到课堂教学的固有本性上来，回到课堂教学的内在逻辑上来。

正如前文所说，我们认为深度学习是学生源于自身内部动机的对有价值的学习内容展开的完整的、准确的、丰富的、深刻的学习。要实现深度学习，就必须研究学生的内源性动机是如何激发与保持的，完整、准确、丰富、深刻的学习是如何发生的，哪些学习内容是更有价值的，这也是在回答学生、学习、学科三大课堂原点问题。

一、学生的内源性动机是如何激发与保持的？

内源性动机主要指的是某种活动产生的源于人本身的内在因素，即人做某种行为，是因为行为本身可以带来成就感，或者个体认为这种行为是有价值的。那么学生的内源性动机如何激发呢？人从呱呱坠地的那一瞬间开始就有着认识世界最有力的工具——好奇心。好奇心是人们基于自身意志、自主认识建构外部世界的出发点。然而，好奇心作为学生学习活动发生的基础和原始动力，却难以使学生的学习动机一直持续。马斯洛需要层次理论告诉我们：更高层次的、尚未得到满足的需要能够促使学生的学习在内源性动机的维持下继续深入。另外，学习者对自身心理状态、能力、任务目标、认知策

[①] 贺慧，四川省成都市锦江区教师进修学校副校长。

略等方面的认识，即元认知也会对学生内源性动机的激发与保持产生重要的影响。即学生的内源性动机首先源于学生对于未知世界的好奇心，更高层次的任务目标可以让学生的好奇心得以持续，在这过程中，我们需要不断地发展与培养学生的元认知能力。在实践操作中，好奇心的激发根本在于"未知世界"的创设，也就是我们常说的"问题情境"的创设，提供未知的、学生渴望探索的问题情境是非常有效而且必要的方式。为了让这种好奇心与求知欲得以持续，课堂教学任务目标的难易程度就显得尤为重要。在整个学习过程中，为了使内源性动机得以持续，首先，教师要帮助学生对自我有正确的认识，形成恰当的自我效能感；其次，要引导学生对学习结果进行积极、现实的归因；再次，需要提供充分的、适当的学习策略帮助学生不断地获得成功体验。

二、完整、准确、丰富、深刻的学习是如何发生的？

在心理学上，关于学习是如何发生的，行为主义学派和认知主义学派有着不同的观点与认识。行为主义学派强调外部环境的作用，以便于学生对外部刺激做出适当的反应；认知主义学派则强调让知识变得有意义，应该考虑学习者对于自己及学习环境的知觉。[1]因此，要实现完整、准确、丰富、深刻的学习，需要满足两方面的条件：一方面需要有良好的外部环境设计，另一方面学习者对自身及外部环境包括学习对象的知觉能促使学习活动走向深入。这种知觉包括学习者的思想、信念、态度及价值观等等。具体来说，学习就是学习者利用已有知识经验，通过与外部环境的交往活动，逐步改善、发展或修正自身思维和知识的过程。完整、准确、丰富、深刻的学习，首先源于学习者自身已有知识经验的充分积淀及对其的正确认识；其次，有充分的交往时空与载体让学生能够不断地调适自我思维认识；再次，丰富的资源是必要的，学生准确、完整的学习必须建立在对足够多事实和情景的充分认识与理解的基础之上；最后，深刻的学习必然要求走向学生的自我反思，只有对学习过程及学习结果持续不断地反思，学习的结果与学习的过程才可能更有深度。

三、哪些学习内容更有价值？

19世纪中期，斯宾塞提出了一个教育者永远无法回避的问题：什么知识最有价值？斯宾塞对此问题的回答，奠定了以科学知识为核心的课程体系。那么对于现在的课堂教学实践，我们也必须回答"哪些知识更有价值"，因为深度学习必然要求学习更有价值的内容。这离不开对于学科的分析。对于学科的分析要求我们不断走近学科本质，学习学科最本质、最有价值的知识：（1）核心概念与命题。任何一门学科都是由若干基本的核心概念与命题组成的知识体系，它们是学科最基本的结构。（2）本质与规律。学科本质是能判断该学科能够成为"学科"的最根本的属性；规律是事物、现象及过程内在的、本质的必然的联系，是学科的主要研究对象。（3）思想与方法。学科专家提出的对尔后学科发展和学科学习最具影响力的那些观念、思想和见解，是"知识"背后的"知识"，是学科的精髓与灵魂。（4）产生与来源。学生的学习不能仅仅了解学科及学科知识是什么、怎么应用，在建构主义背景下，通过对学科及学科知识的追本溯源，让学生掌握学科及学科知识的产生与来源对于学生整体把握学科乃至发展学科显得尤为关键。（5）关系与结构。学科之所以为"学科"而不是简单概念与知识要点的堆砌，其中非常重要的原因在于学科有着自己独特的结构，学科知识之间存在着不可割裂的内在联系。掌握了学科的关系与结构，学生就能从整体上把握学科及学科知识。（6）价值与精神。学科的价值追求，学科所蕴含的精神虽然难以体味，也难以捉摸，但是对于学生作为一个活生生的个体——人的后续的学习发展的重要性是不言而喻的。[2]

参考文献：

[1] 戴尔·H.申克.学习理论（第三版）[M].南京：江苏教育出版社，2009：12.

[2] 李松林.论教师学科教材理解的范式转换[J].中国教育学刊，2014（01）：52-56.

深度学习的操作模型

贺 慧[①]

回归原点引导学生深度学习的操作模型主要包括三个部分：前端分析、教学设计与教学实施。前端分析主要指学情分析与教材解读两个部分；教学设计主要包括教学目标的确立与教学环节的设计两个步骤；教学实施则是教师在课堂中实施已有教学设计引导学生深度学习。基本的操作流程如图1所示。

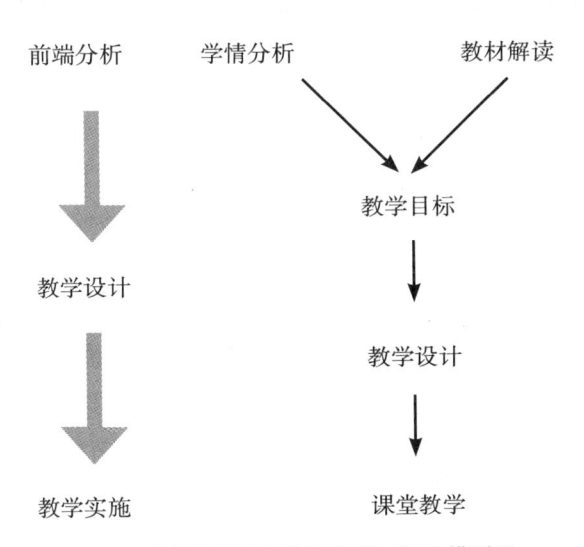

```
前端分析      学情分析      教材解读
   │              ╲        ╱
   │               ╲      ╱
   ▼                ▼    ▼
教学设计           教学目标
   │                  │
   │                  ▼
   ▼               教学设计
教学实施              │
                     ▼
                  课堂教学
```

图1　回归课堂原点的深度学习操作模型图

一、两个前端分析：学情分析与教材解读

"学情分析"与"教材解读"是引导深度学习的基点，离开了这两个基点，深度学习就不可能发生。在日常教学实践中，我们常常用"备课"来概括这两个基点，当然也有"备教材""备学生"的说法。引导深度学习的"学情分析"及"教材解读"与之前所谓"备学生""备教材"存在巨大的差异：一是要求更加具体。相对于"备学生"强调学生已掌握知识情况，"学情分

[①] 贺慧，四川省成都市锦江区教师进修学校副校长。

析"是要分析学生的内源动机、学生的前理解（对新知识的认识与理解）、学生学习新知识的方法能力准备情况等。而相对于"备教材"的对教材目标的解读、对教材编写者意图的理解等关注局部、具体、表层等现状，"教材解读"则要求分析教材作为一门学科的概念、规律、思想方法、结构、价值等内容。二是目标指向不同。实践操作中"备学生""备教材"是为了确定教材素材、确立教学方法，而这里的"学情分析"与"教材解读"的直接目标指向在于"确定教学目标"和"确立教学内容"。

二、三个转化设计：目标与内容的问题化、问题的活动化、活动的序列化

在确定了"教学目标"和"教学内容"的基础上展开的教学设计也不是一蹴而就的。教学目标、教学内容都是具有普适性、高度概括性的，要想转变成适于学生学习、适于教师操作的教学，需要经历三个转化设计：一是目标与内容的问题化。将内容与要求转化成问题，让学生在解决问题的过程中实现对教学内容的学习，逐步达成教学目标。二是问题的活动化。单纯的问题并不能让教学目标得以实现，要将课堂教学逐步推进并走向深入，必然不能离开活动；要让学生去分析问题、解决问题，达成教学目标，也不可能脱离活动。学生需要在不断的活动中去经历完整的分析、解决问题的过程。三是活动的序列化。目标与内容问题化，使得抽象、概括、普适性的内容与目标有了具体的表现形式；问题的活动化，让问题及问题的解决有了实现的载体与形式。这些都为学生的深度学习提供了基础。更为重要的是，学生的深度学习是由浅入深的，要让学生的深度学习得以实现，由问题转化而成的活动就必然是由浅入深的，有序列的。这样才能不断地引导学生逐步走向心灵、思维与情感的深处。

三、三个引导策略：有意义教学、理解性教学与阶梯式教学

在课堂教学中，还有一个不容忽视的因素存在——教师的引导。教师引导学生开展深度学习一般有三个策略：一是有意义教学。要让学生的学习有意义，教师在课堂教学中可以对教学内容加以改造，以"逐渐分化"的形式展开，即以从"上位"到"下位"的形式呈现，同时为了让学生更好建立新学知识与原有知识之间的联系，教师可以提供充分的学习材料，即充当"先行组织者"。二是理解性教学。为了让学生更好地理解所学知识，教师可以将先前知识与经验联系起来，创造有意义的任务，让学生主动参与学习。具体而言，教师可以设计基于项目的学习，让学生参与到不断深入的项目学习中；

可以设计基于问题的学习，让学生在实践中不断进行意义的建构；可以设计基于设计的学习，让学生制作出需要理解并应用知识的作品。[1]三是阶梯式教学。为了让学生的学习持续不断地走向深入，教师可以将学习的目标、内容、问题、活动分解为不同的层次，让学生以"爬楼梯"的方式逐步达成教学目标。在学生持续展开阶梯式学习时，教师可以给予学生一定的支持与帮助，即搭建脚手架。

参考文献：

[1] 琳达·达林－哈蒙德等.高效学习——我们所知道的理解性教学［M］.冯锐，等译.上海：华东师范大学出版社，2010：30-37.

第三节　深度学习的实施要点

深度学习的五个实施要求

郭　华[①]

我们初步构建了一个深度学习的理论框架[1]，目的在于真正落实学生的教学主体地位，正确处理学生个体经验与人类历史成果、学校教学与社会实践、教师与学生等几对关系，让学生在有意义的教学活动中得到健康成长。课堂教学中，必须做好以下几项工作：

一、实现经验与知识的相互转化

"经验"与"知识"常被看作彼此对立的一对概念，事实上却有着紧密关联。深度学习倡导通过"联想与结构"的活动将二者进行关联、转化。简单来说，"联想与结构"是指学生通过联想，回想已有的经验，使当前学习内容与已有的经验建立内在关联，并实现结构化；而结构化了的知识（与经验）在下一个学习活动中才能被联想、调用。在这个意义上，"联想与结构"所要处理的正是知识与经验的相互转化，即经验支持知识的学习，知识学习要结构化、内化为个人的经验。也就是说，学生个体经验与人类历史知识不是对立、矛盾的，而是相互关联的，教师要找到它们的关联处、契合处，通过引导学生主动"联想与结构"的活动，让学生的经验凸显意义，让外在于学生的知识与学生建立起生命联系，使经验与知识相互滋养，成为学生自觉发展的营养。

二、让学生在主动活动中成为真正的教学主体

没有人否认"学生是教学的主体"，但在教学中如何才能让学生成为主体呢？有人把"学生主体"误解为让学生"自学"，放弃教师的作用。显然，"自学"不是"教学"。教学不是学生孤零零地自己学习，是有教师引导的。也有人把教师引导曲解为教师灌输、教师替代，无视学生的主体地位和主体性的发挥。那么，究竟如何才能让学生真正成为教学主体呢？我们提出了

[①] 郭华，北京师范大学教授、博士生导师。

"两次倒转"的学习机制[2]。为什么要提"两次倒转"？因为，相对于人类最初发现知识的过程而言，从根本上说，教学是一个"倒过来"的活动，即学生不必经历实践探索和试误的过程，而可以直接把人类已有的认识成果作为认识对象、学习内容，这正是人类能够持续进步的根本原因，是人类的伟大创举。但是，如果把教学的根本性质（即"倒过来"）作为教学过程本身，那就可能造成教学中的灌输，强调反复记忆和"刷题"，无视学生与知识的心理距离和能力水平，致使学生产生厌学情绪。因此，在强调教学的根本性质是"倒过来"的基础上，要关注学生的能力水平、心理感受，要将"倒过来"的过程重新"倒回去"，即：通过教师的引导和帮助，学生能够主动去"经历"知识发现、发展（当然不是真正地经历，而是模拟地、简约地去经历）的过程。在这个过程中，知识真正成为学生能够观察、思考、探索、操作的对象，成为学生活动的客体，学生成为教学的主体。正是这样的过程，让学生能够体验到个人与知识之间的深刻关联，激发内在动机，更重要的是缩短了高级知识和低级知识之间的差距，缩短了学生和教学内容之间的心理距离。在这个过程中，学生会发现所有的高级知识都是以低级知识为基础的，这样才会有继续去建构知识、发现知识的自信、能力和意识，以及使命感，这才是我们立德树人的落脚点。

三、帮助学生通过深度加工把握知识的本质

学生活动与体验的任务，主要不是把握那些无内在关联的碎片性的、事实性的信息，而是要把握有内在关联的原理性知识，把握人类历史实践的精华。因此，学生的学习主要不是记忆大量的事实，而是要通过主动活动去把握知识的本质。知识的本质需要通过典型的变式来把握，即通过典型的深度活动来加工学习对象，从变式中把握本质。同样，一旦把握了知识的本质便能够辨别所有的变式，举一反三、闻一知十。"一"就是本质、本原、原理，基本概念。当然，本质与变式需要学生对学习对象进行深度加工，这是深度学习要特别重视的地方。

四、在教学活动中模拟社会实践

一般而言，学生是否能把所学知识应用到别的情境中是验证教学效果的常用手段，即学生能否迁移、能否应用。深度学习也强调迁移和应用，但我们不仅强调学生能把知识应用到新的情境中，更强调迁移与应用的教育价值。我们把"迁移与应用"看作学生在学校阶段，即在学生正式进入社会历史实践过程之前，能够在教学情境中模拟体会社会实践的"真实过程"，形成积极

的情感态度价值观，因而我们强调"迁移与应用"的综合教育价值，既综合运用知识又实现综合育人的价值，而不仅仅是某个学科知识简单的迁移。它比一般的"迁移与应用"更广阔一些，学生跟社会的联系更强一些。

五、引导学生对知识及知识的发现、发展过程进行价值评价

教学要引导学生对自己所学的知识及知识发现、发展的过程进行价值评价。例如，食物的保鲜与防腐。过去学这个知识，学生通常要掌握"食物是会腐烂的，想让食物保鲜就要加防腐剂"这个知识点，甚至初步掌握防腐技术。但那仅仅是作为一个知识点、一个技能来掌握的。深度学习要让学生讨论，是不是所有的食品都可以用防腐剂来保鲜？是不是防腐剂用得越多越好？这就是一种价值伦理的判断。深度学习不仅仅是学知识，还要让学生在学习知识的过程中对所学的知识进行价值判断。不仅仅是对知识本身，还要对知识发现、发展的过程以及学习知识的过程本身进行价值判断。当学生对所学知识及所学知识的过程进行价值判断的时候，就能够体会到：所有的知识都是人类发现、建构起来的，我们现在学的知识之所以是这样的形态，是前人不断发现、持续贡献的结果，所以知识永远是发展的，因此它是临时的。那么既然知识是临时的，是不是就不需要学了呢？如果不学它，这个知识就不能继续向前推进，所以在此时此刻它是完成性的、终极性的知识，将来它还会继续向前发展。谁来把它推向前进？是我们，是今天学习这些知识的人。因此，价值与评价是深度学习里面非常重要的一个部分，这也是培养学生独立性、创造性非常重要的一环，它不是某一个环节，它融合在所有的教学活动、教学过程当中。在信息时代，引导学生进行这样的价值评价，引导学生养成正确的价值追求，形成较强的评判能力，尤为重要。

参考文献：

[1] 郭华. 深度学习及其意义 [J]. 课程·教材·教法，2016，36（11）：25-32.

[2] 郭华. 带领学生进入历史："两次倒转"教学机制的理论意义 [J]. 北京大学教育评论，2016，14（02）：8-26+187-188.

深度学习的四个重要环节

郭　华[①]

过去我们的教学知道要学什么，也知道要考什么，但中间的环节，例如学习目标是怎么定的，活动是怎么展开的，我们明确知道的东西很少，所以教学中间的两个环节是"黑箱"。深度学习就是企图把中间的这个"黑箱"打开：目标是什么？根据什么确定了这样的目标？为了达到这个目标我要设计什么样的活动？图1中的箭头看起来像是单向的，实际上应该有无数条线条，表现不断循环往复的过程。图1中的四个形式要素跟前面讲的理论框架是内在一致的，单元学习主题实际上就是"联想与结构"的结构化的部分。单元学习目标，就是要把握知识的本质。单元学习活动是活动与体验、迁移与应用的一个部分。

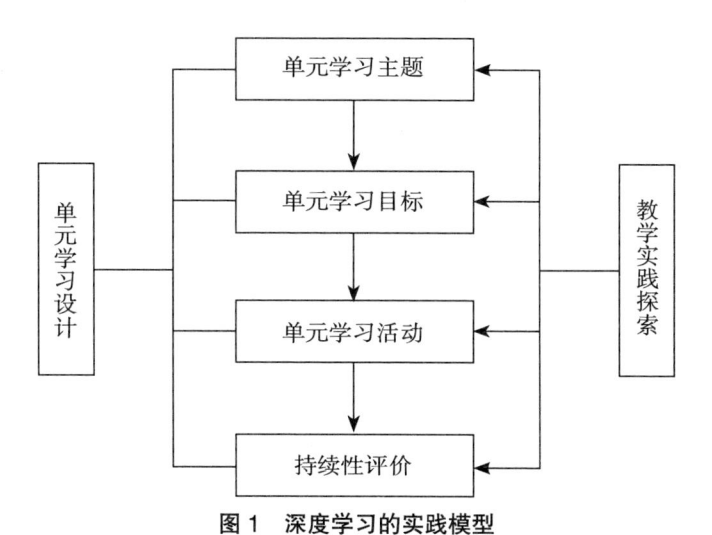

图1　深度学习的实践模型

单元学习主题，就是从"知识单元"到"学习单元"，立足学生的学习与发展，以大概念的方式组织"学习"单元，在学科逻辑中体现较为丰富、立体的活动性和开放性。过去的学科通常都是封闭的，现在要把它变成一个开

[①] 郭华，北京师范大学教授、博士生导师。

放的、未完成的东西，有了未完成性和开放性，为学生提供探究的空间，有重新发现的空间。

单元学习目标是从学生的成长、发展来确定和表述；要体现学科育人价值，彰显学科核心素养及其水平进阶。

单元学习活动要注重几个特性。首先是规划性和整体性（整体设计），体现着深度学习强调整体把握的特点。其次是实践性和多样性，这里强调的是学生主动活动的多样性。再次是综合性和开放性，即知识的综合运用、开放性探索。最后是逻辑性和群体性，主要指学科的逻辑线索以及学生之间的合作互助。

持续性评价的目的在于了解学生学习目标达成情况、调控学习过程、为教学改进服务。持续性评价形式多样，主要为形成性评价，是学生学习的重要激励手段。实施持续性评价要预先制定详细的评价方案。

总之，对深度学习的研究，是一个对教学规律持续不断的、开放的研究过程，是对以往一切优秀教学实践的总结、提炼、提升和再命名，需要更多的教师和学者共同的努力和探索。

深度学习的四个要素

柏春庆[①]

为了达成教学转变,我们在深度学习中提出了四个基本要素,分别是:单元学习主题、深度学习目标、深度学习活动、持续性评价。这四者之间形成了一个系统的"环":围绕具有挑战性的主题确定预期目标,借助核心活动达成目标,并通过持续性评价调整、检验与反馈教学的达成度。由此,很好地将教、学、评三者进行了有效统一,增强了教师设计课程与活动的系统性。

一、基于学生需要的学习主题

深度学习中的学习主题是有难度且系统的,其具有一定的灵活性。从内容角度划分,它既可以是课程或学科中(一个或多个学科)较为核心的内容或现实生活中的真实问题,也可以是基于问题解决的实践性课题,或者就是教科书上的单元或章节。从范围角度划分,既可以是基于学科中较为核心的内容或某一学科核心素养视野下的大单元,也可以是基于文本自然单元整体中的某条主线或一系列设计的中单元,还可以是基于一课时或一个知识点下的小单元。这些都可以根据教师的想法和学生的实际作不同的调整。但无论是哪一种主题确定的方式,都要建立在对学段、学年、学期的整体课程规划上,在学段、学年、学期教学中循序渐进地发展学生。

实际上,对学习主题进行筛选与整理的过程,就是教师通过寻找单元内容蕴含的关键性学科知识能力、学科思想方法、核心价值观念等,分析单元教育价值与教育定位的过程,也是教师深度理解"为什么教"的过程。在这个过程中,教师需要不断思考:什么样的课程、教育内容更有价值?学生学会什么更有意义?教师的这种思考与选择,有利于帮助学生建构学科知识体系,形成结构性、系统性的知识网络,促使知识的素养化。

例如,针对教材某一单元中采用不同文体描写同一事物的特点,可以"以不同文体视野下的××"为主题,让学生借助学习单从此类事物的共性、个性出发进行思考与感悟,体会不同文体的表达特点以及带给自身的不同感

[①] 柏春庆,北京市海淀区进修学校小学教研室主任,中学高级教师。

受。学习之后自由创作，在实践中再次加深对主题与事物本质的认识与思考，凸显学科本质与学科思想。

再如，有些学校有一年一度的体育节，可以请学生设计"你心目中的体育项目或游戏"，并介绍清楚设计的原因、适用的范围、具体的玩法、需要注意的细节等，最终通过展示、交流、评选等形式适当选用或采纳，由此既可体现学科本质，也可极大地激发学生的创新意识与责任意识。

这些主题的确定，都在一个系统中进行，一方面体现了语文学科实践语言、发展语言的本质；另一方面也充分激发了学生的学习兴趣，使他们愿意参与其中，不断探究。由此可见，主题不只是静态的知识内容系统，还是研究对象系统和问题系统，更是自主认识的系统。

二、指向学生发展的学习目标

学习目标是一节课的起点，也是一节课的终点，它的达成度又影响着下一节课的目标制定，因此，学习目标是整个深度学习的重要内容。

学习目标首先要指向学生，从学生的基础、兴趣、需求和问题出发，提出和阐释学习目标；其次要指向"高级"思维能力，以"学生将会理解/辨析/创建……"等陈述形式或以学生感兴趣的开放性问题的形式加以表达。

例如，在设计北师大版四年级"爱我中华"单元学习目标时，利用不同文本发挥不同作用，并与实践活动相结合，设计如下：

1. 熟读并能背诵诗歌《爱我中华》，在反复咏叹中了解我国是由56个民族组成的大家庭，激发了解各民族特点的愿望。通过为目标人群设计规划游览中华民族园手绘导游路线图活动，基本辨识各民族表征事物之"形"。

2. 运用多种阅读方法学习《中国结》，体会中国结"一根绳，两个头"表征之中蕴涵的民族之"韵"。与综合实践"手编中国结"结合，撰写中国结制作说明书并教外国小朋友编制中国结，通过分组合作，搜集、提取、整合各民族发展的历史、地理、信仰及其具有代表性的事物，利用文化推介会的形式，加强对各民族事物的理解与体会，实现从"形"到"韵"的加深。

3. 学习《草原》和《做客喀什》，感受各民族之间互相尊重、互相关爱、和谐融洽的浓厚情感。整合搜集信息，练习复述，在"民族团结故事会"中通过讲、听民族团结故事加深对民族"情"的理解。

由此可见，深度学习的目标要具有三个特性：首先是一致性。目标要体现课程标准和教材要求，要符合学生实际特点。其次是本体性。以具体学科知识为载体，指向学生对学科思想和方法的理解。再次是发展性。目标应指向迁移应用学科所学知识解释现象、解决新问题能力的发展，并体现逐层进阶、逐步深化的过程。

三、凸显自主探究的学习活动

单元学习活动及其过程的设计要站在整体的视野下进行考量，注意要依据单元学习主题、深度学习目标、单元学习内容，以及学生已有的知识和经验进行，体现设计的整体性与系统性。同时，核心活动的设计要以理解为基础、以解决关键问题为目标，设计出体验性、探究型的学习活动，并在此过程中引导、帮助学生通过解释、举例、分析、总结、表达、解决不同情境中的问题等，体验、经历、发现知识的形成过程，促使学生在活动中展示出他们对事物的新认识，并同原有的认知结构形成有效关联，具体呈现出思维特点。

当然，在此过程中，教师要适时帮助学生搭设桥梁，寻找解决问题的最佳路径，不断唤醒学生的主体意识，并通过活动引发学生的反思与评价意识，促使他们能够反观活动经历并进行改进。由此，深度学习活动的过程，就是师生之间互动共生的过程，是师生之间协同发展的过程。

例如，针对北师大版二年级上册中几个单元主题都涉及了自然的情况，教师整合教材内容，将主题确定为"游学自然 畅想表达"，让学生在自然中感受生活的美好，体会表达的需要。其中有一个系列活动为"树真好"，鼓励学生走近学校或小区中的一棵树，借助学习单自主探究（图1）。

图1 "游学自然 畅想表达"学习单

在此过程中，教师将课内几个单元打通，实现课内知识的整合、课内精读与课外活动整合，尊重学生的认知发展规律，打开了学生学习语文的视野，鼓励他们在实践中自然实现听与说的互动，在探究中实现学生的观察、思考、阅读、表达、记录，外显了其内隐的思维过程，极大地激发了学生的学习动机与学习热情，使他们在深度参与中获得深刻的体验。

可以说，这样围绕核心任务设计的系列活动，提升了教师的课程设计能力与教学思考能力，实现了以教师的深度设计引导学生的深度学习，尊重了活动设计的一致性、系统性、挑战性和实践性。

四、科学有效的持续评价

华东师范大学陈玉琨教授指出："评价指的是一种价值判断的活动，是对客体满足主体需要程度的判断。"[1]由此可见，评价是教学的有机组成部分，从计划教学到实施教学再到最后检验教学，三者之间是一个不断循环的过程。同时，评价又不仅仅只在学习结束之后才能进行，实际上，它伴随学习的整个历程，发生在学生学习的所有时间、所有活动中，为学生进行自我改进、实现进一步发展，为教师科学有效实施与调整教学不断提供依据，促进教与学的科学性、合理性与适切性。因此，深度学习中提倡的持续性评价，贯穿在学习前、学习中和学习后，不断利用评价实现教与学的诊断与改进。

例如，低年级每课时都有识字任务，在确定目标之前，可以通过调研、第一课时作业、口语访谈、问卷等形式对学生生字的掌握情况做一评价，根据学生的实际情况再确定本节课的教学目标及其重难点，这样就使得教学从基于经验走向了基于实证，有效保证了教学效率。同时，还可以根据调研结果，设计不同阶段与不同水平的学生学习进程，确定持续性评价标准与个性化学习方案。

在学习进程中，可以利用学习单、数据收集记录单、资料整理导学单、生活观察追踪单、任务展示报告单、分享体验感悟单等，促进学生不断反思学习历程，并及时调整与改进学习策略，保证学习的效度。在此过程中，教师和学生要不断根据评价的结果及时调整教学或学习的策略与进度，以评价推进教与学任务的完成，在活动中找到说明认知程度的证据，并逐步完善教与学。

学习结束之后的评价是对学生此次学习历程的终结性的评价，可以依据评价结果，确定下一阶段学习的重难点。同时，此时的评价还可以全面而有效地检验目标设定的科学性、合理性以及教学活动设计的适切性，同样为改进教与学提供科学的依据，保证教学效益的最大化。

当然，无论哪个阶段的评价，主体都不仅仅是教师，更要让学生参与其中。从最初确定评价标准到共同参与评价，再到最后依据评价反思改进，都要让学生参与其中，并不断引导他们学会自我评价与自我改进，逐渐培养他们自主学习、自我管理与自我激励的能力，形成终身学习的观念。

总之，在日益信息化和全球化的知识经济时代，学习者不仅要能将学习到的知识迁移应用到新情境中，而且要掌握为何、何时、怎样用这些知识来解决现实问题的能力。深度学习教学改进项目正是着眼于此，不断提高学生学习和生活实践的双重能力，把学生的成功放在更长的时间轴上来考量，以此实现更高层次的育人目标，培养全面发展的完整之人。

参考文献：

[1] 陈玉琨. 教育评价学 [M]. 北京：人民教育出版社，1999：7.

深度学习的四大操作要领

贺 慧[①]

所谓引导，一方面允许外部力量的介入，另一方面也规定外部因素发生作用的方向。开展深度学习过程中，为了更好地引导学生深度学习，教师可以从激发学生的学习动机、深入解读学科、合理设置学习层次与设计学习工具等几个方面着力。

一、充分激发内源性动机

深度学习是内源性的学习。因此，激发学生学习的内源性动机是引导学生深度学习的起点。充分激发学生的内源性动机，让学生积极主动地参与到课堂教学活动中，学生的学习才有可能是有深度的。在激发学生内源性动机时，我们需要从兴趣、情感、思维三个方面对学生已有知识经验与新学知识之间的关系做出解读。一是关注学生的兴趣引发之处。兴趣是最好的老师，学生对新学知识的某一个环节、某一个部分有着浓厚的兴趣，那么这兴趣引发之处在课堂教学中就可以被充分利用。二是关注情感共鸣之处。学生已有的生活经验与学习经验赋予了学生一定的价值观念、思维方式及情感态度，新学知识与学生已有经验之间产生情感共鸣，学生就会深入地去了解、学习、理解，学生学习的浅表问题就迎刃而解了。三是关注思维迸发之处。深度学习要触及学生的思维，那么学生面对新知识时，能触发学生灵感、激起思维火花的内容，就要引起教师的注意。同时，教师需要对学生自身学习意志及学生自我监控能力做出更加清晰的分析与把握。[1]一方面教师可以有针对性地为学生提供方法上的指导；另一方面，学生需要在学习任务中不断地实践，只有在大量的亲身实践过程中，学生的学习意志与自我监控能力才可能得以提升。

二、准确把握学科本质

学科是课堂学习内容的主要载体。深入解读学科本质，从根本上认识学科的本源，让学生通过学习逐步走近学科本质、了解学科本质、理解学科本

[①] 贺慧，四川省成都市锦江区教师进修学校副校长。

质，这样的学习才可能是有深度的。我们在解读学科本质时，一般遵循由外及内、由表及里、由浅入深的规律。在深入解读学科本质时，一是要关注到多维目标的确立。"双基"或"三维"的教学目标虽然突出了根基，但是限定了教师进行教学目标分析的维度。教学现状与研究走向都表明：传统的规定性目标分析方式在引导深度学习时应该有所变革，确立多维的目标分析结构，只有这样，教师才有可能深入解读教材，理解学科，进而引导学生深入学习。二是着重思考分析学科的内核。深度学习要求学习的内容要有价值、有深度。那么有深度的学习内容从何而来呢？我们需要在教材分析、学科解读时更多地关注到除了表层的知识点、训练点之外的学科内核，如学科思想方法、学科规律、学科价值等等。三是从整体的角度出发思考学科结构。当前教师在对教材、学科的认识和解读上更多地关注要点、技能训练点等点状的知识，而对于教材结构、学科结构这样对于学生的学习具有举足轻重作用的方面较少涉及。从整体上解读、思考并把握学科知识、技能、方法结构，在很大程度上就可以逐步解决学生学习零散、繁杂、缺乏整合的问题。

三、合理设置学习阶梯

深度学习必然经历由浅入深的过程，这就要求教师在设计课堂教学时，尤其要关注学习层次的设计。用"阶梯"打一比方：深度学习需要解决的任务与学生现有的知识经验等"前理解"之间存在一定的差距，学生难以解决好，教师就需要在二者之间搭建阶梯，让学生一步一步地由"前理解"走向"确解"。在学生逐步走向"确解"的过程中，面对较大难度的阶梯时，教师还应当提供脚手架，帮助学生完成阶梯间的过渡。因此，铺设合适的阶梯，提供脚手架是帮助学生由浅入深地进行深度学习的较为有效的方法。

四、科学设计导学工具

在学生学习过程中，为了更好地帮助学生由浅入深开展学习，教师需要设计科学合理的导学工具，包括教学问题、概念图、思维导图等等。

1. 问题设计。一个真正的"问题"一定是对学生认知构成挑战、没有现成答案、不是通过记忆提取的学习任务。当前的课堂教学活动一般都是以问题的方式展开的。为了更好地引导学生进行深度学习，教师在课堂问题设计上就要做到两点：一是共同生成讨论话题，课堂中要解决的问题不是教师抛出来的必须完成的学习任务，而是师生在共同讨论中生成的。学生自己设计学习任务或话题，会使其更加愿意参与学习，而教师则为学习任务及学习深度的落实提供保障。二是核心问题设计要巧妙，任何一节课都是围绕某一个或两三个核心问题展开的，核心问题的设计就显得尤为关键。核心问题既不能生搬硬套，也不能凭空出现，必须根据具体的学习内容及学习者进行巧妙设计。

2. 概念图。概念图是一种用节点代表概念、连线表示概念间关系的图。主要包括节点、连线、文字标注三个部分，节点表示概念，连线表示概念间的关系，文字标注描述关系或阐述概念。这样的工具可以帮助学习者首先建立一个知识框架网络，再根据新学的知识不断地向已有网络中增添新的概念，有助于促进有意义学习，为学生进一步展开层次性的学习提供工具。

3. 思维导图。思维导图是表达发散性思维的有效的图形思维工具，运用图文并重的技巧，把各级主题的关系用相互隶属与相关的层级表现出来，把主题关键词与图像、颜色等建立记忆链接。教师通过思维导图工具可以很清晰地让学生构建知识网络结构、能力结构等，对学生结构化知识的习得、方法与技能的迁移、实际问题的解决都有着明显的促进作用。

参考文献：

[1] 约翰·D.布兰思福特等.人是如何学习的：大脑、心理、经验及学校（扩展版）[M].程可拉，孙亚玲，王旭卿.译.上海：华东师范大学出版社，2013：17-19.

深度学习的六大转变

杨玉琴[1]

一、教学目标：从短浅目标向高远目标的转变

具体而言，就是从浅层目标（记忆、理解、应用）向高阶目标（分析、评价、创造）转变。比如，课例教学目标中的"经历探究影响浮力大小的因素的过程""体会剔除错误猜想、合并有效猜想的研究方法"，就具有明显的高阶性，特别关注探究过程中的分析和评价能力。再者，要实现从短期目标向长远目标的转变，因为核心素养的习得和深度学习的实践都是一个长期的过程。需构建教学目标的层级架构，即"课时目标—单元目标—课程目标—学科核心素养—核心素养"。

二、内容组织：从碎片化知识到结构化图式的转变

学习内容的组织要体现学科本质。本堂课以问题情境为切入点，以观察和实验为基础，以发展探究能力和思维品质为核心，很好地体现了物理学科的特质。学习内容的组织必须是结构化的，因为碎片化的知识不具有可迁移性。可以从两个角度实现结构化，即注重前后联系（如本课中多次进行"受力分析"，将浮力纳入力学体系）、理清学理结构（是什么、为什么、如何用、什么时候用等）。

三、教学策略：从基于知识的学习到基于问题的学习的转变

基于问题的学习（Problem-based learning），是一种将学习"抛锚"于真实情境中解决具体问题的以学生为中心的教学方法。问题来源于真实世界，通常具有一定的挑战性且能够引起学生的兴趣。

例如，本课中"万吨航母为什么能浮在海面上？""根据观察，请尝试对浮力下定义""下沉的物体受到浮力吗？你能设计一个实验验证你的猜想吗？你能根据收集的数据求出浮力的大小吗？"等都是基于问题的学习，以学习者为中心，在分析推理、寻找证据、交流讨论和自我反思中实现认知和经验的自我建构。

---

[1] 杨玉琴，华东师范大学教育学博士、美国波士顿学院访问学者。

四、师生互动：从单向权威式向多向生成式的转变

提问和理答是课堂中师生互动的主要形式，要注意以下几点：提问要能够激起学生的思考；激励学生自己提出问题；通过提问，学生不仅仅会回答问题、论证问题，更重要的是学会对答案提出疑问。

本课中学生很少有填充式的、小步距的回答，这一点难能可贵，表明执教者为学生的完整表达和整体思考创造了空间和机会。从学生回答问题的水平分析，本课中多为解释型回答和创造型回答，如"测量中，F_1、F_2、F_3、F_4满足怎样的关系，即可验证你的猜想？""你还有其他方案验证阿基米德原理吗？"

五、技术应用：从技术中学习到用技术学习的转变

技术的发展和应用可以推动教学的变革。在深度学习的视角下，技术的作用不再局限为辅助教学，技术的范畴也不再局限于多媒体、网络等。更值得关注的是作为学习者认知工具的技术。

这些技术包括：抽象的知识用具体形象的形式进行表征；学习者以可视化、语言化的方式表达自己的知识；学习者同步地表达、反思和学习，分享、整合他们的理解。比如，在学生给出影响浮力大小因素的诸多猜想时，教师板书成一个个物理量的符号；在学生独立思考并设计实验方案时，教师要求学生画出实验方案的简图；在每次完成实验后，均让学生概括、整合并分享根据收集到的证据所得出的结论。以上做法，都是在用技术学习，尤其是用认知心理学的技术学习，这是促使深度学习发生的重要支撑。

六、学习评价：从对学习的评价向为学习的评价的转变

促进深度学习的评价要点包括：教师对深度学习信息的收集，即教师有意识地收集学生的学习过程和结果，并做出是否达成预期学习目标的价值判断；有效的教师反馈，即教师用学生能够理解的语言与学生交流什么是做得好的、什么是还需要改进的；学生参与评价，即意味着学生学会对自己和同伴进行评价并利用评价信息对自己的学习进行监控和管理。

"深度学习"项目推进的五条经验

张铁道[①]　张　晓[②]

自2013年底"深度学习"教学改进项目规划启动以来，我们秉承深度学习理念，在推进过程中，针对教师专业发展需要，采取了项目组研修、团队研修、网络研修、主题研修、定制研修、现场与线上相结合的区域联动研修、校本研修等方式，激发参与项目的人员特别是基层教师全员参与，对于增强项目的适切性和有效性发挥了专业导向和支撑作用。

一、以提高基础教育教学质量为目的，规划科学可行的项目和研修方案

借助多方专家参与的互动研修，挖掘实际问题及其产生的缘由，同时借助国内外成功经验与理论研究成果，规划项目和研修活动。例如，在项目启动研修活动中，围绕"目前初中教学面临的主要问题与困难"和"现在有哪些解决问题的经验和需求"两个问题开展深入研修，从中细化具体问题与既有经验。在网络研修阶段，项目组专家针对各实验区、实验校在网络研修平台上提交的工作方案所存在的问题，提出针对性的改进建议。在项目实施交流会的规划设计中，项目组基于项目启动以来各实验区、实验校、实验学科的进展及存在的问题和困难，同时，在研修过程中，针对研修学员提出的关于项目推进中的理论困惑和实践困难，都及时做出针对性的回应，并从理论层面和教学实践的角度提出许多具体的可供参考的建议。

二、跨区域、跨学校、跨部门、跨学段、跨学科的团队研修，形成研究、学习、实践共同体

团队研修作为规划和推动项目的工作机制，有效地推动和深化了教学的创新。在每一次的研修活动中，都是多个主体参与，通过团队互动、学科互动、学段互动、专家之间互动、学校间互动、区域间互动，共同推进项目。在项目推进中，专家合作机制、区域联动机制、校际互动机制、校本教研机制共同作用，形成合力。项目组组织的启动研修活动、项目实施交流会、项

[①] 张铁道，教育学博士，研究员，曾任北京教育科学研究院副院长、北京开放大学副校长。

[②] 张晓，北京市海淀区教师进修学校教师。

目观摩研讨会、区域联动学科研修、网络研修等，都体现了项目组专家跨区域、跨学校、跨部门、跨学段、跨学科的团队研修的特点。以项目启动研修活动、项目实施交流会为例，当时涉及12个实验区、70所实验校（初中25所，小学45所）、10个实验学科（含初中7个学科：语文、数学、英语、物理、化学、生物、历史；小学3个学科：语文、数学和英语），交流了31个实践案例，其中区域案例5个，学校案例5个，学科案例21个。项目综合组和学科组44位专家参与了研修活动的观摩、点评等指导工作。

通过开展项目研修与校本化学科教学实践，"深度学习"教学改进项目的理论框架和实践模型得到不断完善，同时，项目学习资源得到不断生成，形成项目学习资源库，包括文本、视频与拓展阅读资源等。通过研修评估和实践信息反馈，项目组不断完善和创新研修方案，"深度学习"教学改进项目研修课程也得到不断的充实、丰富和完善。

三、多元、互补的项目综合组、学科组专家团队，为项目的研修及推进提供了持续性的专业支持

项目专家组由课程与教学的研究专家、教师教育研究与实践专家、教育技术研究与实践专家、区域项目推进专家、学校项目推进专家、中小学各学科教育研究专家、中小学各学科优秀的教研员、优秀教师共同构成。专家组在项目的理论框架和实践模型的构建与完善、研修课程的规划与设计、网络研修平台的开发、区域项目的推进示范与引领、学校项目的推进示范与引领、各学科优秀教学案例的打磨、各学科教学指南的研制、研修活动的专业指导中提供了持续性的专业支持。

在项目启动会和实施交流会的集中研修活动中，项目组专家既分享项目的理论框架和实践模型、各学科优秀的教学案例、区域项目推进的经验、学校项目推进的经验，同时又深度参与研修，引导学员个人反思、小组讨论，并做大会交流。并对学员的学习成果进行总结和提升，对学员反馈的问题和困惑进行专业解答，全程为学员研修提供专业支持。在网络研修平台上，项目组专家通过对专题作业的评价建议、主持工作坊专题研修等形式，对实验区、实验校、实验学科进行远程的支持；通过在线直播的形式，实时对区域联动的学科研修进行总结和提升，同时分享专题讲座。另外，项目组专家也深入实验区，基于学校实际需求开展有针对性的研修活动，为学校提供专业支持。

基于研修实践和反馈，项目组专家对项目的理论框架和实践模型、学

科教学指南进行再次完善。项目组专家和实验区的校长、教研员、教师组成"共研共建共生"的协作共同体。

四、通过研修产生优秀教学实践案例，积累加工转化成研修优质资源并发挥示范辐射作用

优秀教学实践案例通过实验区教研员、实验校学科教师与学科专家的多次互动研修生成，并在项目组的集中研修活动中进行展示分享。研修学员的个人反思、小组讨论和大会交流的反馈，以及项目组专家对案例的点评、提升和再打磨，加工转化成研修优质资源，面向各实验区发挥示范辐射作用。

基于优秀教学实践案例的研修是研修学员们认为最有成效、最有收获的研修内容。学员认为，课例研修把理论应用于实践，有设计理念、学情分析以及教师对教学设计、教学实施过程的思考，具有示范性、操作性、启发性。在项目启动会、实施交流会、观摩研讨会、区域定制研修、区域联动研修活动中，来自各区域的语文、数学、英语、物理、生物、化学等学科代表分享交流了教学实践案例。这些案例在单元主题确定、深度学习目标确定、深度学习活动设计、持续性评价设计方面都有所突破，并且有项目组专家的点评以及现场学员基于课例互动研修的成果，为实验区、实验校、实验学科教师提供了示范和引领。

五、项目研修成为实验区域及实验学校推进项目工作的工作机制

跨区域以及跨学校开展的人员培训、课例研究和经验交流都自觉采用互动研修的方式开展，充分调动全体教师的主动参与意识。此外，专题研修已经成为基层实验学校开展相互学习、打磨优质教学案例和专题研究成果的有效机制。

借助项目研修，实验区在推进项目的持续发展中发挥着研究者、设计者、实践者、引领者的作用。北京海淀示范区在推进项目实施中注重顶层设计，依托高效机制与策略，聚焦实践模型和案例研究，以发展学科核心素养为主线，开展跨学段、跨学科教学案例研究与实践，并注重成果固化，梳理已经实施的典型案例，形成案例集。

总之，研修机制已经成为引领和支撑"深度学习"教学改进项目创新实践的有效方式，这使得参与实验的校长、教师、教研人员，以及项目组专家和教育行政人员都能够亲身实践专题研修，获得"深度学习"的直接体验，有利于大家深入理解项目的价值，进而增强实践"深度学习"理念的自觉意识。

第四节 实践者的认识

对"深度学习"的基本理解

柏春庆[①]

在信息技术飞速发展和国际竞争日益激烈的今天,学校到底应该培养什么样的人?如何让学生自如地面对未来的学习、工作以及公民生活?在这一系列的思考与追问下,国内外许多学者开始提出并关注"深度学习"这个概念。例如由美国威廉和弗洛拉·休利特基金会(William and Flora Hewlett Foundation)发起,美国研究院(American Institutes for Research,简称 AIR)组织实施的 Study of Deeper Learning: Opportunities and Outcomes(SDL)项目,无论在理论发展还是实践创新方面,都具有里程碑式的意义。再如,我国上海师范大学黎加厚教授的研究团队,段金菊、张浩、吴秀娟等学者的一系列研究成果,也不断推动着国内深度学习研究的开展。2014年,教育部正式确立"深度学习"教学改进项目。由此可见,深度学习研究的兴起,是人们自觉回应知识经济、终身教育、优质教育理念对基础教育发展要求的结果,因此,如何促进深度学习和培养学生深度学习能力,将成为未来教育改革发展的重要课题[1]。

海淀区作为教育部"深度学习"项目实验区,开始跟随教育部学习并实践此项目,形成了一些基本的认识与理解。

"深度学习"作为教学改进项目,并不是全新的概念,它指向的是教学现状与急需解决的关键问题,如:教学中,教师多是就事论事,对学科课程整体理解不够,缺乏课程、教材和学生视角下的整体课程观、教学观和学生观,因此在思考"为什么教""教什么""怎样教""教得怎样"等基本问题时认识不够深入,缺乏系统性,难以站在育人目标的宏观视野下提出关键性问题;同时,教师对学生学习规律把握不到位,策略选择依据不足,多囿于经验型教学;教学后评价与反思意识的薄弱,致使他们不能自主地将课堂教学实践经验转化成与具体教学策略相关联的教学原型,来指导教学持续改进。因此,

---

① 柏春庆,北京市海淀区进修学校小学教研室主任,中学高级教师。

教学中多出现关注结果多、体现过程少，关注碎片多、体现整合少，关注知识多、学科思考少等现象，导致学生在学科本体的理解以及有效迁移解决新问题的意识与能力上明显欠缺。

指向教学改进的深度学习项目正是直指这些问题，着眼于培养学生灵活地掌握和理解学科知识以及应用这些知识去解决课堂和未来工作中问题的能力，提出学生要在教师引领下，围绕着具有挑战性的学习主题，积极参与、体验成功、获得发展的有意义的学习过程。在这个过程中，学生掌握学科的核心知识，理解学习的过程，把握学科的本质及思想方法，形成积极的内在学习动机、高级的社会性情感、积极的态度、正确的价值观，成为既具独立性、批判性、创造性，又有合作精神的、基础扎实的优秀的学习者，成为未来社会历史实践的主人（摘自教育部深度学习项目组对深度学习的定义）。

应该说，这一概念关注了学生的学习方式、学习过程与学习结果，既要求学习者能够批判性地学习新思想和事实，在原有的认知结构中建立联系，并在新情境中做出决策和解决问题；也强调了创造性思维、批判性思维、元认知能力等高阶能力的发展；同时还提出了团队合作、有效沟通、学会学习等重要能力，包含着认知领域、人际领域和个人领域三个基本维度。

相比原有教学，深度学习更强调知识的学术性价值、实用性价值、教育性价值以及生命价值，更提倡让学生在核心活动、在具体的情境中不断实践与运用知识、形成能力，并使其自动化、系统化、结构化、素养化，最终让学习产生素养价值和社会价值。

参考文献：

[1] 张浩，吴秀娟，王静.深度学习的目标与评价体系构建[J].中国电化教育，2014（07）：51-55.

走向深度学习

贺 慧[1]

新课程改革以来，围绕着变革性实践，地区、学校到教师都在不断追求创新，形成了丰富多彩的教学模式。尽管花样不断翻新，但我们发现这些模式大多仍然逃脱不了学生学习浅表和对学生的机械训练，因为"强制性的东西用得越多，变革看起来就更多表面化的东西和偏离教学的真正目标"，学习的浅表和机械带来了学生在理解知识、建构意义和解决问题的能力发展上的严重不足。可以说，缺乏深度是当前学生课堂学习的普遍问题。

近十年来，学生究竟需要学些什么才能在急剧变化的社会中成功地工作和生活这一问题，引发各界广泛关注和讨论。研究和实践表明，学术性知识和技能本身不能够使学生成功地进入社会和职场，学生还必须知道如何分析、评判、协作、创造和创新。许多发达国家已经出台了新的教育政策，在课程目标和内容上，关注点移向了学生必须发展深度的内容知识，以及将其知识和技能运用到校内外新的任务和情境中的能力（引自"第一教育"）。从一定意义上讲，当前课堂教学改进的基本方向就是提升学生课堂学习的深度。何谓深度？何谓深度学习？如何将深度学习的理念、过程与方法转化为课堂中的具体实践？

四川省成都市锦江区教师进修学校"回归课堂原点的深度学习引导研究"项目组针对学生学习过程中教师关注外在形式过多、关注精神实质较少，学生学习粗浅、分散、狭隘而导致学习过程集中表现为较低水平层次的简单记忆和重复训练等现象，围绕课堂学习中如何实现学生的深刻理解，从"深度"本身的内涵入手，紧紧抓住学科课堂教学中的三个原点，即学科的本质、学生的根本、学习的本质来清晰把握深度学习的理性认识、揭示深度学习的核心内涵，从学生学习的内容（知识、理解和技能）、动机（动力、情绪和意志）和互动（活动、对话和合作）三个维度布局子课题展开研究，通过关注学生在这三个维度的整体性的理解性学习，探索实现课堂中学生深度发展的有效策略。

---

[1] 贺慧，四川省成都市锦江区教师进修学校副校长。

"回归课堂原点的深度学习引导研究"是一个区域性的项目,自 2010 年启动以来,为保障项目的有效推进,成都市锦江区采取了"集群、联动"的方式来加以实施。首先,名校"先进",组织部分研究实力较强的学校,以"深度教学"为主题开展集群式共研、共享,通过研究,使教师对课程标准、教学内容、学科思想方法进行深刻理解,促进学生主动、自主地参与课堂学习活动,提升学生学习与发展的质量。在此基础上进行梯队"递进",分层引入部分发展中的学校进入项目组,形成"研发—跟进—应用"的梯队式共研、共享机制。同时课堂教学的突破点聚焦到解决课堂教学的浅层问题,教师在准确挖掘教材知识内核、整体结构、丰富内涵的基础上,引导学生超越"粗浅""零散""狭隘"的课堂学习,显著提升学习品质与发展质量。然后是整体"推进",从"深度教学"逐步走向"深度学习"研究,即通过关注学生的理解性学习,探索实现课堂中学生深度学习的有效策略。区域内参与项目研究的学校,从小学扩展到中学,实现了区域内整体推进。

深度学习的研究聚焦课堂教学最基础、最本质、最原初的因素。通过回归课堂原点的深度学习,锦江区课堂教学品质得以提升,学校课堂教学特色进一步显现,教师的专业认知得到发展,学生的学习浅表问题在一定程度上得到了解决。走向深度学习,我们仍将继续前行!

"深度学习"——来自教师的体会

刘秋梅[①]

随着课程改革的深度推进，深度学习成为深化基础教育课程改革的新趋势。1976年，瑞典学者费伦斯·马顿和罗杰·萨尔乔在《学习的本质区别：结果与过程》一文中首提"深度学习"的概念。深度学习又称深层次学习，是指学习者以高级思维的发展和实际问题的解决为目标，以整合的知识为内容，积极主动、批判性地学习新的知识和思想，并将它们融入原有的认知结构中，且能将已有的知识迁移到新的情境中的一种学习。笔者认为，要厘清"深度学习"的概念，必须回到学习原点来审视和考量。

一、从学习的价值定位审视，深度学习是基于批判性思维的深层次学习

美国教育家赫钦斯在《教育中的冲突》一文中指出："什么是教育？教育就是帮助学生学会自己思考，做出独立的判断，并作为一个负责的公民参加工作。"古往今来，富有智慧和远见的人无不认识到，知识只是智慧之果，思维才是智慧之源。人的大脑是由十种思维智能构成的。它们分别是注意力、记忆力、观察力、理解力、推理力、想象力、思考力、洞察力、内省力、创造力。前五种属于人的基础思维智能，后五种属于人的高级思维智能。基础思维智能帮助人学习知识，但人要想运用知识，并创造新知识则必须依赖高级思维智能。学生核心素养的形成关键在于高级思维智能的培养。它能使学生成为具有敏锐的洞察力、丰富的想象力、严谨的思考力和内省力、积极灵活的创造力的一代新人，成为具有创新思维的人。

长期以来，我们的课堂上存在着这样的现象：幼儿园、小学低年级学生的课堂气氛活跃；随着年级升高，学生的课堂学习参与度越来越低；到了高中，敢于发表见解、乐于分享学习成果的学生更是凤毛麟角。原因何在？以传承知识为目的的接受教育压抑了学生的创新意识，窒息了学生的创新火花。例如，一名同学连续观察水管附近的垃圾桶后，喜出望外地告诉老师："老师，我能再发明一款更好的！"老师却说："这已很科学，能过滤茶叶，你一个小孩子能有什么新主意？"学生像被霜打蔫的茄子，失望而回，教师不知道

[①] 刘秋梅，山东省泰安市宁阳县第一小学教师。

这名同学脑瓜里已有快捷清理垃圾的对策。

二、从学习的内在关系审视，深度学习是基于学习主体的有意义学习

人本心理学家罗杰斯认为，有意义的学习是一种对个人的行为、态度、经验、个性等方面发生影响的学习。在他看来，"有意义的学习"包含四个因素：学习必须由学生自己参与，学习应该是学生自我发起的，学习是渗透性的，学习必须有学生的自我评价。按照这一理念，深度学习是基于学习主体的有意义学习，必须解决"谁来学""学什么"和"学到什么程度"三个问题。

"谁来学"，即学习主体问题。《礼记·月令》里对"学习"一词的解释是："学，效；习，鸟频起飞。"就是说，"学"是模仿，可以理解为获得知识，有所启示；"习"是鸟儿不断地飞，不断地练习，可以理解为学后的不断实践，是使知识化为能力和素质的过程。可见，有意义的学习应当建立在学生主体实践的基础上，是学生的主动学习，而不是被动接受。美国心理学会教育事务局专门小组《重构和改革学校的架构》一书中认为，"学习是学生自己的事，学习具有不可替代性"，呼唤建立"以学习者为中心"的教学策略。我国第八轮基础教育课程改革提出"学生是学习的主人"这一理念，正是对以教师为中心的传统教学的正本清源。

"学什么"，即学习内容问题。美国教育家杜威提出"教育即生活"，我国教育家陶行知提出"生活即教育"，可见，生活是教育的源泉，应该成为教育的素材和手段。离开生活，一切学习内容都是无源之水。开展有意义的学习，让深度学习真实地发生，就要树立"在生活中学习"的理念，注重教学与生活的深度融合，实施跨学科教学，让学生在鲜活的生活中求知，在大量的主体实践中提升核心素养。

"学到什么程度"，即学习效果问题。学习贵在应用，应遵循从生活中来，到生活中去的原则。学生学习的基本目标是应知与应会。"应知"一般采用纸笔测试来评价，"应会"则常采用表现性任务来评价。无论是纸笔测试还是表现性评价，都必须给予学生特定的任务，让学生及时进行反馈矫正，从而避免学生知识和能力的缺陷积累，保证教学的有效性。可见，有意义的学习应当是反馈矫正贯穿始终的学习，这是学习真实发生的成果印证。

三、从学习的认知规律审视，深度学习是基于问题解决的整体性学习

学生的学习不是按照知识的逻辑顺序，而是遵循人的认知规律而开展的。真正有效的学习，是基于问题解决的整体性学习，而不是基于以知识为中心

的碎片化学习。整体性学习遵循学生的认知规律，强调问题解决策略，有利于培养学生的批判性思维，具有整体大于部分之和的功效；碎片化学习遵循知识的逻辑顺序，导致学生的学习处于支离破碎和零敲碎打的状态，效益低下。从以知识为中心的碎片化学习转向基于问题解决的整体性学习是核心素养时代深度学习的体现，也是实现核心素养教学转化的必然选择。具体说来，这种基于问题解决的深度学习要突出四类问题探究：记忆性问题，培养学生的识记与理解能力；聚合性问题，培养学生的理解与分析能力；评价性问题，培养学生的分析与判断能力；发散性问题，培养学生的应用与创造能力。这是深度学习的基本要求。

学习完《草船借箭》一课，学生体会到了诸葛亮的神机妙算。突然有人质疑："诸葛亮怎么会料定三天内必有大雾？"这是一个非常有价值的探究性问题。教师组织学生通过查阅资料进行课外探究，原来古人早有"月晕而风，础润而雨"之言，《孙子兵法·火攻篇》中也有古代气象知识。学生还意外地发现：草船借箭这件事，是被罗贯中移花接木到诸葛亮身上的，也许旨在凸显诸葛亮算无遗策、用兵如神吧。正史《三国志》中却是孙权所为，发生的时间是在赤壁之战后第五年的濡须之战。学生们还谈到若曹操决定火箭射之，直接就悲剧了。这种探究性学习，将语文学习、历史学习、实践活动有效结合起来，既有利于加深对文本内容的理解，更有助于培养学生学会学习的核心素养，必然会收到"一石激起千重浪"的功效。

四、从学习的对话理论审视，深度学习是基于学习共同体的合作学习

日本著名学者佐藤学曾说："要想让深度学习真实发生，最好的途径就是在学习共同体中学习。"这个学习共同体就是以教师为首的师生交往和生生互动的学习共同体。

深度学习的整个班级就是一个学习共同体，班里的学生再分成几个学习共同体，所有任课教师都是每个学习共同体的一员，强调教师和学生为同一个主体，师生关系为"大小同学"关系，是平等合作的学习者，力求"师生共备""师生共学""师生共拓"。这样，学生成为课堂"主人"，通过"自我建构""对话建构"和"活动建构"，在建构新知的同时，逐渐发展成为会自主学习、善合作学习、有学习智慧的人。

根据系统论理念，小组合作学习的诸要素相互协作、和谐统一时，会产生整体大于部分之和的效果。以深度学习为特征的合作学习要达到这一效果，应做到以下三点。

第一，问题要真。合作学习不应流于形式，为"合作"而合作，合作应源于问题。什么是"问题"？《辞典》中很明确解释：需要研究讨论并加以解决的矛盾、疑难。合作学习的问题难度应适中，有一定探究和讨论价值，问题要有一定的开放性。例如：在开展"生活中的一次性用品"主题实践活动时，若老师问"生活中为何会出现这么多一次性用品？""讨论"必然无效，因为此问题属于无疑而问，无难可疑。若改为"生活中一定需要一次性用品吗？"这一核心问题，课堂讨论自然会深入许多，甚至可能会现场生成一场小小辩论赛，使科学合理使用生活中的一次性用品的观点越辩越明。提出的是真问题，这是课堂讨论有价值的前提。

第二，方法要恰当。正确的方法，是小组合作学习的前提。科学的小组合作学习，必须以问题为载体，学生充分地自主学习，在平等、民主、互助的学习氛围中掌握知识技能，培养合作意识、探究能力、健康心理和良好的情感态度价值观。少数优生"霸占"课堂，你一言我一语、热闹喧嚣的无效讨论等场面，恰恰体现了教学缺乏科学的方法指导。

第三，管理要到位。科学的管理是课堂有效讨论的保障。首先，小组合作应遵循"组内异质，组间同质"的原则进行分组。所谓"组内异质，组间同质"，即小组内各成员间形成性别、性格、学习成绩和学习能力等方面的差异。其次，教师点拨合作学习技能。学生分组讨论时，教师必须及时了解情况，予以辅导，引导学生确定讨论方法。再次，指导小组成员学会分享、倾听、融合等合作技巧，特别要鼓励学生大胆发表自己独特的看法，使讨论波澜迭起，让学生茅塞顿开。最后，注重激励性评价。对分工合理、学习效率高的小组及时进行表扬，树立标杆，发挥引领作用，可鼓励其帮扶其他小组，可引导他们整理小组的探究过程和结果，为全班交流做好准备，也可提出深一层次的探究要求，把学生的思维引向深入。

综上所述，深度学习是基于批判性思维的深层次学习，是基于学习主体的有意义学习，是基于问题解决的整体性学习，是基于学习共同体的合作学习。

改变从"深度学习"开始

于 明[①]

自从我校加入了海淀区"深度学习"项目,作为课题组成员的我在学习和实践的过程中,逐渐被"深度学习"的内涵所感染,以往习惯的语文教学方式也在悄然发生着变化。这些变化带来的不仅是教师的改变,也有学生的改变,教与学相辅相成,教学相长。

回顾参与课题研究的过程,总结自身的变化,可以从三个站位的改变开始。"深度学习"项目给予教师的改变源泉就是新的站位,有了新的视角,再看往日习以为常的教材、教学、学生时,就会发现许多忽略、缺失的内容,而这些内容往往会对学生的学习产生关键的作用。

一、整合构建的课程资源站位

当深度学习的定义首次被 Ference Marton 和 Roger Saljo 在联名发表的《学习的本质区别:结果和过程》中提到时,他们就强调"深度学习不是简单的知识记忆,而是对于内容有整体的认知"。由此可见,匹配"深度学习"这种学习方式的绝对不能是往日零散、单质、缺乏系统性的载体。针对学习载体的重新认识,使我对于包括教材在内的整个课程资源的认识也发生了变化。

著名教育家叶圣陶说过,"教材无非就是一个例子",而这个"例子"所承担的载体作用是需要语文教师进行深度挖掘的。著名语文特级教师于漪在叶老的基础上将语文教材形容成"例子系统"。从"例子"到"例子系统",说明语文教材中的内容不是单一摆放、杂乱无章的,而是整体而系统地承载着语文功能的载体。而这种系统性必须在整合构建的站位下才能凸显出来。

以往的备课模式更多的是以单篇的课文为中心,适当进行资源的删选、增添,通常表现为与课后练习的关联,与课外资料的关联等。但是"深度学习"的方式更强调将整个资源进行整体构建,最为显性的表现就是单元整体教学,单元内的主体课文、拓展课文、语文天地等内容都在一条清晰的能力形成主线下形成一个整体的学习资源。有了这样的定位,语文教学不再是单兵作战的各个击破,而是横纵联系的整体推进。例如,我所做的北师大版教

[①] 于明,北京市海淀区实验小学教师。

材四年级上册《大与小》单元的整体设计，就是以完成习作《难忘的一件小事》为主线的整体设计。

有些课文在完成既定任务的基础上可以发挥素材选择的作用，有些课文在整合的基础上可以发挥调动积累的作用。"语文天地"中的编演课本剧根据需要可被改换成编演学生作文的小剧，小剧的创编又可促进学生的能力拓展。这样整个单元的内容被整合构建成一个系统的资源库，学生在学习中就可利用资源，以资源为载体，而不是被资源所限制。

二、任务驱动的教学设计站位

上海师范大学黎加厚教授在谈到"深度学习"时着重提出："深度学习是指在理解学习的基础上，学习者能够批判性地学习新的思想和事实，并将它们融入原有的认知结构中，能够在众多思想间进行联系，并能够将已有的知识迁移到新的情境中，做出决策和解决问题的学习。"由此可见，深度学习重视对实际问题的解决和决策的制定。同时，语文课程也是一门重视语言文字运用的综合性、实践性课程。而综合性和实践性的体现主要靠立足于提升语文素养的实践任务。这种实践任务既要和语文学习紧密联系，又要和学生的生活形成密切关联。

有了这样的认识，我们在进行教学设计时，就不能简单满足于单篇的阅读或者习作的目标达成，而要在目标之上形成一个系统构建的任务。这个任务的完成依托于整体单元的学习，在整体中，任务被合理分解为每个课时的学习中，既有阶段性，又有进阶性。这样学生在整个学习中有着完成实践任务的内部驱动性，学习既有过程的逐层推进，又包括最后的成果展示等环节。此时的学习就形成了语文实践圈，而牵动学生的力量就是这种实践任务。例如北师大版教材五年级上册《水》单元的核心任务设置为"制订节水宣传计划，开展节水宣传活动"。看似与传统的语文学习没有关联，但宣传计划的撰写、活动材料的收集、形式的创编等环节都要求将与本单元内容息息相关的知识进行能力的转化。在高阶任务的统整下，整个学习有了更加明确的目标，语文的综合性和实践性得到了更好的融合和体现。

在教学设计中有了任务驱动的认识，整个设计有了主线，其实质就是为学生的语文学习设置一个复杂而有意义的任务情境，通过这样的一个个的"任务"来"驱动"学生对知识与技能的意义建构。这样也使得《义务教育语文课程标准（2011年版）》所倡导的语文素养有了对接的载体。

三、素养提升的学生能力站位

深度学习的实质是学生学习方式的改变，是针对浅层学习而进行的一种高阶思维的发展。而在以往的教学中，我对于学生的能力定位往往更局限于单个的语文知识或者能力，这种单点的落实的确在夯实语文基础上起到了一定作用，但是这种作用在遇到实际问题或者更为复杂的情境时，往往会表现得"捉襟见肘"，这种捉襟见肘既表现为知识与能力的不全面，也表现为两者之间因没有构成联系而无法综合运用。

针对这个问题，我将在素养提升的学生能力站位下原本缺乏联系的单点能力形成一个个互相关联的有机整体。例如在《瑞雪图》的设计中，对于学生的能力定位既有"能联系上下文，理解词句的意思，体会课文中关键词句表达情意的作用"，同时又借助从积累到运用的转化落实"尝试在习作中运用自己平时积累的语言材料，特别是有新鲜感的词句"。这样的相互联系对于学生来说就是一种素养的提升。由此也避免了以往只是重视量化的积累，或是缺乏联系的运用的弊端。

这样基于语文素养的设计将积累与运用在深度学习的过程中形成了一个有机的整体，学生也形成了在理解中积累、在运用中实践、在实践中理解的良性循环，这种实践的体验落实正是一种真实的、能够迁移运用的能力。

深度学习项目的研究还将继续，其终极目的是促进学生学习方式的改变，落实课程标准所倡导的自主、合作、探究的学习方式。在学习方式的改变中，学生拓宽视野，提升兴趣，见证自身的学习效果和改变。这也是深度学习的魅力之一。

在"深度学习"中寻找教师的价值和未来

张亚楠[①]

作为一名小学数学教师,经过近两年的"深度学习"项目探索、实践,我感到收获巨大,从中寻找到教师的价值和未来。

一、从"教材内容"到"学习内容"

我在学生阶段就学习过建构主义学习理论,一直都知道学生的学习应该是建构的学习。但是进入教学现场后,我并不十分清楚到底应该如何去做,所以在教学上比较局限于教材内容,将其简单等同于学生的"学习内容"。随着在"深度学习"项目中不断研究,我逐渐意识到,要使学生的"深度学习"真正发生,就要落实学生学习的自我建构过程。这就要求学生在教师的引导下,用结构化的学习方式,学习结构化的知识。也就是说,学生在学习活动中要充分地调动和激发以往的知识、经验来认识和理解新的学习内容,并且不断将新知整合到自己原有的知识结构中去,进而形成自己新的知识结构。

思想改变了,行动也要跟上。在后来的教学中,我不再局限于课本呈现的内容,而是要求自己必须深入研究各种数学问题的核心本质、体现的数学思想和方法,关注学生的知识结构和认知结构,对教材内容进行进一步的加工、设计,精心组织适合的学习活动,使学生能够开展结构化的学习。

例如,在北师大版五年级上册"分数的再认识(二)"一课中,学生借助分数墙认识分数单位。我针对学生在分数认识上存在的困难,尝试在学生认识分数单位的同时,通过研究分数墙促进学生对分数的认识,渗透数感的培养。我在对"数感"的内涵进行研究和学生调研的基础上,对教材内容进行了再次加工,最后确定了学生借助长纸条亲自动手表示出分数单位、分数,经历亲自循序渐进地搭建"分数墙"和研究"分数墙"的活动。学生借助以往分数学习的经验,在动手操作和层层递进的观察、思考中,深化了对分数的认识。教学活动流程见图1。

---

① 张亚楠,北京市海淀区民族小学教师。

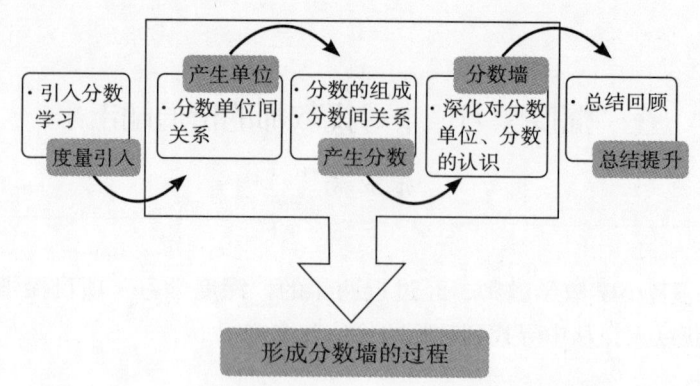

```
┌─────────────────────────────────────────────────────────┐
│  ·引入分数    产生单位     分数的组成    分数墙       ·总结回顾  │
│   学习       ·分数单位间  ·分数间关系  ·深化对分数              │
│              关系                    单位、分数    总结提升  │
│   度量引入              产生分数      的认识                 │
└─────────────────────────────────────────────────────────┘
                          ↓
                    形成分数墙的过程
```

图1 "分数的再认识（二）"教学活动流程图

二、从形式化的"主体"到真正的"主体"

我成长于一个高喊"学生主体"的时代，所以常自以为对这四个字有比较深刻的认识。自己当了教师以后，我时常乐于尝试一些不同的学习方式、教学组织形式，看到学生在课堂上更加积极、热情，就非常满足。但慢慢出现的一些问题也使我反思：形式改变和学生一时的愉悦容易，但常常导致课堂低效、混乱、无意义，要真正实现"学生主体"绝非易事。在"深度学习"教学改进项目的学习中，我终于得以认真审视自己曾经以为理解的"学生主体"：

1. 我创设的问题情境真的"真实"吗？

"深度学习"重视学生的全身心参与，我以前也同样"重视"。经过学习，我时常问自己："在过去的教学中，我创设的问题情境真的'真实'吗？"想起曾经为了创设情境而创设情境，不考虑问题的真实性以及和学生的联系，我就能够理解学生的"淡定"了——这样的"假情境"自然无法吸引学生积极投入。在这方面，特级教师吴正宪的一个故事给了我深刻的影响。

五年级上册第一单元"小数除法"第一课"精打细算"，其创设的"甲商店每袋牛奶多少钱？"的情境，是要解决小数除以整数（11.5÷5）的竖式计算问题。吴正宪老师经过对学生关于小数除法的"前认识"的研究，从学生需求出发，突破教材创设了新的问题情境，试图先解决"整数除以整数得数是小数（97÷4）"的计算，突破余下的数"1"到底如何处理的难点。

吴老师最初精心设计了这样的问题情境："妈妈用100元买四本《格林童话》，售货员找回3元，那么每本《格林童话》到底多少钱？"这个情境已经是精心设计过的，然而吴老师一直对这个问题"真"的程度不满意，经过不断思考又把情境改为"大学宿舍4人一起去食堂AA制吃饭,一共花了97元,由其中一位先埋单。其他三人该付多少钱给那个人?"同学之间AA制吃饭付钱的情境当然更加真实,问题一出,学生的积极性便调动了起来。

2. 我设计的问题有"挑战性"吗?

"深度学习"是指学生在教师的引领下,围绕具有"挑战性"的学习主题开展学习。我常常反思以往的教学,为了实现"学生主体",我设计的问题是否有挑战性?在看似积极、热闹的课堂背后,如果没有挑战学生思维的问题主导,学生的学习兴趣如何激发呢?学生成长的快乐和满足何来呢?

在以往教学四年级下册"小数的意义"一课时,我会按照教材上的安排,直接教给学生"0.1"和"0.01"的含义,试图让学生理解。但学生对小数的意义的认识并不深刻。在观摩学习了吴正宪老师"小数的意义"一课后,我在教学中不再直接出示"0.1"和"0.01"的概念,而是在认识"0.1""0.6"的基础上,从用"0.6"表示阴影到用"0.61"表示阴影,经历"0.01"的产生过程,突破对小数部分计数单位的理解(图2)。毫无疑问这是一个具有挑战性的问题,但正因如此,学生之间展开了非常精彩、热情的对话和讨论,最终解决了问题,也实现了深刻认识小数意义的教学目标。

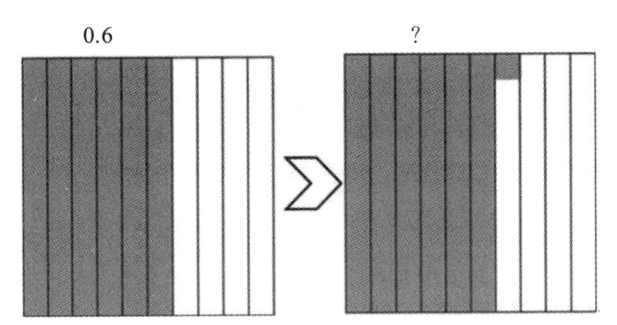

图2 学生经历"0.01"的产生过程,体会小数计数单位不断细分

3. 学生是否有"活动"和"体验"的机会?

"活动与体验"是深度学习的核心特征。"活动"是指以学生为主体的主动活动,而非简单的肢体活动;"体验"是指学生作为个体全部身心投入活动时的内在体验。要使学生成为教学活动的主体,就要通过教师对教学内容以及学生的学习过程与方式进行精心设计,使学生能够经历人类发现或者发明知识的关键环节,通过自己的活动理解数学符号化的知识,激活静态的知识,全身心地体验知识本身蕴含的丰富复杂的内涵与意义。

三、从一份"工作"到一份"使命"

我也曾经怀一颗美好"初心"投身教育，但却迷失在繁杂的工作中，"深度学习"使我受益最大的就是"重拾初心，逐梦前行"。"教师"对我来说，已经从一份"工作"变成了充满"使命感"的事业。

"深度学习"项目的最终目的是促进学生发展，但它并非只受益于学生，教师的引导是深度学习发生的先决条件。所以"深度学习"首先受益的就是参与项目的教师。

关于"深度学习"的研究在国内比较新，具有一定的挑战性。一开始确实困难重重，但在小学数学研究团队的带领下，我们一直坚持理论研究与实践探索相结合，团队的专家和教研员既重视对教学规律的探索和对学生的研究，又注重教师团队的全面提升。在短短的一年多时间里，我跟随团队不断经历"理论学习研讨—实践探索、分析—反思、总结提升—再研究、实践"的完整过程，通过自己的巨大收获以及学生的明显改变，获得了极大的自我价值感，提升了对自身角色的认识。

在这个项目中收获的知识、技能，以及思想的转变提升，让我更加深刻地体会到专业成长的快乐与幸福。我也开始反思，认识到身处"互联网＋"和人工智能的时代，教师在日复一日的教学"劳动"外，也要和学生一样不断学习、尝试、改变、创新以及反思提升，让研究常态化，这样才能寻找到自己在未来教育中的越来越多的价值和幸福。

深度学习是触及知识内核的学习

嵇成国 [1]

一、深度学习注重学以致用

《浮力》一课的教学设计以"国产航母"为线索，渗透爱国主义教育的同时，激发了学生强烈的自豪感和探究欲。教师通过播放首艘国产航母出坞视频，引入课题，指向浮力定义的建构；通过计算航母满载时所受浮力的大小，应用阿基米德原理；通过学生自制"航母"（折纸船），应用影响浮力大小的因素分析并解决实际问题。课堂教学思维连贯又不乏梯度，体现了"从生活走向物理，从物理走向社会"的课程理念，在具体应用中赋予知识以"意义"。

二、深度学习注重自主建构

深度学习的特征之一是注重学生的自主建构，以建构"浮力"的科学定义为例：

演示：乒乓球为什么从水中浮起来？气球为什么腾空而起？

学生：受到浮力。

教师：施力物体分别是什么？

学生：水（液体）、空气（气体）。

教师：请观察系着气球的细线、系着乒乓球的细线，又说明什么？

学生：浮力的方向是竖直向上的。

教师：请你尝试对浮力下定义。

学生1：浮力是竖直向上的力。

学生2：浮力是向上的托力。

学生3：浸在液体或气体中的物体才受到浮力。

小结：浸在液体或气体中的物体会受到向上的托力，即浮力。

三、深度学习立足真实探究

在初中物理课程中，科学探究既是学生的学习目标，又是重要的教学

---

[1] 嵇成国，江苏省淮安市金湖县实验初级中学校长、物理特级教师。

方式。我听过很多节《浮力》的评优课或展示课，大部分课堂要么落入程式化——探究要素面面俱到但只能浅尝辄止；要么陷入无序化——过度开放、漫无边际，迷失了教学目标。本课骆老师对学生的众多猜想持开放和鼓励姿态，追问学生每一个猜想的依据，启发学生设计验证性实验。这种教学设计是智慧的，让学生经历与科学工作者相似的探究过程，主动获取物理知识，领悟科学探究方法，发展科学探究能力，体验科学探究的乐趣，养成实事求是的科学态度和勇于创新的科学精神。

四、深度学习立足有效评价

本堂课注重以评价促进学习，多采用表现性评价和质性评价。如，折纸船活动：通过观察纸船位置变化，进一步体察到 V 排是影响浮力大小的关键；通过追问纸船在盐水中的载物量，体会到科学的价值不仅仅在于解释已知，更在于预测未知；通过争辩沉底后浮力的变化，为下节课"物体的浮与沉"埋下悬念。

又如，学习任务单中，采用了档案袋评价，科学记录学生的学习行为及其变化，促进学生元认知的发展。

五、对深度学习的理解

第一，设计具有一定挑战性的问题，在问题解决中提升迁移和创造能力；第二，深度学习不是加大学习难度，而是一种学习状态的描述，即学生全身心投入学习；第三，由个人竞争学习走向合作学习，这是"教育要面向现代化、面向世界和面向未来"的必然要求。

总体而言，本课很好地体现了执教者对深度学习的理解。学生在课堂上始终处于探究、概括、思辨、论证的状态，学习内容触及知识内核，把学生片面、零散的生活经验发展成结构化的科学认识，有利于学科观念的形成。但第一条还可以做得更开放一些，比如，可以鼓励学生自行设计验证阿基米德原理的实验方法。

第二章

深度学习的策略

第一节　深度学习项目推进策略

课程融合：提升深度学习的效益

庞　健[①]　张万兵[②]

涪陵第十四中学（以下简称"涪陵十四中"）从 2014 年春开始参与基础教育课程教材发展中心的深度学习课堂实践，在项目实施中探索课程、资源及技术等多方面的融合，收到了良好的效果。

一、课程融合，为深度学习提供支撑

教学改革不能脱离学校课程的整体改革。涪陵十四中以完善孩子从少年到青年初期生命成长为使命，横向整合学校教育要素，纵向整合学校课程历史积淀和新课程要求，从道德成长、智慧成长、体能成长、心理成长和特长成长五个维度，优先建构学生成长课程体系。

（一）按照孩子身心发展规律构建道德成长课程

初中阶段是人生发展的第二高峰，具有身心状态的巨变、内心世界的发现、自我意识的觉醒、独立精神的加强四大特征。学校根据七至九年级学生的成长特点，分别开设"养成教育"课程、"自主教育"课程、"人生教育"课程，以引导七年级学生正确面对新环境、树立新希望；推动八年级学生开

[①] 庞健，重庆市涪陵第十四中学校校长及项目负责人。
[②] 张万兵，重庆市涪陵第十四中学校办公室主任。

展自我管理，顺利度过青春期；指导九年级学生进行正确的人生规划。

（二）按照国家课程校本化构建智慧成长课程

涪陵十四中以培养兴趣、呵护好奇心为智慧成长的起点，以培养学生自主学习能力为智慧成长的重点，以享受智力生活为智慧成长的境界，以打造"五三一"成长课堂为智慧成长的保障。

在"五三一"成长课堂中，"五"指课堂教学中自习、自疑、自探、自测、自结五个环节；"三"的内涵较多，一指导思维能力、导方法技能、导情感态度三类引导，二指过程性评价、结论性评价、态度性评价三种评价方式，三指种子课、生长课、果实课三种课型；"一"则指一个核心价值取向——培养学生可持续的自主学习能力。在成长课堂中，学校整合课标要求和教材内容，定位教学主题，制定教学目标，设计教学问题，进行及时评价，形成了"先学后导，合作创新"的"五三一"成长课堂文化，形成了真生成、真参与、真小结的课堂特色。

（三）按照孩子个性发展需求构建校本活动课程

为了实现学生体能成长、心理成长、特长成长，学校开设近60门校本课程，按照"一生一特长一爱好"的培养目标，让学生选修项目，进行课外兴趣辅导。与此同时，学校还挖掘自身资源，创新教育形式，固化了开学典礼、散学典礼、毕业典礼、步入青春门等典礼仪式，研发了德育活动精品课程、德育劳动实践课程，让学生走出教室参与实践，提升学生整体素养。

二、借力深度学习实践，完善三种课型

涪陵十四中以深度学习项目组提出的"为理解而教"理念为依托，倡导教师从"深度学习"角度反思自己的教学，按照"先见森林再见树木"的教学观念，设计了"五三一"成长课堂以及种子课、生长课、果实课三种课型。

以数学教学为例。传统教学按照章节先后顺序进行线性教学，"深度学习"则以章为单元，从单元的核心知识、核心思想、核心方法和核心思维出发，提炼出本单元的知识概要，整合教学目标，让学生建立起单元或章节知识的系统性，这样的课即"种子课"；而后对知识点进行分解，一个点一个点地解决，这就是"生长课"；最后进行复习，对本单元或章节内容进行总结、反思、拓展，实现"观一斑而知全豹"的学习目标，这就是"果实课"。这三种课型依据知识的生成规律，以单元教学为主体，按照总—分—总的结构，螺旋上升地构建知识和能力体系。按照这种教学设计，八年级"全等三角形"单元的教学不仅降低了课时数（从12课时降到7课时），还在很大程度上提高了教学的有效性。

三、实现成长课堂与新技术的融合

"五三一成长课堂"是指学生的学习依托种子课、生长课、果实课三种课型，通过"自习、自疑、自探、自测、自结"五个环节，在教师的引导下以思维能力、技能方法、情感态度为评价导向，培养学生可持续的自学能力。

（一）人的融合，建立了资源库

"成长课堂"有两个支点，分别为学生实在而高效的"学"和教师高效而艺术的"导"。教师要"导"好，课下需花大功夫。在教学预设时，涪陵十四中以备课组为单位，跨学科整合人力资源，由该学科任教教师、信息技术教师、美术教师等组成教学设计团队，进行集体备课。比如，学校通过语文备课组与美术备课组的联合教研，让美术教师把语文的某些教学内容可视化，让形象思维变成可视图形。让美术教师参与所有学科的联合教研，与其他学科教师一道布局思维导图，让思维导图能够简洁明了。让信息技术教师与历史学科教师一道备课，对历史教学内容进行信息化处理，让历史知识通过信息技术的处理变得可视化起来。这样的学科跨界整合，加强了学科教师之间的交流，找到了学科之间的联系，加强了学生对知识的理解和运用。

（二）技术的融合，完善了助学空间建设

涪陵十四中努力打造"智慧课堂"，实现千兆网络进校园。目前学校已有57个班级采用智慧课堂教学手段，在"自习"环节建立了助学空间，把有助于学生自主建构的教学资源通过文字、图片、视频等方式推送给学生，让学生依托助学空间中的学习资料开展自主学习，并完成相应的学习任务。教师通过App学习终端随时查阅学生自主预习情况，以加强课堂教学的针对性和实效性。课堂教学中，教师把备课时预设的教学目标与学生在助学空间反馈的疑难问题整合形成课堂教学目标，组织学生合作探究；学生通过课堂学习空间进行交流互学，在线即时提交学习中遇到的疑难问题，这些问题即是本学时的教学重难点。教师引导学生采用多种有效的学习方式开展深度学习，通过组内交流、班级交流、展示探究等环节充分发挥课堂学习空间的作用。课后，教师再把教学课件、微课等学习资源推送给学生，学生可以随时随地查漏补缺或复习巩固。作业布置，教师也是采用推送的方式，让学生个性化选择问题回答。助学空间的建立不仅促进学生养成了自主学习的习惯，还为课堂教学问题的生成提供了便捷，让课堂教学有了深度和广度，也极大地提升了学生的综合素养。

涪陵十四中实施课改以来，通过课程整合、课型优化、成长课堂和信息技术深度融合，教学效果显著提高。今天的十四中，正借力深度学习实践，努力把学校办成文化重构的策划源、教师成长的孵化器、管理创新的实验田、成长课程的推广地。

深度学习的课程改革实践

"江苏省锡山高中课程体系的整体构建与实践创新"项目组

为实现课程的终极价值,锡山高中从课堂教学的视角着力变革教学实践模式,重点在基于标准的教学、促进学习的评价、转变学习方式三个方面深入探索,以充分满足学生深度学习与个性化学习的需要,并最终实现学生全面而有个性的成长。具体内容是:

基于课程标准,保障共同学业基础

为让体现着国家意志的学科课程标准真正在教学中得到落实,保证学生达成共同的高中学业成就基础,锡山高中形成了基于课程标准的课堂实践模型:专业化地分解国家课程标准,结合教材和学情确定课时教学目标,实施目标导向的教学与评价,并借用基于证据的课堂观察以确保此过程的有效落实。基本流程如图1、图2所示。

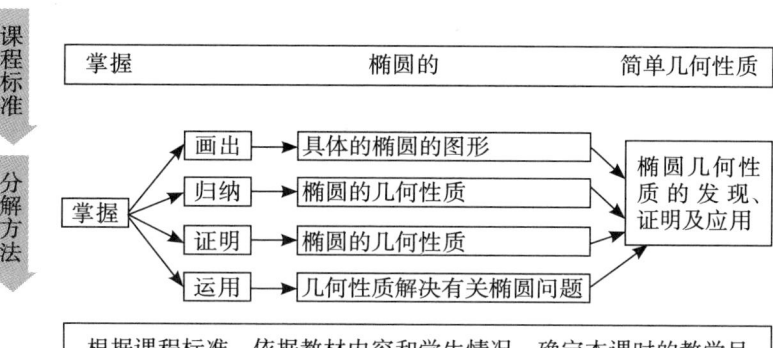

课程标准:掌握 椭圆的 简单几何性质

分解方法:掌握 → 画出 具体的椭圆的图形 / 归纳 椭圆的几何性质 / 证明 椭圆的几何性质 / 运用 几何性质解决有关椭圆问题 → 椭圆几何性质的发现、证明及应用

教学目标:根据课程标准,依据教材内容和学生情况,确定本课时的教学目标为:
1. 学生**会画**具体的椭圆的图形,**分析**图形特征,从而**归纳**出椭圆的几何性质。
2. 根据椭圆的标准方程,学生能用代数方法**证明**椭圆的几何性质。
3. 学生**运用**得出的几何性质**求解**有关椭圆的离心率、长轴、短轴等问题。

图1 基于课程标准的教学目标示意图

基于核心素养的深度学习

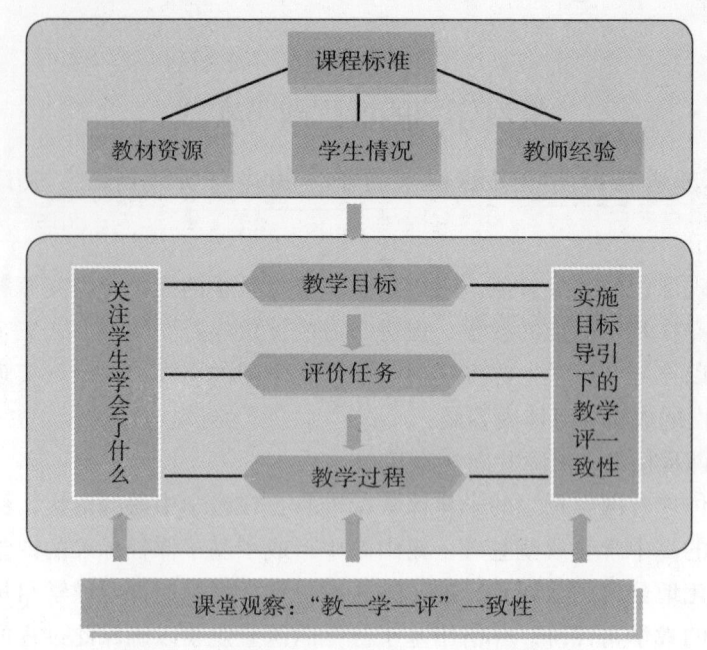

图2 "基于课程标准教学"的课堂实践模型

改变评价范式，用评价促进学习

在课堂教学中，锡山高中引入当前国际评价领域普遍关注的"为了学习的评价"（assessment for learning）这一全新评价范式，并探索出评价方案设计先于教学设计，教学与评价相互融合，搜集评价证据，反馈评价结果，调整教学策略，改进课后作业方式的课堂教学模式（图3）。

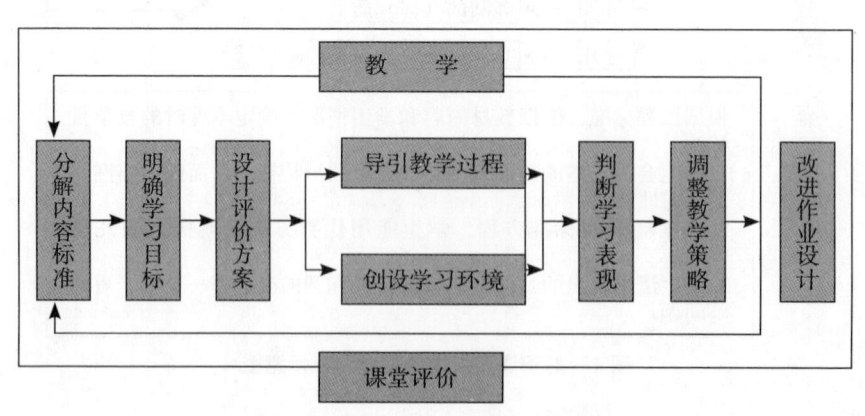

图3 促进学习的课堂评价实践模型

支持多样化学习方式,实现深度学习和个性化学习

锡山高中在教学变革中,支持学生采用多样的学习方式,比如探索出以动手实践为主要方式的实践性学习,以参与、体验为目的的体验性学习,以发现、解决问题为核心的探究性学习方式,用于课堂教学。它们各有侧重,建构了指向多样化学习方式的课程群(图4),学生也因此能够在有选择的课程面前实现深度学习和个性化学习。

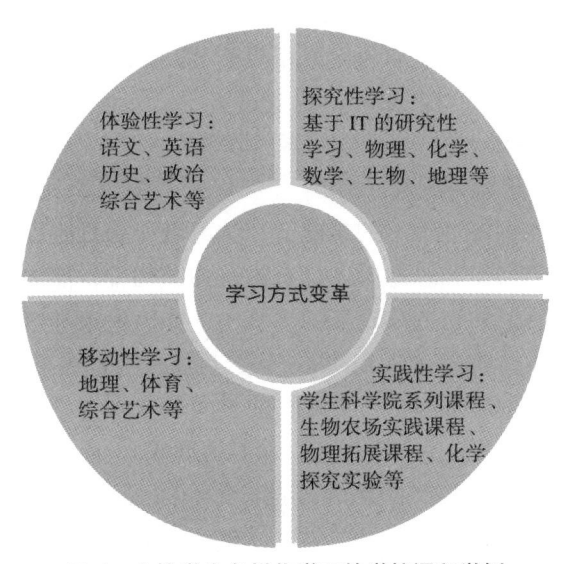

图4 支持学生多样化学习的学校课程举例

静水流"深",博而有"度"

——北京石油学院附属小学"深度学习"项目实施策略

郭红霞[①]

教育部出台的《关于全面深化课程改革 落实立德树人根本任务的意见》提出要注重学生核心素养的培养,改变过去"以知识为中心、教材为本位"的教学格局,要将课堂教材与学生的素养联系在一起。"深度学习"项目指向的恰恰是学生核心素养的达成。

深度学习是在理解性学习的基础上,学习者能够批判性地学习新的知识和思想,并将新的知识和思想融入已有的认知结构中,能够在众多的思想间进行联系并将已有的知识迁移到新的情境中,作为决策和解决问题的一种学习方式。[1]其基本结构为"基于问题—研究反思—呈现成果"。它无疑为学生创设了一种新的学习环境与学习方式,使学生获取知识的过程也是一个不断获得发展的过程,最终立足于学生核心素养的形成。

2015年7月,我校语文团队成为教育部与海淀区重点课题"深度学习"项目组成员,开启了"深度学习"研究之旅,力求借此项目研究带来教师教学理念的转变,带来教与学方式的转变,最终促成师生思维与行动方式的转变。

一、多种策略跟进,有效推进项目实施

(一)引进"项目学习"的学习方式

"项目学习"要求学生完成真实的研究或实践项目,充分选择、利用多种学习资源,借助实践体验、内化吸收、探索创新等活动,获得相对完整而具体的知识,发展实践能力。"项目学习"以真实的活动为载体,以学生发展为目标,以学科为切入点,来实现人的发展。就学科本质而言,语文教育的目的不是仅仅教给学生知识技能,更主要的是在真实的语言情境中有效地运用语言,用语言表达、与他人沟通,借助语言认识世界、理解世界。项目学习恰恰给学生提供了实践与输出的机会,最终保证了学生在综合的情境中获得

---

① 郭红霞,北京石油学院附属小学教师。

有效的发展。

（二）基于需求确立研究专题

我校在确立各年级研究专题时，基于课程标准，综合教材安排、学生需求、现有资源以及教师专业能力，遵循先易后难、由浅入深的原则，确定深度学习的主题。

以 2015—2016 学年第一学期为例，一至六年级各教研组深度学习单元学习主题确立如下：

- 一年级："家"单元——我爱我家之给流浪猫狗安家
- 二年级："书的世界"单元——我是小小读书郎
- 三年级："成长"单元——安徒生童话阅读
- 四年级："民族之花"单元——"私人订制"中华民族园手绘导游路线图活动
- 五年级："家园的呼唤"单元——水的呼唤
- 六年级："岁寒三友"单元——题画诗

表1　一至六年级的主题活动及其活动线

年级	主题	活动线
一	我爱我家之给流浪猫狗安家	设计—制作—观察—分析—改造—反思
二	我是小小读书郎	选书—购书—读书—推荐书（给自己读过的图书设计腰封）—读书分享会
三	安徒生童话阅读	学习课文《丑小鸭》—阅读《安徒生童话》—经典童话故事读书会—编剧本—制作童话剧表演的宣传海报—为安徒生动画片片段配音—年级童话剧展演—评价、颁奖
四	"私人订制"中华民族园手绘导游路线图活动	制定浏览民族园任务单—游览民族园—手绘民族园平面图—确定目标人群—讨论需求—设计游览路线—绘制导游图—介绍游览路线—修改完善
五	水的呼唤	了解水—亲近水—赞美水—珍惜水
六	题画诗	了解渊源—感受特点—赏析作品—自主创作

研究主要经历了四个阶段：

第一个阶段：确定主题，选择载体，制定方案；第二个阶段：实施方案，发现问题，修改完善；第三个阶段：展示阶段性成果，探索推进方向；第四个阶段：反思阶段性成果，完成预期成果。

（三）挖掘不同路径，实践深度学习标准

为了整体推进深度学习项目，践行深度学习理念与基本标准，我们主要通过以下路径加以实施。

1. 制定一套智力动作——外显活动线

在学习的过程中，依据学科主题以及学生已有的知识经验，整体设计、实施适于学生的学习活动，引导并帮助学生经历、体验知识的形成过程，使学习知识的过程真正成为学生自觉、主动的活动过程，通过一系列智力动作，让学生体验真实的学习，唤醒学生的主体性。

2. 掌握学科核心知识——习得知识线

单元学习主题是一个或多个学科领域中起核心作用的内容，它承载着关键性的概念、原理、方法、观点等，促进学生建构学科知识体系，形成结构性、系统性的知识网络。基于此，整体设计中我们力求从多元化的角度切入学习问题或任务，吸引学生多方面、深度参与学习活动，建立经验与知识之间的联系，不断激发他们的学习潜能，促进探究的持续与深入。

例如，四、五年级通过"手绘导游图"和"水的呼唤"非连续性文本的学习，不但让学生体会到"非连续性文本"的价值，而且扩充了文本形式，扩大了阅读视野。同时导游图路线一课的设计、"水的呼唤"图文并茂的呈现，也体现了语文、数学、美术、科学多学科的融合。再如，六年级在"题画诗"单元中对古诗配画、古体诗知识的补充，大大提升了学生的文学修养、艺术鉴赏能力。以上年级的深度学习活动设计，带来多学科知识的融合，使学生获得的知识从单一走向了多元，由平面走向立体，由零散到建立起知识内在的联系，让知识更好地发挥教学价值与教育价值。

3. 指向高级思维能力——内隐能力线

深度学习目标追求理解、评价、迁移、问题解决与创新能力的培养，因此在设计活动时，我们力求在设置学习活动中考虑学生的多元智能，并给予学生思考与讨论的空间，使学生的思维视角、思维方式、行为方式发生改变。

例如，一年级的研究主题是"我爱我家之给流浪猫狗安家"。学生为小动物设计的"家"就改变前和改变后进行对比，之前的"窝"漂亮，学生只是单纯地从"我"的角度出发，忽略了小动物的需要；改进后的"窝"，温暖舒适，

是小动物需要的"家"。从"我要给小动物做这样的窝"到能从动物需求出发，做出适宜动物居住的"家"，实现了从"我们"到"他们"的思维方式的转变，这是深度学习带来的最根本的转变。

4.呼唤学习持久力——蕴含情感线

通过具体项目的学习，我校学生会全身心（思维、情感、态度、感知）投入到具有挑战性的学习活动中，"探索""发现""经历"知识的形成过程，与他人展开积极的合作与沟通，体会合作在学习中的价值与意义，体验挑战成功的成就感，感受学科的价值、学习活动的意义以及个人在学习活动中的成长，获得丰富的情感。

例如，六年级学生在"题画诗"这一主题的学习中，通过感受"诗中有画，画中有诗"的体裁特点，自然领悟到中华文化的雅致，培养了自身的文气、雅气与正气，增强了自身的传统文化底蕴。

二、利用评价体系，持续推进师生发展

在深度学习实践活动中，我们依据主题确定目标，根据目标进行活动设计，活动进行中和活动之后进行评价，持续评价又与活动目标相勾连，四要素形成一个整体，相互联系，环环相扣，密不可分。

因此，在潜心于"深度学习"项目的研发和开展中，我们不断用"深度学习"的标尺核对所思所行，共同设计了阶段交流、持续评价环节。

当然，评价标准生成于各阶段展示交流中，也会在不同阶段体现出不同的评价要点。例如：第一阶段，统一认识：把握深度学习的本质；第二阶段，拓展思路：寻求达成目标的最佳路径；第三阶段，讨论教学案例的合理性；第四阶段，监测教学策略是否符合深度学习的要求。

这套自我监控机制，引导教师边做项目边细化标准，边修改设计边完善活动，在严格聚焦学科标准的前提下，自评生成标准，并通过讨论不断保证其合理性，观察进程是否符合"深度"的要求，进而不断内化标准，促进成熟，提升主观认识。

其中，评价的主体是参与项目的所有教师。在阶段梳理、交流的过程中，教师对所负责的活动不断思考、自省，同时汲取他组成功经验，听取他人意见建议，及时调整实施方案和策略，实现自评与他评相结合。

如四年级团队在上一学期的基础上，聚焦"路"主题单元，初步设想通过"制作飞行棋"这样一个核心活动，使学生将"丝绸之路"的诸多内容统整起来，在此基础上继续开拓"一带一路""新丝绸之路""人生之路"等内

容的"飞行棋"。在阶段性汇报中,教师指出,这一设计更偏向于班会的形式,其思想性更重,而对语文核心素养的提升明显不足。接着,用"深度学习"的标尺去审核,检验我们的理解与"深度学习"的本质是否一致。我们发现这一设想很难落回语文核心素养,偏离了"深度学习"课程统整的标准。于是,四年级组教师大胆推翻原设计,重新规划核心活动为"丝绸之路系列儿童讲堂"的形式,并依然在推进中不断改进更新。

在设计项目活动时,教师做出了充分的预设,但是在实施过程中,随着项目的逐渐深入,总会发现一些问题,通过阶段性评价,他们会根据实施的具体情况进行调整,以更好地达到项目学习目标,有效推进项目的实施与跟进。

三、反思与展望

经历了一年的"深度学习"项目实践与研究,我们取得了些许收获。首先是活动设计和教材内容匹配。从某种意义上说,课例成功地使教材倡导的教学理念落地,将"文件课程"合理转化为"执行课程"。其次是活动方式与建构主义的学习理论匹配。学生在多种多样的言语实践活动中自主思考、发现、梳理、提炼,最终发展学科能力,提升核心素养。再次是活动资源与教学目标匹配。基于目标下的各类资源的开发拓展、整合使用,为学生学习活动的开展奠定了良好基础。

而教师也在研究的过程中逐渐树立起研究自信,不断创新固化成果的形式。他们将研究专题通过编写活动手册的方式,实现传承,让更多的学生进行实践、体验、探究,继而形成学校的特色课程。这些丰富而具有生命力的课程,也为下一阶段深度学习的深化提供了借鉴与指导,有效保证了课程设计的科学性、规范性及有效性。

此外,在活动引领下,学生真正实现了精神成长和思想发育。从学生作品中我们可以清晰地看到其认知水平的提升,与此同时,学生的自我评价和自我反思能力也得到了较好的发展。这正是深度学习希望达成的目标。

参考文献:

[1] 何玲,黎加厚.促进学生深度学习[J].现代教学,2005(05):29-30.

推进单元整合　促进深度学习

王晓英[①]

"深度学习"作为一种学习方式越来越受到教育界重视,因为深度学习能够增强学习者的主动性和批判性,而这两种特性的缺失正是当前教育明显的短板。我校加入海淀区语文深度学习教学改进项目组,成为该项目的实验校,基于校情、学情、师情、教材特色、学段要求等综合因素进行整体设计,稳步推进了深度学习在我校的开展,见证了学生学习和教师教学的根本性改变。

在实际推进中,我校选择的实验年级为五年级,因为以年级实验为推进的模式更容易收集相关经验,也便于调整研究的策略,这种灵活易操作的形式为后续的研究奠定了基础。此外我们还将深度学习的研究重点聚焦在单元整合的推进过程之中,之所以选择单元整合,是由于深度学习的一个特性就是基于有意义、丰富的语文活动来开展学习。而语文活动的载体很大程度上需要在单元整合的模式下,对教材资源进行重新规划,所以我们的目光聚焦在单元整合学习上,使得研究更有抓手。在明确目标之后,我校对于实验年级的整体推进采取了规划跟进、流程推进、成果累进的模式,并取得了一定效果。

一、头脑风暴,对比中明晰单元整合学习的好处

任何项目想要推进,都必须使得参与者明晰该项目的优势,所以在项目落地之后,学校以年级组为单位进行了整合性的学习。学习的内容并不是深度学习中单元整合具体的推进策略,而是其与传统教学方式的对比。在对比中,参与者明确了单元整合学习的优势所在。

这种优势的获得建立在以头脑风暴为形式的归纳中。在交流分享中,教师归纳出原来单篇推进的一些优势和不足,反思了以往教学的一些短板,例如知识体系零散、学生能力的形成没有进阶性等。但是也看到了单篇推进过程中学生的学习时间得以保证、学习任务比较明确的优势。同时,通过理论学习看到单元整合教学使得教材在原有松散主题下变得更贴近学生的学习,零散的知识和能力的锻炼融合在一个完整的过程之中,教学资源得到了合理

---

① 王晓英,北京市海淀区实验小学教师。

分配与利用。在分析了单元整合教学与传统教学的优劣之后，明确了努力方向——继承与发扬优势，从不足入手，引入深度学习的单元整合进行弥补，扬弃之间形成了对于项目的统一认识。

二、布点推进，分层中制定单元整合学习的策略

对于整个单元整合学习，我们为实验年级的推进构建了"布点推进，分层制定"的策略。所谓"布点"，就是指在研究推进中考量多种因素设计关键点，以关键点的突破达到研究的深入。在布点推进的过程中，分层次、分阶段进行主要策略的归纳与总结，使得研究在成果的逐层累进中深入推进。

（一）把握重难点

我们首先明确，在深度学习中单元整体推进的原点是什么？在寻找的过程中，我们立足课标、年段、教材、学情等诸多因素确定了原点是对于重难点的把握。单元整合的目标应该设定为学生综合语文能力的形成，但是目标的达成不是轻而易举的，需要教师进行诊断，形成预设。这时重难点就在课标要求、教材特色、学情分布等科学变量中逐渐有了清晰定位，这样的清晰定位也为整合研究创设了基础。例如《水》单元的重难点就是学生保护水的宣传手册的制作，这样的定位是通过综合考量形成的。

（二）寻找结合点

单元整合学习的推进难点在于结合点的确定，原来分散而教的课文如何在结合点的强大凝聚力之下形成一个完整的学习环，这是对研究者的考验。在实际操作中，我们归纳出"三个进行"的策略，即对教材进行深度细读，对学情进行横纵分析，对设计进行预讲实验，最后形成单元整合的结合点。

而这些结合点不是简单的主题串联，而是学生能力形成的最佳路径。这些路径的支撑就是这些结合点的巧妙设计。例如《破除迷信》单元的小报设计就是一个将学习与实践、认识与行动、内容与形式完美链接的结合点。学生历经整合学习之后形成的小报带着学习的温度，带着个性的理解，更带着实践的思考。

（三）立足着力点

在单元整体教学中切忌盲目整合、压缩课时，而是需要在关键处精细化、在过渡处常态化。换言之，就要选出整个单元教学的着力点，引导研究组群策群力进行研究，而不是将一些以往以传统形式就可以过渡推进的内容再反复咀嚼，浪费时间。

为了保证着力点的必要性与科学性，我们在选择时不但参考教师以往的

教学经验，还制定了"实验年级进行二度分组，以微课为手段的前测式研究"策略，在不同校区的不同着力点选择课程实录进行分析判断，以形成更为科学的着力点，使得研究更为严谨。

（四）设计活动点

在推进单元整合学习中，一个明显有别于之前学习的形式就是语文活动的设计。在设计活动点时我们规划了"三结合"的策略。首先，与语文天地的活动相结合，不脱离教材，优势凸显；其次，与其他课程的活动相结合，不闭门造车，优势共享；再次，与语文学科实践活动相结合，不脱离生活，优势互融。这样的"三结合"策略使得实验组教师在规划语文活动时更具综合性，也更具实效性。

紧贴单元内容的实践活动成为落实语用的载体，学生在这样的活动中实现能力的提升、视野的打开、生活的对接，真正体现了语文学科的基础性和实践性的特点。

（五）开放评价点

在处理深度学习评价点的问题时，我们采用的基本策略是"评价前置，形式多元"，在设计重难点时就将各种评价进行综合考量，使评价与整合单元学习相伴推进。在实际操作中，在实验组成立评价小组，集中骨干力量进行评价的规划，既要突出评价的实用价值，更要关注深度学习的过程性评价的意义。

而形式多样的策略主要是指评价主体从单一化到多元化的改变，由原来的教师评价为主，变为学生自评、同学互评、小组共评等多种形式，在形式创新的同时也将评价的功能重新定位，为深度学习中的批判、评价能力和规划、设计能力提供载体。

三、凝炼经验，生长中采撷单元整合学习的成果

任何研究都有成果收集的任务，成果的收集既是对于研究推进的及时总结，又给后续研究奠定坚实基础。在进行深度学习成果的收集时，我们主要采用了生长性的成果收集。所谓生长性的成果收集并不是收集完美的、成系统的成果，而是及时收集各个研究小组的成果。这些成果有的是教师行为的改变，有的是研究推进中的困惑，还有的是学生变化的数据，这些看似零散的内容构成了深度学习的成果库，这些不同专项的"库"中收集了代表不同水平、不同群体、不同阶段的成果。

这些成果并不完美，但是极具生长性。这种生长性既是对深入研究的指

导，又可能是对研究创新的启发。生长性的研究成果不是经验的僵化，而是经验的萃取；不是研究的终结，而是研究的动力；不是浅层的收集，而是深度的构建。沿着前期研究的思路、利用这些"成果库"，我们将一路前行，与深度学习共前进。

综合实践活动进行深度学习的"四度"策略

邵佩红[①]

郭元祥教授在《知识理解的条件与深度教学——谈课程改革的深化（3）》一文中指出，"要根据知识理解的条件，引导学生进行深度学习，这是提升课堂教学质量的根本要求"。这个理念将我们的目光引向学习的"深度"领域：为学生提供一种更为深刻的理智经验。"是否从体验层次进入有意义建构层次，是评判各种综合实践活动实施过程的价值大小的基本标准"，于是，我们尝试设计了提高学生体验参与度、开拓学生体验广度、推进学生体验深度、体现学生体验效度的"四度"策略，以促进综合实践活动向纵深迈进。

一、现象：关注了活动体验，忽略了体验后意义的建构

《中小学综合实践活动课程指导纲要》指出："引导学生获得丰富的经验和参与实践的积极体验。"但是，我们常常以为过程就是体验，经历就是体验，经验就是体验，在主题活动中为了体验而体验，却忽略了体验背后的深层意义：体验的目的是什么？怎样的体验是有效的？体验后获得了认知或行为上的提升了吗？如果体验仅停留在"活动"这个层面上，那么它就是浅层次的，无法让学生在活动之后对主题活动有明确的认识和理解，对个体能力的提高也非常有限。以笔者曾经指导学生开展过的主题活动《"水珍珠"的秘密》为例。当时我班学生流行玩一种叫"水珍珠"的东西，也称"水晶宝宝"，其外表看来是染着各种鲜艳颜色的透明珠子，"养"在水里可以慢慢长大，还会"生下"小珠子，就像有生命一样。其实这种五颜六色的"水珍珠"，潜藏着安全隐患，它是一种聚合物，吸水会分裂；里面有疑似染色的类矽胶物质，使用的染色剂为非食用性色素，长期触摸有可能导致中毒。但学生所关注的并不是这些，他们关心的是，"水珍珠"会不会长大生出"水宝宝"？尽管教师不允许学生养"水珍珠"，但依然屡禁不止，因为一瓶"水珍珠"能给他们带来无限的欢乐。"水珍珠"为什么会长大？它能长多大？它真的能"生"出"宝宝"吗？它有生命吗？它是用什么材料制成的呢？我就从学生关注的这些热点入手，开展了探究活动。

---

① 邵佩红，浙江省宁波市北仑区小港实验学校高级教师。

在这次活动实施过程中，学生都经历了动手养护、观察"水珍珠"变化的体验过程，通过查找资料和实验也揭开了"水珍珠"是否有毒的谜底。但是，在活动实施过程中，他们的兴趣点始终放在了"是否能长大""是否能生出'水宝宝'"这个层面上，并没有把目光放在凸显探究问题的意识上——为什么要这样去做？怎样去验证？等等。虽然在体验的过程中有提示了"养护"—"观察"—"实验"—"结论"—"反思"的学习方法的指导，但是在活动的过程中，学生只会按图索骥，很少提问，也不知道这样做的原因。活动虽形式多样，但事实上教师指导有余，学生自主不足，学生并没有真正地探究，都是浅尝辄止。虽然主题活动逐个顺利地结束，但是这个活动的目的是什么？难道仅仅是为了得出一个"有毒"的结论？现在回想，当初让学生体验养护的活动只是停留在活动的表面，只是一种浅层次的体验活动，还无法让学生在活动之后对活动主题有一个明确的认识和理解，学生在知识的获得途径、能力的锻炼以及与人团结、合作的情感意识方面都没有理想的收获。由此可见，一个有深度的体验活动应该是建立在实践基础之上的个体获得意义的过程，并不是我们认为的"过程就是体验，活动就是体验"。

那么如何在实践活动中指导学生从浅层体验走向深度学习，获得更为深刻的理智经验呢？

二、策略："四度"演绎走向有深度的学习

（一）激趣先行，提高学生体验的参与度

走向有深度的学习，需要在学生的外部活动和内心世界之间建立联系。知识伴随着情感，情感来自实践。从某种程度上来说，有深度的学习也就是在学生的外部活动和内心世界之间建立起有深度的情感。在活动开展初期，我们就要激发学生的参与度，引发学生对主题活动产生关注与认同。例如，开展"我们一起赚班费"这一主题活动，指导教师在起始课时就以"我们班没有班费买鱼缸，大家有没有好的解决办法？"这一问题，让学生意识到"赚钱"是一种比较好的解决办法，然后在讨论中形成"园田小灶食品义卖"的赚钱办法。学生对赚钱有着相当大的兴趣，活动还没拉开序幕就已经跃跃欲试了。这样鲜活的主题活动对学生有着深深的吸引力，积极主动体验的参与度显著提升。

（二）加入创意，开拓学生体验的广度

在主题活动的实施过程中，类似调查、采访这类的活动是学生经常体

验的内容，开展得多了，容易产生固定的模式。很多时候，这样的体验变成了一成不变的总结，变成了活动中的一个流程。因而，在设计活动的时候，我们加入"创意"元素，让体验活动更加宽广。在实施"我们一起赚班费"的活动中，我创造性地引入了"优惠券"的体验活动：让学生投票选出十位最受欢迎的教师，赠予优惠券。每组学生分别设计优惠券，并将优惠券送到各位教师的手里。这一个性化的活动设计让学生体验了设计活动的过程，学会了邀请他人参加活动的措辞，学会了推广活动的方法，对本次活动的主题也有了更深刻的认识。从邀请以前的班主任，到学校的校长，一张张小小的优惠券里折射出一颗颗感恩的心，一份份真挚的情。记得反馈时，给校长优惠券的一组学生最有感触，有的说："我以前都是远远地看着校长，觉得他很严肃，这一次近距离地看校长，内心很激动，原来校长那么亲切。"有的说："第一次进校长室，我的腿都快软了。大家都很紧张，当校长请我们坐下时，我们一组同学都挤在一张单人沙发上了。校长请我们分开坐，我这才有点平静下来。"还有的说："第一次给校长送优惠券，我觉得我表现得还不错，遗憾的是把我们的活动地点说错了，真的太紧张了！"每一张"优惠券"后都有故事，这就是多角度的体验，激发学生在实践中感悟和收获。

（三）方法指导，推进学生体验的深度

能不能切实促进学生创新精神和实践能力的发展，反映了综合实践活动课程的有效性。这就需要教师在活动实施过程中不是泛泛而谈，而是要进行深度教学。郭元祥教授在谈到深度教学时说，教师要从"告诉"走向"指导"，从"督促"走向"陪伴"。教师的根本作用不是告诉知识，而是在活动中激发学生的学习潜能，引领处事的方法、态度和价值观，培养学生处事的综合能力。在指导过程中要选择好时机，把握好火候，起到"不愤不启，不悱不发"的效果。不要急于对学生指手画脚，要潜心跟进，耐心陪伴。当学生在活动中遇到困难，遭到"瓶颈"的时候，我们"该出手时就出手"，给予学生"雪中送炭"般的帮助。

在开展"我们一起赚班费"的活动时，我们班的学生才上四年级，他们的综合实践能力还较弱。在商讨"卖什么食品"时就大伤脑筋，各组众说纷纭，无法统一意见。这对我们的义卖活动是有影响的。此时，我就引导他们，为什么不去各班做个调查呢？这一方法上的点拨让他们恍然大悟。但是又该怎么调查呢？见学生不知所措，我又适时给出了建议：调查内容要简单，方

法要可行，大家不妨列举几种食品，让同学们做选择题。我的建议让学生如醍醐灌顶。他们在做调查时，有的采用了举手法，让数据统计更加方便；有的联系调查班级的班主任，让调查开展得更加有效。类似这样的指导始终贯穿在整个活动当中，教的过程也是引导学生"学"的过程。在体验活动中，我们可以以学生经常遇到的问题为起点，点拨方法，引领学生体验后自主建构学习方法，并迁移到生活中，真正实现生根，建立起个人的理解以及独特的思维方式、行为方式和价值观念。

（四）评价落地，体现学生体验的效度

在活动实施过程中，如果只讲经历过程，没有目标达成，这样的活动仍然停留在浅层体验上。因而在活动总结交流阶段，我们要指向三维目标的体验效度。让评价落地——让学生自评，写反思，这是很重要的一个策略，它可以作为下次实践活动能力提升的生长点，也是下个主题活动的出发点。

反思评价可以让学生在自我评价的基础上调节自己的学习探究活动，积极地把评价要素纳入到自己的学习活动中去，从而逐步形成和提高自我反思、自我分析、自我调节、自我评价的能力。有效的自评能让学生正确看待自我、树立自我、发展自我、完善自我，在自评中反思，在反思中收获，在收获中成长。

仍然以"我们一起赚班费"为例，我重点引导学生写好活动的反思（表1）。

表1　学生自我反思评价表

我最大的收获	
我的遗憾	

学生一：在这次活动中，我最大的收获是学会了烧火。以前从来没有用柴烧过火，这是第一次。起初火总是点不着，烟熏得我眼泪鼻涕"双管齐下"，后来我灵机一动，拿了一块硬板纸扇风，没想到很快就点着了火。我非常有成就感。但当时光顾着烧火，没有去热闹的现场叫卖，有点小遗憾。

学生二：最让我有收获的是，我给张老师送优惠券时，事先设计好了台词："张老师，通过我们全班同学的推选，您获得了优惠券。请您在这周星期三的下午2点至3点到学校的篮球场参加我们的义卖活动。凭这张优惠券购物可以给您打对折。"当时我很流利地说下来，得到了张老师的表扬，我非常开心，因为自己有403班学子的风范。唯一的一个遗憾就是我们的海报贴得

太高，以至于一年级的弟弟妹妹们没有看到海报，也不知道这次活动。所以在活动现场，他们只能干看着，这让我很不忍心。以后如果还搞这样的活动，我会提早去他们的教室发通知。……

这就是学生活动后真实的评价，其摒弃了以往的条条框框，获得了个体发展意义上的经验。学生真正有所感悟，这就是深度学习的目的所在。

在综合实践活动的实施过程中，教师应以体验的"四度"为活动主线，在教与学的指导中紧扣目标，不断地为学生提供认知脚手架，使他们逐渐从方法的迁移、能力的提升过渡到社会责任感的增强，真正走向有深度的学习。

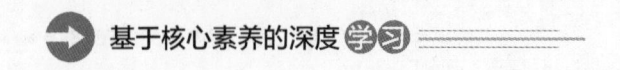

第二节 深度学习的教学策略

项目式学习：培育核心素养的重要途径

贺 慧[①] 张 燕[②] 林 敏[③]

核心素养强调学生关键能力、必备品格和价值观念的培育，深度学习因更加强调关注学科本质、知识的迁移力和实践创造力等这些衡量学生核心素养发展的重要指标而成为实现核心素养发展的重要渠道。那么，什么样的学习方式通向学生的深度学习呢？我们认为项目式学习是一条重要途径。

一、项目式学习：深度学习的一种实践模式

尽管人们对于深度学习的内涵界定在角度、方法，尤其是侧重点上各不相同，但综合起来，学者都普遍认同深度学习拥有五个基本特质：一是深层动机。不可否认，深度学习涉及的是深层的学习动机而不是浅层的学习动机，是内在的学习动机而不是外在的学习动机。可以说，深层动机乃是深度学习的第一特质。二是切身体验与高阶思维。无论是知识的深度建构，还是问题的成功解决，抑或是自我的反省认知，深度学习在过程质量上都涉及切身体验和高阶思维两个基本特质。其中，切身体验指向学生的感受与观察、实践与操作和感悟与体会；高阶思维指向学生更为深刻的反思思维与批判思维、更为综合的整体思维与辩证思维和更为灵活的实践思维与创新思维。三是深度理解与实践创新。从结果质量上看，深度学习集中指向两个基本特质：深度理解和实践创新。其中，深度理解指向学生对事物或知识本质的理解、对事物或知识意义的理解和对自我生命意义的理解；实践创新指向学生的问题解决能力，包括迁移运用能力和融合创新能力。

在促进学生深度学习的学习方式中，项目式学习无疑是其中较为有效的一种实践模式，是引导学生在问题解决中开展深度学习的一种有益尝试。

---

① 贺慧，四川省成都市锦江区教师进修学校副校长，中小学正高级教师。
② 张燕，四川师范大学教育科学学院硕士。
③ 林敏，四川省南部县王家镇小学教师。

项目式学习以完成真实的事情或任务为目标，旨在促成学生学习状态、学习内容、学习方式以及学习结果等方面的变革。在学习状态上，项目式学习要求学生从被动的接受者转向积极的探索者，从被动参与到主动参与，真正激发学生的内源性动机。在学习内容上，项目式学习的价值在于围绕一个富有挑战性的主题，整合学科内甚至是跨学科的学习内容，促进学生综合理解，实现学生的综合发展。在学习方式上，项目式学习要求改变以往以知识传授为主线的教学方式，用更真实、更综合的项目引导学生展开学习，让学生在问题解决中实现学用合一。在学习结果上，项目式学习强调学生的实践创新，让学生在探究与创作中形成一定的作品，例如建立模型、设计方案、创编话剧等等。[1] 由此可知，项目式学习具有内源性、整合性、实践性以及创生性，而这四大特性恰好是深度学习的本质之所在。

二、核心素养导向的项目式学习实践

项目式学习作为一种新型的学习方式，能够较为有效地促进学生的深度学习和核心素养养成，但是在实践过程中也会给教师带来诸多挑战。为了将项目式学习有效地落实于课堂教学之中，我们需要对项目式学习的类型、设计方法、操作过程有一个基本的把握。

（一）类型：项目式学习的取向与方式

项目式学习以解决问题为根本目标，内容上强调完成真实的事项，例如策划、组织、设计、调研、创作等，其基本方式为设计学习，最终要产生具有设计感的作品和产品。依照项目所涉及的领域和来源，可将项目式学习分为生活取向类、儿童取向类以及学科取向类三种类型。其中，生活取向类主要是基于社会生活中的实际问题而展开的项目式学习；儿童取向类主要是基于儿童普遍感兴趣的问题而展开的项目式学习；学科取向类主要是依托某个学科问题，进而围绕一个更具综合性、实践性和开放性的问题展开的项目式学习。根据实践方式，项目式学习可以分为调研类、实验类、设计类以及实作类四种类型。其中，调研类项目要求学生运用各种调查方式搜集客观信息，并对客观信息进行研究与分析，从表层调查到深究内因，如让学生调查超市中商品的销售状况、小区车位紧张的原因等。实验类项目旨在让学生运用所学知识检验某种科学理论或假设，进而探索其存在的合理性，如让学生验证风的存在、探索影子的变化等。设计类项目要求学生按照一定的目的意图制定方案、模型等，如让学生设计当地旅游路线方案、建立一个定位同学座位的模型等。实作类项目强调学生的操作和动手能力，让学生在实践中创生作品，如让学生制作一个简易的智能火车、创编花样跳绳等。以上四种项目实践类型并非简单的并列组合，而是一种层级不断加深、对学生的综合素养要求不断提高的关系，力求让学生实现从简单的知识运用到实践创生，从单一的知识建构到社会身份建构的过渡。

（二）过程：项目式学习的操作环节

基于项目的学习是一种以学习、研究学科的概念及原理为中心，基于一个挑战性的真实难题，学习者以小组的形式，通过亲自制订计划、调研、查阅文献、收集资料、分析研究等活动，在一定的时间内解决一系列相互关联的问题，并将学习过程以产品的方式呈现出来的学习方式。[2]因此，项目式学习的操作过程可以概括为五个步骤：项目提出、项目分析、项目设计、项目执行以及项目评价。以小学科学课《制作纸板游戏机》为例。第一步，提出项目。根据要研究的关键性问题，以学生感兴趣的游戏为生发点，将项目锁定为"制作纸板游戏机"。第二步，分析项目。在项目分析过程中引出单元问题：要制作纸板游戏机，需要学习哪些相关知识？例如，制作游戏机需要用到几种简单机械：杠杆、轮轴、滑轮、斜面等，并简单讲述机械帮助人类省力的原理。第三步，设计项目。这一部分需要制订详细的项目计划，并确定项目团队。在将总项目分解成若干子任务的基础上，学生利用纸盒和几种机械开始设计草图，构想出制作思路。第四步，执行项目。学生按照设计的草图制作游戏机，教师适时介入，帮助学生将设计合理化、可视化。第五步，评价项目。一方面，学生将最终设计的纸板游戏机进行展示汇报，并根据一定的标准进行同伴互评；另一方面，教师应在此基础之上引导学生总结所用知识，归纳设计思路，以更好地完善作品。

（三）前提：高质量的项目设计

高质量的项目设计是实现深度学习的重要前提和基础。教师在日常教学中如何设计具有高质量的项目呢？首先，高质量的项目设计应当满足三个标准：妙、活、合。其中，"妙"即精妙、巧妙。一个设计精妙的项目既能触发学生的深层动机又能深入知识本质、抓住目标内核。"活"即鲜活、灵活。项目设计应该回归学生的实际生活，在生活中寻找项目原型。"合"即综合、整合。项目设计应当体现学科内部以及不同学科间的交叉与融合，从而实现学生的整体建构。其次，高质量的项目设计应当体现三个特征：真实性、探究性与实践性。"学用合一"是项目式学习的核心，学生在真实的、具有探究意义的项目中进行学习，在问题解决过程中寻求对项目以及自我的整体理解，从而实现在理解中实践，在实践中创生。再次，高质量的项目设计应当遵循四个步骤，即锁定核心目标—明确核心知识—设计核心问题—生成学习项目。

　　作为一种新的学习形态，项目式学习正在进入中小学的课程教学实践。而深入把握核心素养、深度学习与项目式学习三者之间的内在关联，进而探索出本土化的实践框架与策略体系，才能更为有效地提升项目式学习实践的自觉性与合理性。

参考文献：

[1] 李松林. 基于深度学习的课堂变革[J]. 四川教育，2018（01）：21-22.

[2] 贺慧，吉萍. 项目驱动研学旅行的内涵及策略[J]. 教育科学论坛，2018（14）：18-22.

深度学习视阈下问题式教学策略

王玉红[①]

所谓"深度学习",是指"在理解学习的基础上,学习者能够批判性地学习新的思想和事实,并将它们融入原有的认知结构中,能够在众多思想间进行联系,并能够将已有的知识迁移到新的情境中,做出决策和解决问题的学习"。[1]深度学习的核心特征是:"理解与批判、联系与构建、迁移与应用。"《上海市初中科学课程标准(试行稿)》明确指出:"科学探究是科学的核心,科学探究能力与方法的培养是全面发展科学素养的关键。"[2]如何将科学探究活动落到实处,促进学生深度学习呢?首先,分析探究活动的基本组成要素。

如图1可见,无论探究过程中将涉及哪方面的内容,探究活动都以"提出问题"为起点。而且,整个探究活动都是围绕着解决这个核心问题而逐步推进展开的。因此,要提升科学探究活动的教学品质,首要任务应当是提出能够围绕其进行深入研究并从中习得知识的"核心问题"。只有以"提出问题"为导向,以"分析问题"为线索,以"解决问题"为驱动,才能将"基于问题的学习"贯穿于探究活动教学的始终,引发学生的深入思考,提高解决问题的能力。对此,笔者根据一线教学实践总结归纳出四大问题式教学策略。

提出问题 → 形成假设 → 制订计划 → 收集证据 → 处理信息 → 表达交流

图1 探究活动组成要素示意图

一、创设情境,巧妙设疑,产生"认知冲突"

传统课堂教学过分强调课堂效率,大多采用"开门见山"或"复习导入"的引入方式。貌似为后面的教师讲授新知识节约了时间,但实际效果却恰恰相反。课堂观察采集的数据显示,学生们在课堂的前15分钟里,注意力是相对最集中的。从师生互相问好后,班级中95%以上的学生都会自觉地将目光投向教师。因此,课堂引入环节尤为重要,甚至成为一节课成败的先决条件。

[①] 王玉红,东华大学附属实验学校科学备课组长。

教师的首要任务就是给学生创设一个能够产生"认知冲突"的情境，令他们产生疑问，引发深度思考，带着疑问去探索，从中实现新知识的建构。

初中科学（牛津上海版）六年级第一学期第四章"物质的粒子模型"中有一节内容是"气体的压强"。教材内容是通过分析"给足球打气现象"来认识气体粒子产生气压。对于学生而言，这是一个司空见惯的生活现象，无法激发学生的探究欲望。对此，笔者巧妙设计一个"小魔术"让学生尝试揭秘，从而引入对新知识的学习。

案例1："魔瓶气球"导入新课

教师找到一名身材高大的男同学和一名身材娇小的女同学到讲台前。拿出两个同样大小的空饮料瓶，将两个气球分别装进饮料瓶中，并把气球进气口套在瓶口上。老师请同学们预测，哪名同学会最先把气球吹起来。大家都认为男同学会胜出。经过比试，结果却出乎意料，娇小的女同学只吹了两下，气球就在瓶子里鼓起来了；而高大的男同学无论怎么用力吹，气球都无法在瓶子中胀起来。顿时，全班同学都惊呆了，议论纷纷，迫不及待想知道其中的奥秘。

尽管这个导入花费了一定的时间做前期铺垫，却巧妙地用一个有趣的"小魔术"激发了学生们的探究欲。正因为学生们无法用原有的知识来解决问题，才产生了强烈的"认知冲突"，形成了问题意识。接着，学生们围绕着这个真实问题，开展探究活动。他们通过对比观察两个瓶子，尝试体验感知，发现其中的不同之处，从而提出各种假设，并尝试着寻找证据来解释现象。教师则在引导学生探寻揭秘的过程中，适时引导学生尝试用"粒子模型"理论来解释现象。这样就打破了刻板的以知识内容为主线的传统教学模式，取而代之的是以"解决问题"为驱动的自主探究教学方式。学生们在探究中得出"小魔术"的原理：在瓶子底部戳一个小孔，瓶子里原有的气体会随气球胀大而跑掉。没有小孔的瓶子则由于瓶子里原有的气体粒子所产生的气压阻碍气球胀大。这样，学生们便会积极主动调用已有知识或尝试合作交流，相互探讨，努力尝试着解释现象，从而引发深入思考，挖掘事物的本质特征，实现深度学习。

二、以生为本，循循善诱，提出"真问题"

并不是所有的教学内容都适合创设出一个问题情境来。因此，问题的提出方式需要更加多样化。在课堂教学中，学生占"主体"地位，教师是"引导者"，即：学生要在教师的引导下开展自主探究活动。实际教学过程中，往往是由教师提出一个又一个问题来引起学生的思考。然而，提什么问题、何时提问题、提哪类问题等等，都是需要教师深思熟虑的。否则，问题的指向性不明确，学生的思考就没有方向，简单回答"是不是""对不对"之类的问题没有实际价值，而开放性过大的问题又容易导致学生的思路偏离教学主题。因此，教师需要以学生为本，以学生的视角来审视教学内容，从学生的认知水平出发，提出恰当合适的"真问题"。这样，师生之间才会产生共鸣，才能将教师提出的问题变成学生心中所想的问题。下面列举一个反例，来阐述教师如何将自己的提问变成学生所提出的问题。

案例2：水的三态变化

初中科学（牛津上海版）六年级第二学期第六章"水与人类"中有一节内容为"水的三态变化"。执教老师设计了如下主要的教学活动：

联系生活列举水的三态

↓

学生实验：测量水沸腾和冰融化时的温度

↓

分析讨论：用"粒子模型"理论解释现象

教师在安排学生测量水沸腾和冰融化时的温度实验前，抛出了这样的问题："为什么水沸腾时、冰融化时，水的温度不变？"然后，教师就让学生们带着这个疑问进行小组合作实验。学生们实验结束后，发现当水温达到100摄氏度时，温度就不再上升了。同样，冰融化成水时，温度也保持在0摄氏度不变。接着，教师又抛出问题："大家能不能用我们学过的粒子模型理论来解释一下现象呢？"学生们的反应非常沉闷。

剖析现象看本质，之所以课堂上会出现沉闷的气氛，是因为学生们始终在被教师"牵着鼻子走"，教师抛出的问题没有成为学生自己的问题，所以学生不能理解教师为什么在做实验前就让大家思考"温度不变的原因"。在实验结束后，又非常突兀地要用"粒子模型"理论来解释现象。这样的探究活动是在"做表面功夫"，没有将探究活动的精髓挖掘出来，更无法激发学生的问题意识。由于活动之间没有内在的逻辑关联，教学过程显得非常的"程式化"。实际上，教师应该在授课前，对教材内容进行细致分析，搞清楚各个活动之间的内在联系，对提出什么样的问题才能贯穿整个探究活动的始终进行透彻的分析。就本节课的教学内容而言，其中有一条主线贯穿始终，即：水从固态到液态再到气态的过程中都需要吸收热量，如图 2 所示。

图 2 "水的三态变化"主线示意图

那么，教师就应该牢牢抓住"吸热"这一线索。先让学生们观察并记录冰融化成水、水沸腾形成水蒸气的过程中水的温度变化。然后，教师再引导学生们分析实验数据，根据已有认知解释现象。以水沸腾现象为例，学生们的认知基础是："水吸热会导致温度升高。"但根据数据形成的折线图发现，当水温达到 100 摄氏度时，温度不再上升，如图 3 所示。

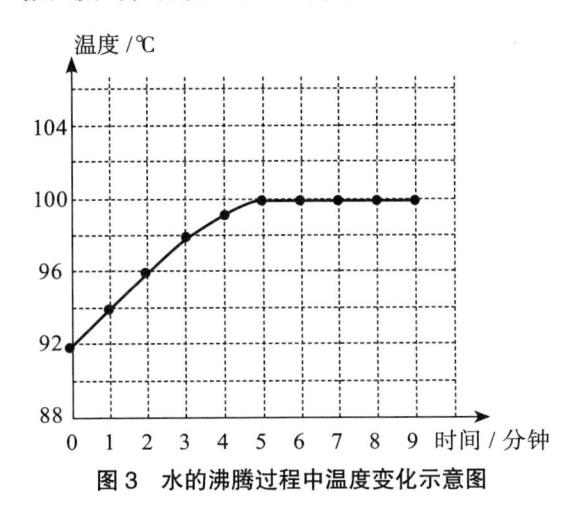

图 3 水的沸腾过程中温度变化示意图

但此时，酒精灯仍然在给水加热。于是，学生们便自然会产生疑问："水沸腾时，仍然吸热，但为什么温度却没有升高呢？"这便是学生头脑中所产生的"认知冲突"，是"真问题"。而先前教师所提出的"水沸腾时为什么温度不变？"这个问题就是一个"假问题"。因为，学生们在没有进行实验前，无法关注到水沸腾时会保持温度不变这一现象。教师所提出的问题没有基于学生的观察和体验，是无本之木、无源之水，不能成为学生们所认同的"真问题"，就无法触发他们进行深入思考。那么，究竟为什么水明明在吸热，温度却没有升高呢？这部分热量到哪里去了呢？这时，就必须要从"宏观现象"过渡到"微观世界"，利用"粒子模型"理论进行分析才能揭示其中的本质原因。此时，教师应该引导学生分析水沸腾有什么现象发生？学生们会指出，有大量的气泡冒出来。那么，这些气泡是什么呢？学生会回答"水蒸气"。也就是说：水粒子从液态变成气态跑到空气中来，它们需要获得能量才能挣脱彼此之间的束缚。这时，学生们就会恍然大悟："原来水所吸收的热量被水粒子用来挣脱束缚，它们获得了能量，产生剧烈的运动。"因此，只有促使学生们提出"真问题"，才能在师生之间产生共鸣，从而引发学生们深入思考。

三、把握关联，环环相扣，形成"问题链"

一节课的教学内容有很多零星分散的知识点，它们之间通常会存在某种内在的联系。教师需要分析这些知识点之间的关联性，形成一个具有内在逻辑性的"问题链"。探究活动的起点是"核心问题"，但解决了这个问题后，还会引发新的问题。只有从一个问题引申到另一个问题，才能不断推进教学向纵深发展，促进学生的深度学习。如果一堂课的目的仅仅是为了"解决一个问题"，就还只停留在浅表学习层面。必须要能够不断地拓展、延伸、诱发新的问题才能将学生引向高阶思维的发展阶段。

案例3：电流的磁效应

初中科学（牛津上海版）七年级第一学期第九章"电力与电信"中有一节内容为"电流的磁效应"。教学流程如下：教师巧妙创设了一个探究"炒豆之谜"的引入情境，即：教师演示小魔术把多个"红豆"和"绿豆"在一瞬间就分开成两堆，让学生们尝试揭秘，从而引发学生的深入思考。根据生活经验学生提出可能是盘子下藏有磁铁，吸引了"铁质的绿豆"。教师展示盘子底部，发现没有磁铁而是一些"通电小装置"（电磁铁），从而引发学生探究判断"通电小装置"是否有磁性的活动。最终，学生通过寻找证据得出结论："通电小装置有磁性，吸引了铁质的绿豆。"

教学环节：

情境导入
探究"炒豆之谜"

↓

活动一
判断通电"小装置"
有磁性

↓

活动二
奥斯特实验

↓

巩固运用
了解电磁起重机

至此，核心问题已经解决。但就教学内容而言，其中的原理还未揭示出来。因此，教师必须要设计出能够引发学生探寻内在本质的问题，才能促使学生进一步深入思考，实现深度学习。此时，教师又抛出一个问题："如果把'通电小装置'（电磁铁）的导线拆下来，直接给导线通电，还有磁性吗？"学生们异口同声回答："没有磁性了。"这一回答是学生们的认知特点所决定的。他们想当然地认为：通电小装置（电磁铁）是一个完整的不可分割的整体，如果缺少其中的某一部分（即铁芯），就不会有磁性了。教师紧紧抓住学生认知的这个"误区"，引导学生通过实验来验证并得出结论："通电导线有磁性。"纠正错误认识往往比讲授正确知识给学生们留下的印象更加深刻。也正是教师抛出的这个问题，引发学生们更加深入地思考，揭示本质原因。[3]接着，教师又提出一系列问题，一步步引导学生进行知识的建构和运用。

从图4可见，问题与问题之间具有内在的逻辑关系，从而形成了一条具有关联性的"问题链"。正是这条贯穿始终的"问题链"，将各个活动以及其中所蕴含的知识点有机融合在一起，成为推动教学活动不断深化的线索，不仅实现了活动之间的无痕过渡，更实现了知识的不断建构，促进了学生的深入思考。

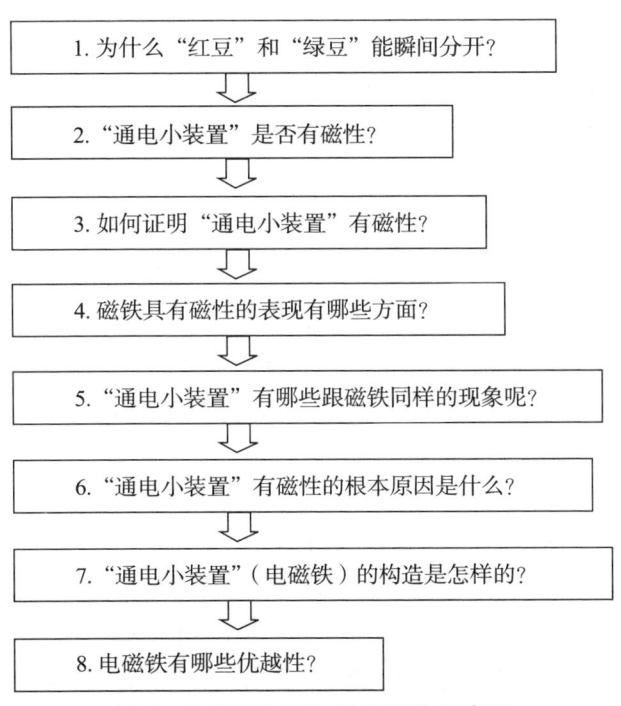

1. 为什么"红豆"和"绿豆"能瞬间分开？
2. "通电小装置"是否有磁性？
3. 如何证明"通电小装置"有磁性？
4. 磁铁具有磁性的表现有哪些方面？
5. "通电小装置"有哪些跟磁铁同样的现象呢？
6. "通电小装置"有磁性的根本原因是什么？
7. "通电小装置"（电磁铁）的构造是怎样的？
8. 电磁铁有哪些优越性？

图4 电流的磁效应"问题链"示意图

四、举一反三，变式应用，实现"正迁移"

学习知识的最终目的是要"学以致用"。否则，单纯的机械记忆无法实现知识的内在价值。深度学习理论特别强调对知识的理解，以及最终将知识进行变式应用，实现知识迁移，以解决新情境下的真实问题。以探究活动为基本教学方式的初中科学课程，更关注科学方法的习得和科学思维的发展。让学生们体验科学家进行科学研究和发现的过程，目的在于启迪智慧，发展思维，提高发现和解决问题的能力。因此，在开展探究活动的教学过程中教师提出的问题需要有一定的层次性，由浅入深，从一般到特殊，逐层递进，提升思维品质。这不仅仅体现在问题本身的开放性上，还体现在问题对思维的发散性上。

案例4：刻度尺和长度

初中科学（牛津上海版）六年级第一学期第一章"科学入门"中有一节内容为"刻度尺和长度"。在强调规范操作要求基础之上，需要进行必要的拓展延伸，提出一些"有挑战性的难题"来发展学生们的发散性思维。例如：

1. 只有一把磨损掉"0"刻度的尺子，你还能用它来测量物体吗？
2. 如果给你一把量程小于被测物体的尺子，你怎样测量？
3. 给你一枚硬币，你如何用刻度尺测量出它的周长？
4. 给你一根弯曲的线段，你如何来测量它的长度？

分析上述四个问题，可以发现它们之间是有梯度的。前两个问题目的在于打破传统，倡导运用灵活方法解决生活中的问题。后两个问题关注突破常规，倡导采取多种方法解决实际问题。测量硬币的周长方法并不唯一，可以通过测量其直径再计算出周长，也可以直接在刻度尺上滚动测量。而对于如何测量曲线的长度，学生则往往将思维局限于"将一根绳子与曲线重合，再测量绳子长度"这一种方法。此时，如果教师鼓励学生尝试设想出其他方法，学生们将带着疑问积极主动进行深入思考。在彼此交流讨论的过程中，大大提升思维品质。有的学生想到"将曲线分割成多个小段，用刻度尺测量每个小段后再加起来"的方法。还有的学生从测量硬币的周长中获得启示，采用"将硬币在曲线上滚动，记录滚动了几周，再将硬币在刻度尺上滚动同样周数从而得出长度"的方法。可见，教师的进一步追问打破了学生的思维局限，大大拓宽了思维的广度和深度。学生们不仅仅满足于找到一种解决问题的方法，而是建立了多角度思考问题、寻找多样化的解决问题的方法的意识。

尤其是，学生实现了知识的"正迁移"——从前一个问题的解决方法中获得启发，用于解决后面的问题。这无疑给学生提供了一种问题解决的思路，即：尝试着将一个事物与另一个事物做类比，将一个问题的解决方法移植到另一个问题的解决过程中。

将"问题"贯穿于科学探究活动的始终，将大大提升课堂教学的有效性。在实施基于问题的教学模式过程中，教师只有巧妙创设情境才能激发学生的问题意识，只有建立在对教材内容深入分析的基础上才能提出有价值的问题，只有把握住活动之间的内在联系才能构建出系统的"问题链"，只有从揭示本质到变式应用才能实现知识的迁移。最终，才能将探究活动教学落到实处，促进学生的深度学习，真正实现学科育人价值。

参考文献：

[1] 何玲，黎加厚.促进学生深度学习[J].现代教学，2005（05）：29-30.

[2] 上海市教育委员会.上海市初中科学课程标准（试行稿）[M].上海：上海教育出版社，2004.

[3] 叶笛.基于深度学习的初中科学课堂教学重构[J].教学与管理，2019（22）：53-55.

聚焦课堂"深度对话",实现学生深度理解

刘 莉[1] 文陈平[2] 易 娜[3] 邓静怡[4] 辛 婕[5]

在实践中,"对话浅表化"已经成为对话教学最现实的问题,表现为流于形式、浮于表层、限于经验,造成了学生体验不深切,思考不深入,理解不透彻。教学的本质就是为了让学生真正地理解。为解决这一现实问题,我校在近年来的课堂研究中,抓住"深度对话"这一切口,持续进行课堂教学改革的探索和实践。

什么是"深度对话教学"?我们认为,"小学深度对话教学"就是指站在小学生的角度,以有意义的话题为驱动器,通过体现学科本质的教学活动设计,使学生在学习的过程中产生积极向上的情感,使他们能主动认真参与,对有意义的话题(问题)进行深入思考,在学生、学科、教师和文本进行多重对话的过程中,使学生形成视域融合、增进理解、提升思维、养成情感,进而帮助学生实现真正理解,获得自我更新与发展的教学样态。

如何真正地在课堂上实现深度对话?在不断研究的过程中,我们重点回答了四个问题:一、对话什么,即话题的选择;二、如何使对话深入,即对话的过程;三、如何实现学生的自我融合,即对话意义的实现;四、课堂如何把控,即对话的操作。从这四个方面入手,我们在研究中取得了一些实效。

一、如何生成有意义的话题

要实现深度对话,其根本在于有意义的话题,这是整个深度对话的驱动器。一个有意义的话题,应该具备如下三个特征:方向性、开放性、参与性。而预设与生成作为对话教学中呈现的两种现实样态,必将决定着话题的生成也有两种必然的样态。

---

[1] 刘莉,四川省成都师范附属小学万科分校校长。
[2] 文陈平,四川省成都师范附属小学万科分校校长助理。
[3] 易娜,四川省成都师范附属小学万科分校数学教师。
[4] 邓静怡,四川省成都师范附属小学万科分校语文教师。
[5] 辛婕,四川省成都师范附属小学万科分校语文教师。

（一）预设话题如何生成

1. 学生维度

尽管教师对整个教学过程的预设起着更重要的作用，但是学生才是学习的主人，从学生维度来预设话题更符合学生的实际情况。首先，可以从前置学习的疑问中提出话题。教师只需要设计开放性的前置学习任务，让每个学生可以从不同的角度思考，产生不同的观点、疑问，在课堂上，将学生的问题作为讨论研究的问题。其次，我们可以让学生在课前进行一些实地调查，他们在调查的过程中很容易聚焦一些他们需要了解的问题，这正好作为课堂对话的"话题"，这也必定会引发学生共同参与。最后，我们也可以在开课询问的意向中确定话题。我们常看到教师在刚开课的时候便问：看到这个课题，你想研究什么知识？学生会根据自己的知识基础和学习经验，提出自己感兴趣的话题，这样的话题是学生的兴趣和需求所在，势必能引起学生内心的共鸣。

2. 教师维度

教师是整个教学过程的设计者，因此，由教师预设的话题必须紧扣教学目标、教材内容以及学生实际。从教学目标、教学内容以及学科本质出发是教师确定核心话题的重要途径。基于此，我们从教材的深加工和基于理解的学情分析来确定目标，为学生提供深切体验、深入思考、深度交流的载体和平台，达到对知识方法的深入理解，构建深度对话课堂（图1）。

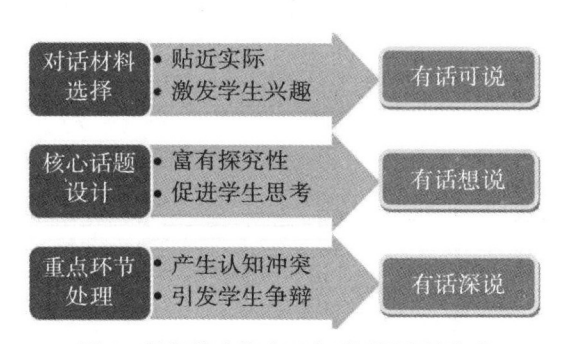

图1 教师维度构建深度对话课堂的方式

（二）动态话题如何生成

学生是一个个鲜活的生命个体，有独特的思考，是学习的主人。有时，我们的问题并非完全根据预设而来，现场的生成更集中体现了问题的开放性和参与性。教师应该以学生的体验和感受为切入点，以学生的意愿为中心，在分享评价中产生能引起学生共鸣的问题。

【案例1】跨学科整合课程《共享社区、分享生活》

学生分组进社区，调查不同的人群对社区生活的意见和建议，发现有"停车难""买菜远""无共享图书馆"等多个问题，再将各小组的意见在课堂上进行汇总统计，找出最集中最突出的问题"停车难"，于是，我们将本学期的研究重点确定为"解决社区停车难"的问题。这个问题无法预设，是学生在经历大量的调查走访后，以共有的意愿呈现的话题。

二、如何促进对话向深度推进

我们精选了有意义的话题来驱动深度对话的展开，教师作为话题的推进者和整合者，还需要将深度对话进一步推进。我们通过"动力导航"的运用策略及对话瓶颈中教师的追问策略，来实现对话的纵深推进。

（一）"动力导航"

动力导航是我们开发的一种学生自主学习的工具。它是学生实现自我分析、自我建构、自我评价的方法引导，是培养自学能力的辅助工具。"动力导航"的基本体例是定标、定向、定法、定时。其中，定标指聚焦核心话题（或问题），定向指确定有针对性的学习内容，定法指确定针对这个核心话题的研究的可用的学习方式，定时指确定学习时间。我们针对不同个性、不同思维层次、不同发展水平的学生，进行分类的个性化设计，以促进学生的理解。

【案例2】北师大版语文五年级上册《草帽计》的动力导航设计（图2）

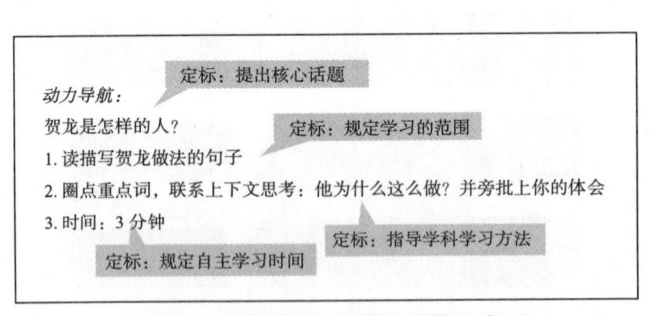

动力导航：
贺龙是怎样的人？
1. 读描写贺龙做法的句子
2. 圈点重点词，联系上下文思考：他为什么这么做？并旁批上你的体会
3. 时间：3分钟

定标：提出核心话题
定标：规定学习的范围
定标：指导学科学习方法
定标：规定自主学习时间

图2 《草帽计》的动力导航设计

（二）追问

追问是我们实现课堂对话纵深推进的另一有效途径。我们从语文及数学学科的大量课例中研究、提炼出对话瓶颈中教师精妙追问的策略，目的是使学生的思维向深层推进。语文学科主要从阅读理解、诗词教学、练习评讲以

及习作指导四种课型进行梳理，如：对于作者的想法你有什么看法？为什么这样认为？我们遇到这样的问题该怎么办？以这些追问来加强学生的理解力和判断力。数学也分课型进行了总结，我们把数学分为问题解决类、发现规律类、策略总结类、概念理解类、复习归纳类五种重要课型，每一种课型都有自己的追问。如问题解决类主要以"是什么？怎么做？为什么？怎么想到的？"这样的问题来促进学生的真正理解。

三、如何促进学生实现自我反思

深度对话的目的是促使学生获得真正的理解，这本身就意味着教学的最终追求是学生的自我更新和发展。个体的反思是达成学生自我更新的必要途径。我们主要从以下三个方面达成。

（一）设计引导性问题来引导学生进行自我反思（表1）

表1　引导性问题的设计

反思维度	引导性问题设计	
	知识性	▲今天学习了什么新知识？（知识） ▲解决今天的问题用了哪些方法？（方法） ▲这些方法中哪种更合理？（优化）
	概括性	▲今天研究的问题有什么特征？（共性） ▲我们是怎么解决这个问题的？（过程） ▲今天解决这个问题想到了多种方法，这些方法有哪些相同点与不同点？（区别与联系）
	创造性	▲这个问题在我们曾经的学习过程中遇到过吗？与哪种问题或哪个知识有联系？（知识构建） ▲解决这个问题的过程中，你有哪些新的认识？还有哪些疑问？（学科思想，质疑） ▲今天的学习过程中你有什么感受？（体验）
	经验性	▲今天在解决问题的过程中，你在哪一步出了错？错误的原因是什么？（归因分析） ▲你是怎么调整的？效果如何？（调整策略） ▲对于这样的问题你有哪些经验？（经验）

（二）利用反思性动力导航指导学生自我反思

反思性动力导航不需要操作，不需要计算，不需要尝试，而是要学生通过谈自己的认识、体会、收获来达到对数学知识、思想方法的高度感悟和理解。

（三）利用反思日记促进学生反思意识形成

通过深入的体验、合作和对话，再让学生自主来写反思日记，有利于学生逐步养成反思的意识，并掌握必要的反思方法，这是实现学生自我认知更新的最佳途径。

四、探索多种模式，搭建深度对话课堂框架

研究中我们发现，教师要引导学生进行深度对话，应该具有以下四个由浅入深的思维过程，即联系、建构、反思和延续。基于此，我们探索出一个深度对话教学基本模式——生成话题、多重对话、视域融合。

我们在基本模式之下，从语数学科的典型课例中提炼并建立起多种具体操作的变式，这些极具操作性的变式是从教师的课堂中提炼而来的，同时又因其具有的具体可操作性，被教师再一次广泛应用于自己的课堂，使我们的"深度对话"课堂呈现出多样的形态。我们将所有的课基本分为课前、课中、课尾三个板块，每个板块有相对固定的时间，这样便于教师对课堂的整体驾驭。

例如，数学类"深度对话"课堂模式的流程与问题推进（表2）。

表2　数学类课堂模式形态

课堂模式	适合课型	课堂流程		
		开课	课中	课尾
问题推进式	探索原理方法类探究课	5分钟 提出问题 创设情境，引发认知冲突，直接设置悬疑	20分钟 尝试解答 落实基本探究过程，交流中适时追问，单元整体构建	5分钟 归纳总结 回顾过程，提炼方法；观察比较，寻找规律；讨论异同，提升思想	10分钟 实践应用 完成基础练习；改造教材拓展练习；联系生活实际，解释应用
经验分享式	中高段复习课、练习课	课前回顾 回忆知识点，完成复习导图；收集错题错例，完成错题集	25分钟 分享交流 小组合作交流，互相学习，理解质疑，完善结构，全班思维异图分享，错题集分享	10分钟 巩固提升 学生就易错题出题，组内批阅讨论，分享交流总结方法	5分钟 巩固提升 拓展强化训练；易错题训练；对自己的问题进行梳理总结

通过历时三年的研究，全校教师在主研教师的引领下，热情积极地参与到这一课堂改革之中，万科分校的课堂呈现出多样的形态。研究开始至今，

孩子们从过去学习体验不深刻、思考不深入、理解不透彻悄然转变为了现在的兴趣强烈、情感浓烈、目的明晰;由过去课堂上被动、沉闷、畏缩的接受者变成了现在的主动、积极、灵活的思想者。学生的表达能力、归纳能力、比较意识、反思意识、创造性思维等方面都得到了极大的提升。我们将继续奔跑在"课改"的道路,不断反思,不断成长,不断收获。

指向深度思考力培养的课堂教学评价

刘明成[①] 刘 江[②] 洪 云[③]

中国教育科学研究院朝阳实验学校在课堂教学改革中，以"筑牢知识，形成能力""认知规律，掌握方法""润育情感，养正品格"为三大教学目标，强调以学科知识掌握为基础，关注学生问题分析解决能力及情感价值的形成；以认知能力、思维能力、探究能力为能力目标指向；以正确的价值观、积极的人生观、科学的世界观、明晰的学习观、高级社会情感为价值目标指向；以班级授课、小组合作、个别辅导、导生制等为主要教学组织形式，在几年的实践中，逐步形成以"明（明晰教学目标）、问（明确问题要求）、思（学生形成见解）、辩（展开深刻讨论）、悟（总结提高认识）、用（开放性运用与实践）"为关键教学元素的、指向学生深度思考力培养的课堂教学模式。指向学生深度思考力培养的课堂核心是培养学生"理解深刻、见解独到、批判质疑"的思维品质。但对其如何进行评价呢？这是研究、实施中亟需解决的问题，它影响到指向深度思考力培养的课堂的教学效果，关系到学校对课堂教学策略研究的持续推进。本文基于学校的初步研究成果，与读者分享我们的思考。

一、"思考力课堂"评价什么？

课堂教学评价通常涉及课堂教学的多个方面，如教学过程的调控、学习条件、学习活动、媒体运用、资源开发、德育渗透、教师技能等。指向深度思考力培养的课堂教学的评价在关注以上评价点的同时，更多地侧重在"明"教学目标、"明"问题要求，在思考中学习、辩论中学习、感悟中学习、实践中学习，以及是否努力实现了五个"有利于"，即有利于促进学生对知识的深度理解与生成，有利于培养学生的思辨与质疑精神，有利于提升学生的感悟与认知能力，有利于加强学生对知识的迁移与创造，有利于促进教师的专业成长。以下重点从评价"指向深度思考力培养的课堂教学"的六个关键教学

[①] 刘明成，中国教育科学研究院朝阳实验学校中学数学特级教师。
[②] 刘江，中国教育科学研究院朝阳实验学校中学数学特级教师。
[③] 洪云，中国教育科学研究院朝阳实验学校语文高级教师、博士。

要素"明、问、思、辩、悟、用"[1]的角度进行阐释。

指向深度思考力培养的课堂教学评价标准主要包括六个项目：一是教学目标的确立与落实，二是问题的设计与实施，三是思维的发展与深化，四是辩疑的培养与展现，五是感悟的形成与表达，六是知识的实践与应用。每个项目又包含两至三个评价维度。项目一指向评价关键教学要素的"明"，主要从教学目标明晰度和可操作性两个维度实施评价；项目二指向评价关键教学要素的"问"，从问题的指向性、逻辑性和开放性三个维度实施评价；项目三指向评价关键教学要素的"思"，从思维的主动性、独创性和支持度三个维度实施评价；项目四指向评价关键教学要素的"辩"，评价维度为质疑问难的精神、辩惑论证的能力和团队合作的意识；项目五指向评价关键教学要素的"悟"，评价维度为感悟的深刻性、主张的科学性和认知的系统性；项目六指向评价关键教学要素的"用"，评价维度为知识品性的运用、高阶思维的发展和学习目标的达成。

每个项目的评价维度确定后，我们又以课堂的实施要点作为每个维度评价的支持点。例如，要评价项目一中"教学目标的可操作性"，可以观察教学目标的表述是否指向要达到的具体要求和标准，是否便于操作与评价；评价项目二中"问题的指向性"维度，就要关注问题导学对学生的影响，以及是否紧扣教学目标、重点与难点设计教学问题；项目三中的"思维的独创性"是要着重评价学生对知识的深化理解，以及能否形成独特的见解；还可从学生大胆阐述自己的观点、敢于质疑等方面评价项目四中"质疑问难的精神"；把"学生思维得到深化，悟性强"作为项目五中"感悟的深刻性"的评价支持点，等等。

二、"思考力课堂"评价指标

（一）教学目标的确立与落实

1. 教学目标的明晰度

评价要点：教学目标要明晰、具体、聚焦，符合课程标准的要求和学生实际，能实现三维目标的结合和统一，利于师生在教学过程中设置问题、提出问题，便于为课堂实施找到发力点。如在2011年版的义务教育语文课程标准中，"掌握课文大意"作为一本教材的目标是可以的，但作为一节课的教学目标就不具体了，需要表述为：学生能找出每个段落的中心句，概括出段落大意；能根据课文的顺序将各个段落大意有机地联系起来，加以陈述。

2. 教学目标的可操作性

评价要点：教学目标的表述应基于学生的行为表现，表述准确且指向学生学习结果，指向学生对于某一知识达到的具体要求和标准，便于操作与评价。如"说出、背诵、辨认、列举、描述、解释、归纳、设计、检验、评价"[2]等。

例如，人教版语文六年级上册《穷人》一文的教学目标可以确定为：

（1）概括小说情节，说出桑娜和渔夫的形象特点。

（2）列出文中有关环境描写和心理描写的语句，总结小说塑造桑娜和渔夫形象的方法，学会借助心理描写和环境描写刻画人物的方法。

（3）学习文中人物的美好品质。

学习重点：说出借助心理描写和环境描写刻画人物的方法。

学习难点：会辩证分析穷与不穷，深刻认识人物的精神品质。

此目标的陈述中就运用了"概括""说出""列出"等行为动词，具有很强的可操作性。

（二）问题的设计与实施

1. 问题具有指向性

评价要点：第一，注重问题导学，把问题作为学生学习的重要载体，能较好地借助问题引导学生开展学习活动；第二，问题设计意图清晰，利于教学目标的落实、教学重点的突出和教学难点的突破。例如，前面提到的《穷人》一节课的设计，可以提出主问题：课文题目是《穷人》，但全文没有一个"穷"字，他们到底"穷不穷"？这样的问题直接指向学习的难点。

2. 问题具有逻辑性

评价要点：第一，设置的问题具有递进性，有逻辑关系且由易到难；第二，编设的问题彼此关联，形成具有一定梯度和逻辑结构的问题链，搭建学生思维的阶梯。

例如，六年级语文《伯牙鼓琴》一课的教学重点可以确定为：说出文中伯牙和子期之间的"知音"深情。教学难点可以确定为：能对伯牙破琴绝弦的做法说出自己的理解，初步感知知音的文化魅力。进而提出主问题：爱琴如命的伯牙为何摔了心爱的琴，终身不复鼓琴？

问题1：文中一共出现几处"鼓琴"？有着怎样的情感变化？

问题2："伯牙破琴绝弦，终身不复鼓琴"的做法，你是否认同？

问题3：如果现实生活中遇到类似的问题，你如何去处理？

3. 问题具有开放性

评价要点：第一，注重问题在现实生活中的背景和学生的学习经验，以学生已有的知识、经验、能力为基础，贴近学生所学内容，符合学生认知特点，繁简得当，难度适中；第二，问题具有启发性，能促进学生有意义的回应和对内容更深层次的理解，使学生在明确知识内在联系的基础上获得知识、提高思维能力；第三，问题具有挑战性，能激活学生的思维，激发学生求知欲。例如，六年级语文《伯牙鼓琴》一课的问题3："如果现实生活中遇到类似的问题，你如何去处理？"让学生思维发散出去，结合生活谈自己的理解。

（三）思维的发展与深化

1. 思维的主动性

评价要点：第一，学生能自主探索，主动寻找解决问题的途径和方法，促进对知识的理解、能力的形成和品格的发展；第二，学生真实地参与到课堂教学中，达到自主研究学习的目的。

2. 思维的独创性

评价要点：第一，学生在自主学习的过程中，通过自己的思考，对所学的知识进行深化理解，辩证地看待教材的内容、同学的意见和教师的讲解；第二，形成自己独特的见解，为小组合作交流做好铺垫。

3. 思维的支持度

评价要点：第一，教师角色认识到位，通过点拨、追问等方式，指导学生解决独自或合作不能完成的任务；第二，教师能进行有效的帮助，较好地搭建脚手架，适时引导学生发现或给学生提供思维的工具及资源，提升学生探究获取信息的能力。

（四）辩疑的培养与展现

1. 质疑问难的精神

评价要点：第一，能够通过深度思考，提出自己的观点并阐述出来；第二，面对教材及学生、教师的观点，敢于质疑。

2. 辩惑论证的能力

评价要点：第一，学生辩论能力强，通过辩论，充分调动学生的智力因素和非智力因素，做到"辩"中求新，"辩"中收获；第二，准确地表达思维过程，在辩中明理，辩中悟法。

3. 团队合作的意识

评价要点：第一，学生有较强的合作意识，在认真思考的基础上积极参与小组讨论，大胆陈述自己的见解，生生、师生在思维碰撞中对部分知识达成共识，为班内交流做好铺垫；第二，在交流合作中能尊重他人、善于倾听，并不断提升沟通协调能力和团队协作能力。

（五）感悟的形成与表达

1. 感悟的深刻性

评价要点：第一，通过感悟，学生的思维得到深化，对事物的理解和分析能力、对知识的领悟和掌握能力得到有效提升；第二，学生"悟性"强，对内容的理解逐步由模糊到清晰、由迷惑到明白。

2. 主张的科学性

评价要点：学生在充分思考与辩论的基础上，能强化正确的见解，修正错误的见解，形成科学的主张，最终通过语言完整输出。

3. 认知的系统性

评价要点：学生能对所学的知识有效感悟，并将所学、所悟、所得纳入自己的知识体系、能力体系和品格体系，对真、善、美形成正确且深刻的认知。

（六）知识的实践与应用

1. 知识品性的运用

评价要点：学生能较好地将获得的知识以及形成的思维方式、沟通协调能力、团队意识等品性应用到课堂学习、生活实际和课外活动中。

2. 高阶思维的发展

评价要点：第一，学生的思维不是简单的记忆与模仿，要能进入综合与运用、迁移与创造知识的高级阶段；第二，学生的创新能力、问题求解能力、决策能力和批判性思维能力等高阶思维能力得到培养。

3. 学习目标的达成

评价要点：学生完成既定的学习任务，取得较好的学习效果；教师能围绕目标在巩固基础知识和技能的基础上，设置开放性练习和综合运用检测，目标达成度高，使不同层次学生能够在知识、能力和品格各个方面均得到发展。

三、"思考力课堂"评价标准的特色

（一）以学生为主体的评价理念

指向深度思考力培养的课堂教学评价注重以学评教，在六个评价项目中，有四个是评价学生在课堂教学中的表现与学习目标的达成，涉及学生的思维品质发展、质疑辩论、对所学内容的感悟与知识的实践应用，还有学生在自主探索及同伴合作中的行为表现、参与热情、情感态度，学生的学习体验以及所悟所得，等。这样的评价，通过重点评价学生的学习过程及学习效果，进而评估课堂教学的有效性，而不是传统的简单评价教师的教学设计、课堂组织实施和学生对知识的掌握程度。

（二）师生共同发展的评价取向

指向深度思考力培养的课堂教学强调学生和教师的共同发展，因而评价标准的根本价值取向是发展性。标准中既有评价学生通过课堂的学习，在思维、能力、品格等方面有什么样的提升；又有评价教师通过课堂中教学目标的确定、问题的设置、课堂的追问等，在自己的专业素养方面有什么样的发展。评价既注重学生在课堂中的健康发展，也注重教师在教学过程中的引领和组织作用，还有师生之间的交流互动等，如学生主动有效的学习状态，学生在课堂上的参与程度，师生、生生之间的思维碰撞，学生的思维能力、实践能力、创新能力的培养，学生良好品格的形成，等。

（三）以"思辩"为核心的评价体系

指向深度思考力培养的课堂教学在关注学生整体发展的同时，以学生"思辩"能力为评价的核心要素，构建了评估"目标、问题、思维、辩疑、感悟、应用"六个项目、十七个维度的评价体系。在六个评价项目中，其中对"问""思""辩""悟""用"五个项目的评价，皆涉及学生"思"与"辩"的评价，这也是"指向深度思考力培养的课堂教学"评价不同于其他课堂评价的突出特点。例如，项目二评价涉及问题要激发学生思维，项目三更是注重思维的发展与深化，项目四评价要求思中有辩、辩中有思，项目五评价要求在"思与辩"基础上引发感悟，项目六评价涉及高阶思维能力的培养。所以，"指向深度思考力培养的课堂教学"评价的核心是对学生思辩能力的评价，课堂教学的关键在"思"与"辩"上，即"重思强辩"。

（四）主体多元、形式多样的评价策略

评估者进行教学评价时，由于在认识和评价目的上存在差异，给出的评价难以做到全面、科学、合理。基于此，学校的课堂教学实施了多元化评价，包括评价主体的多元化和评价形式的多元化。

首先是评价主体的多元化。评价主体指能亲自参加教学质量评价活动并能对评价结果做出判断分析解释的相关人员[3]，评价过程中有多个主体参与，包括督导（专家团队）评、领导评、同行评、教师自评、学生评等。不同的评价主体在评价指标以及评价权重上有一定的区分和侧重。督导（专家团队）评价侧重于教师的教学设计、教学方法的选择、学生的学习效果等；领导较为关注人才的培养，所以在评价上更加侧重于学生能力的培养、教师在专业上的发展和教学中师生的相互启发；同行熟悉教学内容和课程体系，评价的重点主要放在教师的教学设计、教学目标的确定、教学全过程的把控上；学

生作为知识的接受者和学习者，在教学效果、教学方法的评价上设定更高的权重；教师自我评价侧重于教师个人的教学设计、对教材的理解及学生的学习效果。值得注意的是，在主体多元化评价的实施过程中，除了考虑不同主体以保障评价的全面性，还考虑多部门、多层级的协同评价等。各评价主体的评价权重如表1所示。

表1 不同评价主体评价项目权重设置

证明价项止	评价权重				
	督导评	领导评	同行评	学生评	教师自评
教学目标的确立与落实	0.2	0.2	0.2	0.1	0.2
问题的设计与实施	0.2	0.2	0.2	0.2	0.2
思维的发展与深化	0.2	0.2	0.15	0.15	0.1
辩疑的培养与展现	0.2	0.2	0.15	0.15	0.15
感悟的形成与表达	0.2	0.1	0.15	0.2	0.15
知识的实践与应用	0.2	0.1	0.15	0.2	0.2
合计	1	1	1	1	2

其次是评价形式的多元化。除通过主体对象依据"指向深度思考力培养的课堂教学"的核心要素，对照评价标准进行整体评价外，还可以通过形成性评价、终结性评价、量表、课堂检测、个案访谈等多种方式对课堂教学策略的实施效果进行评估，以便更好地改进课堂教学。

课堂教学评价作为教学评估的重要指标之一，其目的是服务于学校教学工作，它不但能够激励和督促教师重视课堂教学，而且能及时诊断课堂教学中的问题，以便学校有针对性地进行教学管理。在"指向深度思考力培养的课堂教学"评价实施过程中，我校始终坚持以提高教学质量为导向，按照评价标准开展课堂教学评价，注重评价后对结果做出科学分析，找出课堂教学的不足之处并加以解决，突出了评价的指导作用，有效地促进了学校课堂教学改革。

参考文献：

[1] 刘明成.走向深度学习："思考力课堂"的构建与实施策略[J].中小学管理，2019（12）：39-41.

[2] 余文森.课堂有效教学的理论与实践[M].北京师范大学出版社，2011.

[3] 裴娣娜.论我国课堂教学质量评价观的重要转换[J].教育研究，2008（01）：17-22, 29.

第三章

深度学习的案例

第一节 语文学科的教学案例

教学目标牵引的"深度学习"教学改进实践
——"小学语文深度学习模板"设计与解读

张小华[①] 秦翠林[②]

"深度学习"教学设计一直是一线教师的操作难点,重庆市丰都县中小学教师发展中心组织骨干教师在导学案中设计了"小学语文深度学习"模板(以下简称"深度学习模板")。"深度学习模板"将语文教材的每个主题单元整合为"三读",共11个课时。"三读"一为"通读明题",包括"课文通读""自读检测""积累盘点""初读感知"6个课时;二为"精读明义",包括"阅读意义""表达意义"2个课时,三为"展读明法",包括"交流平台""口语交际""习作表达"3个课时。

模板在设计上,站在学生的角度,以学生的口吻将每课时确定为"我的'XXXX'分享",体现了学生的学习主体地位,所有活动以"问题推进"来组织教学进程,都是学生主动发现问题、主动分享见解、主动解决问题的过程,学习中的所有问题都是学生自主学习过程中无法解决的问题,是学生的真问题。

---

① 张小华,重庆市丰都县中小学教师发展中心语文教研员。
② 秦翠林,重庆市丰都县第一小学校教师。

一、通读明题，积累语言，问题对接

这是第一次单元整体阅读，通过以学生独立自主地圈点勾画为主要方式的批注式自主阅读，达成三个目标：初读初悟，通读明题；达标自测，积累语言；分类盘点，问题对接。

1. 初读初悟——我的"课文通读"分享

"初读初悟，通读明题"，即要求学生读完新单元的所有课文，合作学习生字词语，知道本单元有哪些课文，写了哪些内容。

模块"我的'课文通读'分享"（表1），就是学生在初步学习之后，在小组内分享初读的学习成果。在分享前，教师应给予学生充分的阅读时间，学生在小组长的带领下，一边完成表中的四个基本任务，一边进行小组分享。这样，在同伴的监督下，每个成员都进行了真正的阅读行动，清楚每个单元有哪些课文，有了初步的情感，有自己的阅读见解急于分享，有迷惑不解的阅读问题渴望解决。

表1 我的"课文通读"初分享

第1-3课时	我的"课文通读"初分享	测评得分	
分享1.我已经通读了课文，圈点勾画了重点词句，并逐一给各课标注自然段号。（40分）			
分享2.我可以借用课文题目，用自己的话说每篇课文写了什么。（20分）			
分享3.我跟同桌一起学生字：认读生字／文中找词／看字想词／读熟词语／看字说词／记忆难字／抽字听写。（20分）			
分享4.小组组织"认读生字"竞赛和听写竞赛后，我会认生字词（　）个，会写（　）个。（20分）			

2. 达标自测——我的"语言积累"分享

"达标自测，积累语言"，即学生独立设计自测练习题卷，自备练习题的答案，然后在组间交换使用检测卷来检测学习效果。

模块"我的'自读检测'分享"（表2），要求学生针对本单元学习内容命题，分四类：读音、字形、词句、内容。形式自创。一般安排两课时完成。

表2 我的"自读检测"分享

第4-5课时	我的"自读检测"分享	测评得分	
1.我的读音检测一练。（20分，答题人1：　答题人2：　）			
2.我的字形检测一练。（20分，答题人1：　答题人2：　）			
3.我的词语检测一练。（20分，答题人1：　答题人2：　）			
4.我的句子检测一练。（20分，答题人1：　答题人2：　）			
5.我的内容检测一练。（20分，答题人1：　答题人2：　）			
我的试卷谁来答？	①答题者扣分合计	②我第一答题得分	③我第二答题得分	我的最终得分（①②③平均分）
我给你分				
被扣的分				

第一课时，命题。先是组内成员分工命题。一般情况下，组员分层领受命题任务（当然，基础好的班级也可以每个小组成员命制套题），小组成员人人有任务，不仅要命好题，还要自备答案。所有成员完成命题任务后，再进行小组讨论，选择那些有点难度的题型组合成卷（誊抄或粘贴在题卷专用纸上）。

第二课时，答题。第一轮，由老师任意设置挑战小组（如 1-4, 2-5, 3-6），组间交换答题，返回命题小组阅卷、给分；第二轮，交换给下一组答卷，返回命题小组阅卷、给分；第三轮，由老师在学生命题中选择有意义、有难度的练习题，组合成卷来抽查全班同学。

在"命题""答题"的过程中，学生的设计过程就是将单元的基础知识进行复习梳理的过程，在完成其他同学的两套练习中又进行了复习，巩固字词句的积累所得，还对自己有可能忽略的知识进行了补充。

3. 分类盘点——我的"问题对接"分享

"分类盘点，问题对接"（表3），即在初读单元课文后，通过分类盘点"词语""中心""语用""意图""问题"，让学生明白自己已经独立解决了哪些学习问题；哪些问题的结论还比较模糊，需要自己去解决；还有哪些不会的问题，需要别人帮助才能解决。分类盘点需要两个课时完成。

表3 我的"问题对接"分享

第 6-7 课时	我的"问题对接"分享	测评得分	

1. 词语盘点——学习"词语盘点"
（1）读准字音：先读准字音，再设计难读字音对对碰。
（2）知其词义：先猜想词义，再设计字形、词义方面的练习。
（3）构词特点：词语在结构上有什么特点，设计词串练习。
（4）回文识记：再读词串，选用课文句子进行"选词填空"并串联课文内容。

2. 中心盘点——分课揣摩核心字词

课文题目	中心字	中心词	中心短语	中心句子
				第 段中的第 句
				第 段中的第 句
				第 段中的第 句
				第 段中的第 句

3. 语用盘点——"日积月累"的运用
（1）自学"日积月累"，说说我的发现。（2）分享我的搜集（跟"日积月累"同类型）（3）选用新鲜词句写片段（在以后的课文学习中，可反复运用）。

4. 意图盘点——写作意图揣摩
（1）猜一猜：作者为什么要写这篇文章？（2）想一想：编者为什么把这篇课文编在此处让我们阅读？

5. 结构盘点——课文段落结构梳理
说一说：（ ）一课有（ ）个自然段，作者选用了（ ）个场景来写清楚的。

6. 问题盘点——看看有哪些是需要帮助才能解决的问题
（1）看看说说：看看课后练习题，能完成的打对号，不能完成的打问号，说说自己遇到了多少个阅读困难。
（2）找找说说：细读单元口语交际和习作要求，找出具体要求。说说自己打算在学习中将重点关注什么。
（3）想想说说：想想以上预评估的困难，可能会在哪一篇课文学习中得到解决。

交际习作时，我可能会遇到的困难？	通过哪些篇章的学习，能解决这个困难？	打算采用什么学习方法来学习？
困难 1：		
困难 2：		
困难 3：		
困难 4：		

第一课时，完成模块"词语盘点""中心盘点""语用盘点"。"词语盘点"是在初读课文后，一反常态地将"词语盘点"和"日积月累"两个知识点教学提前到单元课文精读学习之前，目的是通过单元前的学习、分类、词串练习、搜集积累，以激活本单元课内外积累的新鲜词句，力求在后面的深度学习中能将"词语盘点"和"日积月累"中的词语进行适当的运用。"重点盘点"是在熟知字词后，分课揣摩核心字词，看看哪一个字、哪一个词、哪一个短语、哪一个句子能够概括课文意思。"语用盘点"则是看看"日积月累"中哪些词语你已经能运用。

第二课时，完成模块"意图盘点""结构盘点""问题盘点"。这三个盘点，是在老师的引导下，对一个单元的几篇文章的一个简略梳理，并提炼出单元探究问题的过程。

"意图盘点"分两步走。第一步"写作意图揣摩"，猜想作者写作意图，帮助增强文体阅读意识。第二步"编者意图猜想"，想想编者为什么把这篇课文编在此处让我们阅读，帮助增强选材表达意识。

"结构盘点"即数一数课文段落，想一想作者分几个内容场景写的（尝试划分意义段落），帮助学生建立场景图式。

"问题盘点"一是阅读目标问题盘点，即自主完成课后练习题，对于一读就懂的内容问题，标注"！"。对有看法却又拿不定主意的模糊问题，标注"？"，准备在小组中求教。对完全不知道怎么回答的问题，标注"？？"，期待在精读深度学习中得到解决。二是习作目标问题盘点，即阅读口语表达和习作表达的基本要求，看看这次口语交际与习作有什么样的新要求，自己有哪些困难。这就是本单元学习的最高目标、终极目标。

盘点好以上两类问题就进行问题对接。要求学生分一分，看看自己最急需解决的问题是什么，看看哪些课文可能对自己解决问题有帮助。经过这七个课时的学习，学生基本解决了生字词语问题，对单元课文有了基本的了解，知道了用自己已有知识能解决的问题和自己不能独立解决的问题，为后面利用课文学方法做好了知识和心理的准备。

二、精读明义——解读生活，读中悟道

这是第二次单元整体阅读，通过批判式的阅读方式，达成"精读明义"的目标。"精读明义"，即在组长或教师的组织下，学生通过对单元课文进行针对性的精读学习，不断追问，层层剥笋地解决"读出了什么"的问题，让学生在"读进文本——读出自己"的这个来回中，解读作者生活和读者生活，明白一些阅读方法、习作技能、做人的道理等核心要义。

1. 读文找"人"，明做人之道——我的"阅读意义"分享

模块"我的'阅读意义'分享"（表4），即在对某一核心课文的学习中，从学生"阅读理解"方面预设的困难点（问题原点）出发，聚焦那些有生活指导意义的段落，一边结合课文不断追问"我读懂了是一个（　）的'人'"的问题，一边联系自己的生活实情，参与对话中批判式的辩驳，让学生明白"我读懂了作者是怎样生活的"这一文本意义，并"触景生情"地"读出自己"，生发出"我们生活中……"的现实意义。在这样的学习过程中，问题的质量越来越高，问题的结论越来越深。

表4　我的"阅读意义"分享

第二读	精读明义	总课时	2
第8-9课时	我的"阅读意义"分享	测评得分	
1. 我有问题，你来帮。 活动一（原点问题）：[主要解决困难（　　）] 活动二（追问1）：[主要解决困难（　　）] 活动三（追问2）：[主要解决困难（　　）] 活动四（追问3）：[主要解决困难（　　）] 2. 我在悟道，你来评。 （1）我对"文中有道"的感悟： （2）我对"文中有我"的感悟： （3）我学习到的阅读方法：			

2. 读文仿"文"，明表达之道——我的"表达意义"分享

模块"我的'表达意义'分享"（表5），即在对某一核心课文的学习中，从学生"语境表达"方面预设的困难点（问题原点）出发，聚焦那些有习作结构导向的段落，一边不断展示"我学会了（　）的表达"的成果，一边在对话中批判式地回应，揭示言语表达规律并形成基本图式，按照图式仿写，提升表达技能，从而牵引"交际表达"走向深度学习。

基于核心素养的深度学习

表5 我的"表达意义"分享

第10课时	我的"表达意义"分享	测评得分	
1.我有发现、成果,你来评。 活动一:内容组合——我精读(　)课(　)段,读懂了以下三个问题。 一问: 二问: 三问: 活动二:构段特点——按照自己读懂的三个问题,绘制思维导图来揭示构段特点。 活动三:扩读例证——课外扩读,用其他文本来验证这个规律的普遍意义。 活动四:迁移运用——这个句式或构段规律,可以用来写今天的哪一件事情? 2.我有成果,你来评。 (1)我来展示。(2)交换修改。			

三、展读炼法——得法试用,乐于表达

这是第三次单元整体阅读。"展读炼法",即学生在组长或老师的组织下,通过交流平台、口语交际、习作表达为主要载体的运用式的阅读,首先将在单元课文学到的表达经验进行总结、对照,不断凝练出表达方法。然后,结合语言场景尝试交际,形成特色片段。最后,在写好特色片段的基础上,发展成文。这样就整合了"交流平台""口语交际""习作表达"基本要求并一气呵成,从而达成"乐于表达"的目标。这需要两个课时来完成。

1. 学法展读——我的"交流平台"分享

模块"我的'交流平台'分享"(表6)中,"困难回顾"是对单元学习过程中曾经提出的问题,以及解决问题的过程和方法的回顾,在梳理复习的过程中得出"方法小结"。"朗读鉴赏"是在"理解"基础上进一步落实朗读方面的要求,一是"我思我读",用我的朗读方式表达我的阅读理解;二是"你读我思",听你的朗读,我来猜想你对文本的理解;三是在整合朗读建议后,小组、班级"共情共读",从而通过朗读表达提升自己的阅读理解。

表6　我的"交流平台"分享

第三读	展读明法	总课时	3
第11课时	我的"交流平台"分享	测评得分	
1.困难回顾。 2.方法小结。 3.朗读鉴赏。 我思我读　你读我思　共情共读			

2.得法初试——我的"口语交际"分享

模块"我的'口语交际'分享"（表7），是学生在"交流平台"得法后，结合语境进行的"特色片段"的口头表达。

表7　我的"口语交际"分享

第12课时	我的"口语交际"分享	测评得分	
1.听清楚。先听清楚老师布置的任务，再独立准备交流的"特色片段"。 2.说清楚。看看自己的交流发言材料能回答几个问题。请同伴提修改建议。 3.说具体。参与展示活动，问一问他们听出了你要具体说的内容没有。 4.说出彩。听取意见再修改，写好精彩点，形成经典片段。			

3.乐于表达——我的"习作表达"分享

模块"我的'习作表达'分享"（表8），是在口头表达后，学生在对习作核心段的书面表达的基础上，最后进行的文段扩充，只要添加上对照段、过渡段、开头结尾等，就形成了完整的习作。其中的"核心段"是学生运用本单元学到的方法的过程，在这个（或几个）段落中，应该能明显看到知识的建构和运用，这在小学中段的习作学习中显得更加重要。"对照段"是与"核心段"相对应的概念，即运用对比，突出表达主体的段落。

表8 我的"习作表达"分享

第13课时	我的"习作表达"分享	测评得分	
提示：在口语交际课上形成的核心片段的基础上，完成习作表达。 1. 添加对照段，突出表达效果。（20分） 2. 检查过渡段或过渡句的承上启下作用。（20分） 3. 添加开头与结尾，检查前后关系。（20分） 4. 自读修改，用规范的修改符号增删调变。（20分） 5. 交语文老师或班级小作家初检后誊写正文。（20分）			

四、实践反思

一个单元13课时的"深度学习模板"设计，博采众长，在"单元整合教学"的基础上，加进了自己的思考，体现了语文教学的"三性"：

整合性——模板把一个单元的教学内容看成一个整体，确定教学目标；从单元整体把握教材、处理教材；从单元整体出发，制定教学目标牵引的整体学案。对教学内容进行了整合，有利于集中思维突破重点；对单元中语文学习方法、学习习惯进行整合，有利于学生获得语文学习的经验。整合以后，学生头脑中有全体，学习针对性更强，学习效率更高；教师头脑中有全局，教学的指向更明确，教学效率更高。

双主性——模板始终把学生放在学习的主体地位，从学生的角度出发，只选取那些真正对学生学习有用的内容与方法；从学生的问题出发，只解决那些学生学习过程中真正有困难的内容和方法。"真问题"需要"真引导"，在师生共同解决问题的过程中，教师的"主导性"才得到真正的体现。整个过程对学生的学习和教师理解使用教材的能力都提出了更高的要求。

实践性——模板的实践不只体现在学生的学习过程中，还体现在对所学知识方法的实践上。为了让学生多实践，我们将单元内容进行了调整：把"词语盘点""日积月累"放在了单元初读阶段，目的是让学生在学习中得以实践，这比单元内容学习完毕之后简单的记背理解深刻得多。将"交流平台"的内容拓宽至整个语文学习，所有学习中遇到的困难和解决困难的方法，都是"交流平台"的内容，精读前提出问题，精读中解决问题，展读中总结方法，这又是一次完整的实践。

第二节　数学学科的教学案例

数学深度学习的教学理解与策略

刘晓玫[①]

从"以学生发展为本""三维目标",到学生发展核心素养以及各个学科核心素养的明确提出,课程改革在不断深化,同时对广大一线教育工作者深入理解课程和开展教学实践也提出了新的要求和挑战。如何落实课程改革中提出的指向学生核心素养提升的课程目标?如何为广大教师提供实现课程目标要求的课堂教学抓手?这些问题能否解决直接关系到课堂教学的质量以及学生的真正发展。本文将从数学学科的深度学习展开讨论,对上述问题予以回应。

一、数学深度学习的基本内涵

结合数学学科特点以及数学课程标准的要求,我们认为,数学深度学习是以数学学科的核心内容为载体,在教师引导下,学生围绕具有挑战性的学习主题和任务,全身心参与学习活动,开展运算与推理、几何直观、数据分析和问题解决等为重点的思维活动,从而获得数学核心知识、提高思维能力、形成核心素养的过程。深度学习的教学设计重点在于通过精心设计问题情境和学习任务,引发学生认知冲突,组织深度探究的学习活动,关注对学生的形成性评价。通过深度学习,学生掌握数学的核心知识,理解数学内容本质,获得数学的思维方式,形成积极的情感、态度,逐渐成为既具独立性、批判性、创造性又有合作精神的学习者。

数学深度学习是对数学知识本质的理解,对知识内在联系的认识和整体把握,而不是对数学知识零散的记忆和堆砌、对技能的熟练和重复。

数学深度学习是指在知识产生的过程中体会其中的数学思想方法,形成数学的思维方式,并将数学的知识方法与现实问题建立联系,解决现实问题,而不只是对数学概念、命题等结果性知识的掌握。

---

① 刘晓玫,首都师范大学教师教育学院教授,博士生导师。

数学深度学习是学生主动参与、积极探索的过程，是经历数学知识"再发现"的过程，是不断在反思、质疑和应用中对学习对象深度加工的过程，而不是一蹴而就地、被动地接受学习的过程。

在数学学习中，数学知识的学习是实现数学思维的发展、各种问题的解决、思想方法的感受、数学价值的体会的基础。而深刻认识数学课程的核心知识，整体把握和设计核心知识于教学中，才能实现深度学习的目标。

二、实现数学深度学习的意义

（一）数学深度学习的发生有助于改变学生数学学习过程

正如前面数学深度学习含义所描述的那样，深度学习是指在教师引导下，学生围绕具有挑战性的学习主题和任务，全身心参与学习活动。在这个过程中，无论是数学概念的学习还是数学命题的学习，学生不是被动地听教师的讲授，而是在问题情境中开展对具体问题的分析，经过观察、比较、归纳、运算与推理、证明等过程达到对问题的一般性认识，这是一个抽象的过程，也是获得数学核心知识、提高思维能力、形成核心素养的过程。

（二）数学深度学习的发生有助于改变学生数学学习结果

从学习结果来看，数学深度学习关注学生对知识的理解、关联、迁移、应用和质疑，强调学生能体会到数学知识的本质、内在的联系和在新情境中的应用，而不是对数学知识进行机械的识记、反复的训练、模式的套用。数学深度学习从核心内容和知识团的整体入手，这样才有可能在整体看待核心内容背景下将其承载的数学思想方法与学生寄以发展的关键能力和核心素养建立关联，也才能使学生通过数学学习实现核心素养的养成。

（三）数学深度学习有助于促进教师的专业发展

对数学核心内容或知识团的整体把握对教师的数学学科理解提出了更高的要求，确定学习的主题、设计挑战性的问题对教师也是新的挑战。因此，数学深度学习对教师专业知识的发展、专业素养的提升会有积极的促进作用。

三、实现深度学习的策略与路径

（一）基于单元学习主题实施深度学习

单元教学是按某种标准将一类内容作为整体进行教学设计并实施的教学方式。单元教学设计将教学活动中的每一环节均纳入整个单元教学规划来考虑，这种整体性设计有助于优化学生的认知结构，使学生对知识的掌握更加系统和深入。[1]深度学习的内涵要求与单元教学设计之间有着密切的关系。

深度学习的发生需要整体把握核心内容，并且凸显学科内容本质，因此，单元学习主题成为深度学习的主要抓手，即在确定单元的过程中，通过分析单元的内容本质、核心目标等确定该单元的主题，继而进行教学设计与实施。

中学数学教学单元学习主题的类型主要有以下几种：

（1）以数学课程中的核心内容为学习目标的单元学习主题——核心内容类。这类单元学习主题以数学核心内容为主要线索，将相关内容以其逻辑关系和本质联系加以组织整合，同时考虑学生学习的可接受性等因素，恰当地形成一个完整的学习单元。具体实施时往往是基于教材的一个完整的自然章节或自然章节的一部分，也可以是跨教材章节的组合。如，勾股定理、一元二次方程等就是完整的自然章节；而图形相似中的图形位似（图形的放大与缩小）作为一个单元学习主题可以进行项目式学习的整体教学设计，而从运算和应用的角度可以将教材中的因式分解及一元二次方程的求解等整合在一起作为一个单元学习主题。

（2）以体现数学核心知识之间的联系、蕴含在核心内容中数学思想方法为学习目标的单元学习主题——思想方法类。思想方法类的单元学习主题，一般是在学生学习了一部分知识和内容后，以蕴含在其中的数学思想方法为主线进行较为系统的梳理，或者通过关注知识之间的联系，以知识为载体、以核心素养为主要出发点和落脚点的，具有回顾提升性的、综合性的单元学习主题设计。如，结合函数内容的学习体现数形结合思想方法的单元教学设计；在二元一次方程组的基础上以三元一次方程组内容为载体，学习理解消元转化方法的单元教学设计；等等。

（3）以综合运用知识解决实践性、挑战性问题进而发展问题解决能力为目标的单元学习主题——问题解决类。对于该种类型的单元学习主题，一般选择具有较强的实践性、综合性的现实问题和具有挑战性的数学问题，以问题类型为主题，综合运用知识解决问题，以提升问题解决能力，提高核心素养为目标。如，选择的问题可以是学生生活与社会生活中的问题，也可以是其他学科领域的问题，或者是数学自身的具有挑战性的、综合性的问题。

（二）开展深度学习的基本路径

深度学习的教学设计中，主要有四个基本要素：单元学习主题的确定、单元学习目标的确定、单元学习活动的设计和持续性评价方案的形成。教师应在形成单元学习主题教学设计的基础上，开展以学生为主体的深度教学实践活动（图1）。

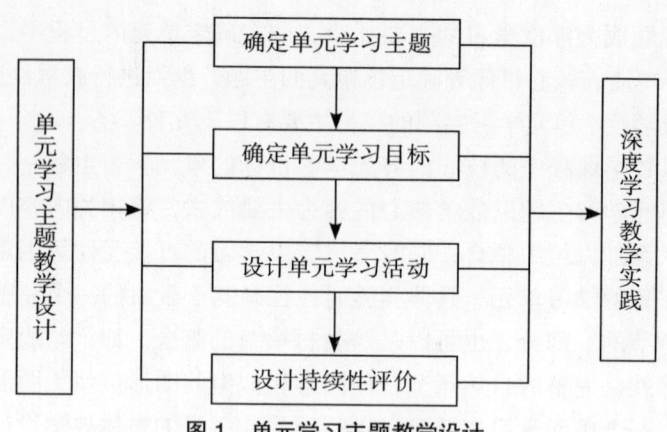

图 1　单元学习主题教学设计

1. 单元学习主题的确定

在教学实施的不同阶段，教师可根据不同学习内容设计不同类型的单元学习主题。当我们面对数学核心内容的教学时，就要考虑如何对教材中的核心内容进行适当的分解或整合，是否需要在自然章节的内部进行分解或是需要跨章节进行整合，以使单元相对完整、主题突出等；如果面对的是思想方法类或综合性问题解决类的探究学习，就要分析清楚单元的价值所在，以便确定清晰、明确的单元学习主题。例如，"有理数"这部分内容是初中数学关于数的认识和运算的核心内容，因此，北京的周海楠老师选择了教材上的自然章节作为一个单元，并确定了本单元的主题——"数的成长"。

之所以确定这样的单元学习主题，主要是从运算的角度看待有理数的产生，并将数的产生过程及方法进行迁移，整体了解把握所学习的数的体系结构。活动设计以学生运算能力的表现（理解运算对象、掌握运算法则、探索运算思路、设计运算程式）为线索，希望学生经历引入负数后探究有理数运算法则的过程，体会研究运算的一般思路和方法，并将这样的思路和方法迁移在"式"的学习过程中，用字母表示数，产生运算对象——单项式，单项式的加减法产生多项式，除法运算产生分式……

当运算对象从有理数到实数、整式、分式、根式不断成长时，希望学生在新的问题情境下能够根据研究数式运算的基本方法和策略，创造新的运算对象，创造新的运算法则，发展学生的创新能力，使得数的成长在知识上具有可持续性，研究方法上具有可迁移性。

2. 单元学习目标的确定

对单元学习主题所涉及的内容进行整体分析并确定单元学习主题目标，

这是实现深度学习的重要环节。与一般教学设计的不同之处也在这个环节体现出来。

单元目标的确定，主要是基于以下几个方面的分析：整体分析本单元学习主题内容的学科本质、知识之间的关系、与其他同类内容的联系；分析本单元应掌握的核心内容，以及在此基础上确定能够使学生高阶思维得到发展，将所学知识迁移到新的情境中，获得数学思想方法、提升学科核心素养的单元学习主题目标。在这个分析确定的过程中，对课程标准的把握和对学生认知基础的了解是重要的因素。

在这一过程中，教师一定要从大处着眼，从单元的整体出发，回答这样几个问题：本单元在其所在的内容领域有怎样的地位？单元核心内容与哪些核心内容有关系，有怎样的关系？单元核心内容之间存在怎样的关系，能用什么样的方式表达出来？在单元核心内容的学习过程中，学生会经历怎样的高阶思维过程？哪些数学思想方法蕴含在核心内容中？哪些核心素养可以通过单元内容的学习使学生得以发展？对于这些问题的回答，一方面形成了单元的核心目标，另一方面也将成为整体把握单元学习主题、实现深度学习的保障。

3. 学习活动设计

学习活动应该围绕单元学习主题设计，它具有一定的挑战性，可以以问题的提出或解决为主要线索，整个单元可以是一个大的学习活动或统领全部内容的问题情境，也可以是几个不同的问题。深度学习活动的设计中，教师不应该为细枝末节所羁绊，在表面化的问题上做文章。每个课时的学习活动有它的小目标，但这些小目标一定是大目标中的有机组成部分，而不是"各自为战"。只有在整体把握核心内容的目标和要求的前提下，每个学习活动才有总的方向和目标，才不会迷失在一个一个具体的细碎的练习中。

不同类型的单元，其学习活动的设计特点也会有所不同。核心内容类的单元，学习活动应关注基本知识的掌握，并在问题的设计上将知识的学习引向深度的理解和思考，引向高阶思维；思想方法类的单元，学习活动指向知识间的联系、方法的迁移与一般化。

4. 持续性评价方案

持续性评价主要指向深度学习中对学生数学学习的全过程的评价，因此，评价方案要关注学生在整个深度学习过程中的表现及其变化。学生对问题的认识和理解、应用，都是有一定过程的，评价要持续关注学生参与活动过程中思维的变化、知识理解深度的变化、分析和解决问题能力的变化。数学教师中流传一个词"堂堂清",意为每节课要把所学内容全部掌握,然而这样的要求是不符合学生认知规律的,也更多指向了知识记忆和技能训练。深度学习所关注的整体性恰恰为持续性评价提供了支持,不是急于作出最终结果的评价,而是重过程、重变化,评价呈现出阶段性、层次性、发展性。

在"数的成长"单元中,周海楠老师设计了针对不同活动的对学生进行过程性评价的标准,为教师的教学实施和教学效果检验奠定了基础(表1)。

表1 持续性评价/过程性评价的内容和要求

活动层次	活动内容	持续性评价/过程性评估
基本活动	结合小学对所学数的认识及正、负数的学习,请画出成长"数"。	1.学生能说出小学所学的所有数并举出实例。 2.学生能结合所学的正负数将数进一步分类并说明自己分类的依据。 3.学生能根据自己对数的形成过程的理解,画出自己的成长"数",并能说清楚分类依据。
探究性活动	探究有理数的四则运算;思考小学数的运算与初中数的运算有何不同?并例说明。	1.能正确理解有理数运算法则,能多角度地对运算法则进行解释。 2.能够清楚实施运算中的算理。 3.能够寻求简洁的解决问题的途径,体会算法的普遍性以及策略的多样性。
深度理解活动	用实际问题或数学背景,设计一种新的运算,研究这种运算的运算对象、运算法则、运算律、运算程式。	1.能从身边提取实例研究问题 2.能类比有理数研究的思路和方法进行设计。

四、结语

对开展深度学习教学的正确理解是实现深度学习的基础和关键。本文对数学深度学习的内涵和如何依托单元学习主题形式开展数学深度学习的教学设计进行了探讨,但围绕深度学习还有很多的问题需要思考,需要教师从具体学科内容、从学生认知的特点、从学生思维水平的发展阶段等方面进行研究。譬如,教师在进行具体教学的过程中,还存在着如何根据学生学习过程中的生成情况将学生的学习引向"深度",如何对不同学生设计不同的学习任务和要求以使其进入深度学习等问题。因此，在实施数学深度学习的过程中，教师学习一定会发生。

参考文献：

[1] 吕世虎等. 单元教学设计及其对促进数学教师专业发展的作用[J]. 数学教育学报，2016，25（05）：16-21.

小学数学"深度学习"实施的方法和策略

贾素艳[①]

2015年我校成为"深度学习"项目小学数学学科的实验校,经过两年的探索与实践,我们对深度学习有了新的认识和思考,并尝试总结推进项目实施的方法和策略,为后续研究提供宝贵经验。

一、深度学习在教学中的表现

深度学习是基于国家"立德树人"根本任务要求背景下提出的一种新型的学习观,其作用是更好地指导学习形态的变革。"深度学习"的"深",是教师理念与行为改变层面的"深";是学习方式变革层面的"深";是学生思维层面的"深"。深度学习真正把学生的成功放在更长的时间轴上考量,关注的不仅仅是"知识技能"的掌握,而是从学科能力、核心素养等各方面关注学生成长。

具体表现在四个方面:

(1)学科知识:将教授单一的知识点转变为从核心素养的视角整体把握教材,选择或重组教学内容,将掌握学科知识作为学习活动的一个方面,将培养学生的终身能力作为学习活动的最终目标。

(2)教学方式:依托教材开展更为有效的学习活动,以课堂为主阵地开发更为丰富的学习资源,让学生在最适合的环境中从事学习活动,在活动中发现、建构、应用。

(3)学习过程:与接受能力相比,更注重对学生思维能力的培养;与学习知识的能力相比,更注重学生解决问题的能力,强调学生思维的有序性、合理性、批判性。

(4)师生关系:以往教师的传授功能将转变为激发功能,所有活动都将以学生为主体,平等的师生关系进一步发展成平等互助的师生关系,教师助力学生成长,学生促进教师转型。

[①] 贾素艳,北京石油学院附属小学教师。

二、推进"深度学习"项目策略

(一)教师对学科素养(核心概念)的学习

小学数学深度学习是指以数学学科的核心内容为载体,在开放的问题情境中,深度理解与整体把握学习内容,掌握所学内容的本质与方法,并提升学生综合素养。因此,教师对核心内容本质、学科素养的认识和理解,是深度学习目标能否达成的重要前提。同时,对核心概念、学科素养的理解对于一线数学教师而言又极具挑战。

近两年的实践证明,教师对学科本质、核心概念、学科素养的理解需要经历"理论学习—专家指导—教学实践—应用迁移"四个阶段。即在任务的驱动下,教师自身通过理论学习,进行先期理解;在有问题需求的情况下,请求专家介入,帮助解读;在学习理解的基础上进行教学实践;最终将学习所得进行提炼,使知识得到进一步的应用和迁移。

(二)基于学科素养选取学习主题

小学数学深度学习选取的核心内容或研究主题,可以围绕小学数学课程标准所涉及的十个核心概念——数感、符号意识、空间观念、几何直观、数据分析观念、运算能力、推理能力、模型思想、应用意识和创新精神选取。选取方式可以自上而下,集中体现一个核心概念,也可以自下而上,体现一个或两个核心概念。

自上而下选题的情况,比如围绕"运算能力"这一核心概念可以选取《小数除法》,围绕"数据分析观念"可以选取《平均数》,围绕空间观念可以选取《展开与折叠》等。

自下而上选题的情况,比如《面积》既可以体现"单位"在度量中的意义和价值,又可以在面积认识、面积计算过程中发展学生空间观念。《长方体认识》在二、三维转化过程中发展学生空间观念,同时在阐述什么样的两个棱(或面)可以拼接在一起时,发展了学生的推理能力。

(三)通过"团队合作"完成研究任务

深度学习以单元内容为载体,需要教师对单元内容进行整体把握,对学生学情进行分析,还要整体制定单元目标、各课时目标,进行教学设计并进行课堂实施,团队教师应进行合理分工,才能更好地完成研究任务。

选题依据、单元内容的整体把握可以由团队骨干教师承担,因为骨干教师学科底蕴比较深厚,具有较高的研究能力,对核心概念的理解和分析比较深刻,能够对核心概念进行比较精准的解读,直接引领后续研究。

学生学情分析可以由骨干教师和比较有经验的年长教师带领年轻教师共同承担。这部分内容包括问卷设计、学生调研、学生访谈、数据分析等，需要团队教师共同交流碰撞。找到学生的学习困难以及学生的思维路径，是进行教学设计的重要依据。

教学设计和课堂实施可以由 1~2 位年轻的骨干教师承担，但团队的所有教师要共同听课，集体进行思想交流、碰撞，观察课堂是否体现了核心概念，是否在学科素养发展的基础上提升了学生综合素养。这一般要经过几轮的实施和调整过程。

（四）及时反思固化研究成果

开展深度学习过程中会有定期的阶段性展示和交流，这样就会积累大量的资料。在每一次研究梳理资料后会出现新的成果，在新的成果的指引下再进行下一次的实践，又会有新的成果出现。这种"渐进式"的研究方式，形成了一种良性循环，将教师研究成果和学生成果积淀下来。

小学数学学科在核心概念"空间观念"和"推理能力"引领下进行了《以单位为主线的几何量的研究》和《长方体认识》研究，形成了面积单元案例、长方体认识案例，以及长度、面积、体积研究报告；还把 10% 的学科实践融入到项目研究之中，开发、研究基于核心素养——空间观念的校本课程，分别是：一年级围绕《观察物体》开展"小小摄影师"实践活动；二年级围绕《方向与位置》开展"走进花卉大观园"实践活动；三年级围绕《图形运动》开展"拼图游戏"实践活动；四年级围绕《观察物体》开展"乐高建筑师"实践活动；五年级围绕《展开与折叠》开展"有趣的包装"实践活动；六年级围绕《立体图形认识》开展"成长留念——模型制作"实践活动。

三、反思与展望

深度学习项目明确指向学生综合素养、核心关键能力的发展。因此，今后的研究对教师提出了新的要求：

（一）树立大教育观

深度学习不仅需要学生掌握核心学科知识、批判性思维和复杂问题解决能力，更需要从人际领域进行团队协作、有效沟通，以及从个人领域培养学生的学习毅力。通过聚焦单元整体设计，打破以往封闭的格局，实现多学科的融合，着眼学生核心素养的形成，逐渐由单一学科教师向综合型教师转变，为学生终身发展奠基。

（二）建立整体评价体系

深度学习理念关注学生成长，这就要求我们要改变以往单一评价方式，要把过程性评价和结果性评价有机结合，从整体构架学生评价体系，并在实践中摸索评价的措施和方法，把评价真正定位于促进学生的全面发展。

理解数学核心素养 践行深度学习

付 丽[①] 孙京红[②]

2014年，教育部《关于全面深化课程改革 落实立德树人根本任务的意见》提出，"教育部将组织研究提出各学段学生发展核心素养体系，明确学生应具备的适应终身发展和社会发展需要的必备品格和关键能力"。随着核心素养的提出，一线教学也迅速做出反应，课堂教学发生了变化，"培养学生的核心素养"成为重要目标之一。在很多数学教学设计中，我们看到教师更加关注"运算能力""数感""空间观念""几何直观"等关键能力的培养。

将核心素养作为培养目标之一，是我们坚定不移的理念；切实理解和落实核心素养，是当前教学的首要任务。对数学核心素养的理解，需要将它的内涵和小学数学的实际特点相结合，只有这样，核心素养的落实才不是一句空话。借助海淀小学数学团队参与教育部基础教育课程教材发展中心的"深度学习"教学改进项目，我们尝试将对核心素养的研究与"深度学习"项目有机结合，围绕"运算能力""几何直观""数学建模""数感""符号意识""推理能力""数据分析观念""空间观念"等开展主题式教学研究。以下对海淀小学数学"深度学习"项目研究团队如何"基于核心素养，践行深度学习"做详细阐述。

一、理解数学核心素养的内涵，架构主题框架

开展基于核心素养的主题设计之前，必不可少的是对核心素养的学习和理解。以"核心素养——运算能力"为例，在对其进行学习和研讨后，我们认为"运算能力"的内涵可以概括为"理解算理、发现算法"，并且运算能力有四个层次的要求，分别是：正确、合理、灵活、简洁（图1）。

[①] 付丽，北京市海淀区教师进修学校小学数学教研员。
[②] 孙京红，北京市海淀区教师进修学校小学数学教研室主任。

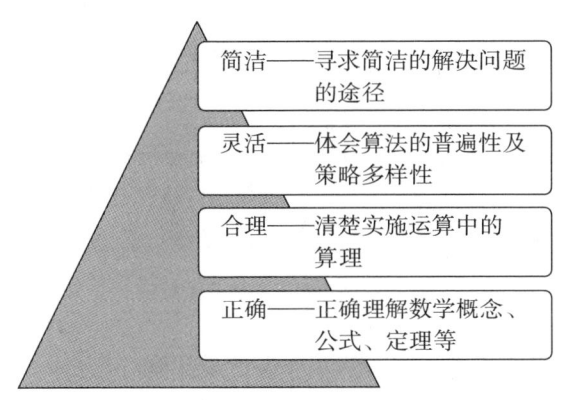

```
简洁——寻求简洁的解决问题
         的途径
灵活——体会算法的普遍性及
         策略多样性
合理——清楚实施运算中的
         算理
正确——正确理解数学概念、
         公式、定理等
```

图1 数学运算能力层次要求

在对核心素养的内涵进行理解的基础上，小学数学学科在"核心素养"的大主题之下，开展整体设计。整体设计主要是基于主题的逐层分解，分为"核心素养（主题）—主要内容—知识板块"三级。教师最终教授的是"知识板块"，但教授这个"知识板块"的目标一定是帮助学生理解"知识板块"对应的"数学核心概念及其本质"，进而达到培养学生核心素养的目的。其具体结构如图2所示。

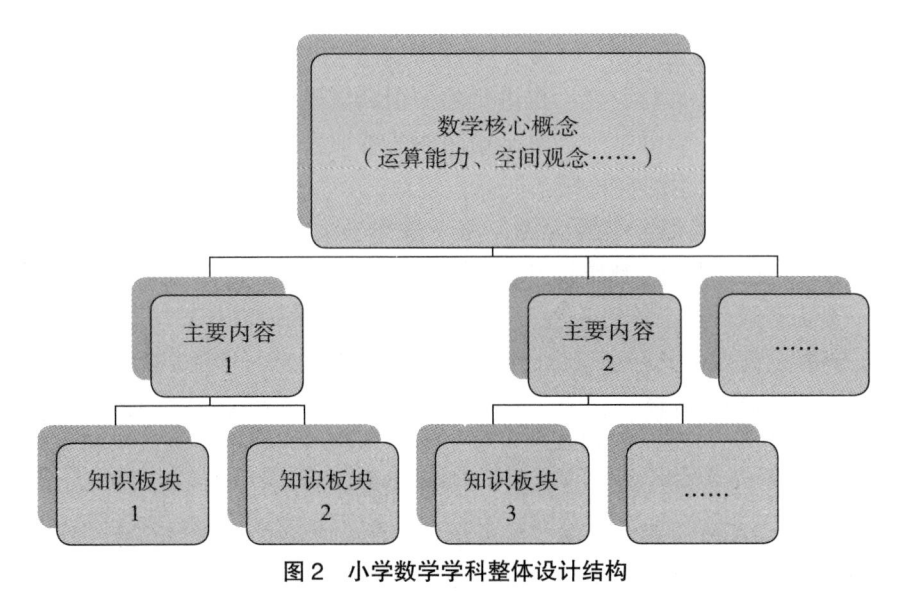

```
        数学核心概念
    （运算能力、空间观念……）
      ┌──────┬──────┬──────┐
   主要内容          主要内容       ……
      1               2
    ┌─┴─┐         ┌─┴─┐
  知识板块  知识板块  知识板块   ……
     1        2        3
```

图2 小学数学学科整体设计结构

例如，在"运算能力"这个主题之下，整个主题单元的具体结构如图3所示。

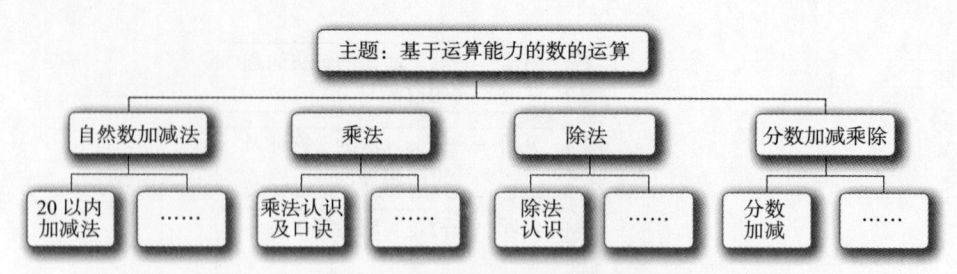

```
            主题：基于运算能力的数的运算
    ┌──────────┬──────────┬──────────┐
  自然数加减法    乘法        除法     分数加减乘除
    │          │          │          │
 ┌──┴──┐    ┌──┴──┐    ┌──┴──┐    ┌──┴──┐
20以内  ……  乘法认识  ……  除法    ……  分数    ……
加减法      及口诀        认识        加减
```

图3　小数数学主题单元结构

二、以数学核心素养为主题的教学设计及实施

以下以"核心素养——空间观念"为例，说明我们如何理解"空间观念"之后的教学设计及实施。小学阶段是培养学生空间观念的关键阶段，但是根据小学生的认知特点，还是应该通过操作实践和空间想象的途径，增强直观体验，发展空间观念。例如，对长方体认识的教学，应该让学生有看一看、摸一摸、数一数、比一比、想一想等经历，再精心设计如拼搭长方体等活动，引导学生认识长方体的面、棱、顶点的特征，并且对面、棱、顶点之间的关系以及它们如何共同组成长方体有一定的理解和认识。心理学家皮亚杰说过，儿童的思维是从动作开始的，切断动作与思维的联系，思维就得不到发展。几何知识和空间观念的建立来源于实践活动，空间想象是必须依赖于学生从生活中获取大量感性材料之后再进行的一项高级思维活动。在教学中，我们要重视实践活动，引导学生经常运用图形的特征去想象，解决生活中的各种实际问题，发展学生的空间观念。

以《长方体认识》一课为例，基于培养学生空间观念的目标，我们设计了一个核心活动——制作长方体。我们给了学生丰富的可选素材，分别是"给一个牙膏设计长方体包装盒""给一个长方形补面形成长方体""用小棒拼搭长方体"，让学生先自主设计，再动手。最重要的是，学生不能只动手，还要写出"在制作长方体过程中，你的新发现"，借此希望对学生空间观念的培养不是停留在想或做，而是要把想象和动手相结合；对以长方体为代表的图形也是如此，不仅要认识其"外貌"，还要知其"性格"。

基于"数学核心素养"的"深度学习"研究之路，我们走过了三个阶段：从理解核心素养，到解构核心素养与核心知识之间的联系，再到课堂实践。海淀小学数学"深度学习"的研究模式，概括如图4所示。这样的研究模式为大家提供了一条将对核心素养的理解转化为课堂教学行为的路，只有核心素养真正落地了，我们的深度学习才能有实际意义。

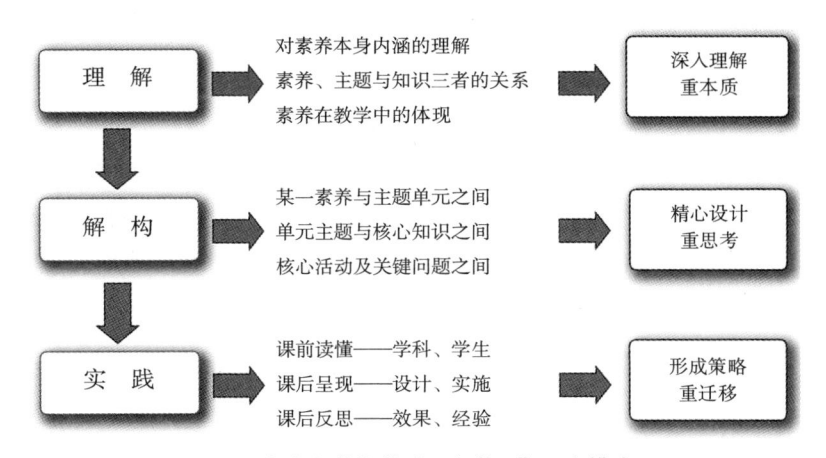

```
  理 解  →  对素养本身内涵的理解        →  深入理解
              素养、主题与知识三者的关系        重本质
              素养在教学中的体现
    ↓
  解 构  →  某一素养与主题单元之间      →  精心设计
              单元主题与核心知识之间          重思考
              核心活动及关键问题之间
    ↓
  实 践  →  课前读懂——学科、学生       →  形成策略
              课后呈现——设计、实施          重迁移
              课后反思——效果、经验
```

图4　海淀小学数学"深度学习"研究模式

三、基于数学核心素养的持续性评价的设计

在"深度学习"教学改进项目四要素中,"持续性评价"是必不可少的一个环节。实施了基于"核心素养"的主题式教学后,基于"核心素养"的教学评价也是十分必要的。我们不希望教学过程已经发生了变化,而评价还在"原地踏步",因此,我们将对"核心素养"维度的理解融入到评价中,开拓了崭新的评价视角,开发了素养导向的评价试题。

以"核心素养——空间观念"的评价为例,要考查学生对图形本身的认知和理解,更重要的是考查学生对图形和其展开图在二维空间和三维空间的转换的想象和推理能力。基于此,我们开发了这样一道题目。

李明沿右图中所示的粗实线和粗虚线剪开正方体纸盒,然后将纸盒各面向外展开,那么展开后得到的图形形状是(　　)。

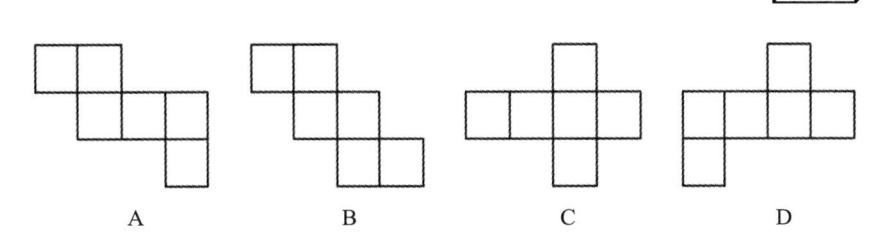

    A   B   C   D

这个题目没有考查学生选择哪一个展开图能够围成正方体,因为在日常教学和课堂练习中这样的题目很多,而当学生只是记住哪种展开图可以围成正方体后,空间观念的培养就被明显弱化了。而这个题目,学生确实需要想象或借助画一画、折一折等手段来解题,在这样的解决问题的过程中培养和

考查了学生的空间观念。本题在测评中得分率92%，得分率较高，说明实施了基于"核心素养"的"深度学习"教学改进后，对于长、正方体这样的空间图形，学生对其特征把握较好，空间观念基本建立。

　　以上就是海淀小学数学项目研究团队"基于核心素养，践行深度学习"所做的一些尝试。我们深知，只有核心素养真正变成"深入的教学"，"深度学习"才能发生，我们将继续做有理论学习、有实践转化的"深度学习"项目研究。

结构性问题设计与高阶思维培养

孙学东 [1]

一名初中生，课堂上听讲专心、答问认真、操练规范、发言踊跃、合作积极，我们一定会很快认定他是一名优秀学生。因为"勤奋、积极、一板一眼"正是我们心目中优秀学生的标准，并一贯奉此为圭臬。可是，当我们开启教育经验又会发现，随着时间的延伸，他们中为数不少的人在后续学习及发展上的表现往往不尽如人意。

一、有效训练：停留在知识获得和单一训练的课堂现状

是什么使得这些勤奋、积极的学生发展潜力越来越小？原因当然是系统的、综合的。而我们的课堂提供给学生的多只是依赖记忆、模仿的浅层学习素材，学生少有触及迁移应用、评价创造的高阶思维的机会，这一定是其中的重要因素。

《代数式》是学生升入初中后第一次接触的"式"的学习，"整式的加减"是《代数式》一章最后一节新授课时。整式加减的法则是：有括号先去括号，再合并同类项。在此之前学生已经用两个课时分别学习了合并同类项和去括号。于是，"整式的加减"这节课就成了练习课——"同学们，请化简一下这两个代数式，你们准备怎么做啊？先去括号，再合并同类项，这正是整式加减的法则。"接下来，就是练习，反复的、竞赛的、合作的、变着花样的练习，等到课堂结束，五十个人的班级里如果有四十七八个学生能准确地进行整式加减，三十四五个学生能准确快速地进行整式加减，十几个学生能准确灵活地进行整式加减，我们就会认为这节课进行了有效训练，这是一节"高效课堂"。但是，总感觉失去了些什么。

学生真的学会了吗？一些基本事实经过整理赋予意义就是信息，信息能解决某问题并通过结构化处理就成了知识，知识的融会贯通和精致化才是智慧。显然，学生习得的仅仅是"信息"——见到整式加减就"先去括号再合并同类项"，然后在这个信息记忆的基础上进行模仿的、机械的、反复的训练。没有经历自主建构、没有形成结构化的"信息"对学生而言难以成为有

---

[1] 孙学东，江苏省锡山高中实验学校教师发展处主任，中学高级教师。

意义的"知识",更不会通达为智慧。所以经过一段时间后,五十个学生可能只有三十个左右还能准确地进行整式加减,更可怕的是极少有学生真正理解整式加减隐含的思想和价值。

课堂高效的标准是什么?不能仅仅是具体知识的快速获得,而应该是长期的思维发展。通过反复、机械的训练,学生掌握了"整式加减"的方法,这从思维层级上来看只是记忆、理解和简单操练,没有分析、评价和创造等更高层级思维的参与。这样的课堂里,仅有碎片化知识的高效攫取,学生不理解知识背后的意义及知识间的联系,体验不深切、理解不深刻、思维不深入,发展也就不会深远。

二、深度学习:立足于高阶思维能力发展的学习样态

课堂还可以呈现其他样态吗?

课堂伊始,教师提出问题:"一个两位数,交换它的十位数字与个位数字得到一个新的两位数。研究这两个两位数的和,你有什么发现?能解释一下你的发现吗?"尝试几个特殊数字后,学生立即意识到和是 11 的整数倍,但怎么解释呢?有的学生用生活语言:颠倒十位与个位再相加,和的个位与十位是一样的,所以是 11 的整数倍;但 39 + 93,个位与十位数字之和都大于 10,好像解释不通了。有的学生试图举尽所有可能的情况,发现和都是 11 的整数倍,但是难以穷尽……自然语言难明其理,小学算术难以穷尽,就得有新的方法出现。当有学生设原十位和个位分别是 x 和 y,得到 $(10x + y) + (10y + x) = 11x + 11y$ 时,结论就不言而喻了。研究一下它们的差呢?这次学生会迅速得到 $(10x + y) - (10y + x) = 9x - 9y$,结论一目了然。引导学生再体会新方法的产生过程:用字母表示数—列代数式—将代数式化简。这里化简的实质是整式的加减。看来整式加减是问题解决过程中很重要的一步,有必要进行研究,于是教师再提出"你能再举两个整式加减的式子吗?"经历数个整式加减的运算过程,学生总结出化简整式的方法:有括号先去括号,再合并同类项。

这里有高阶思维的参与吗?深度学习是经由问题解决、触及心灵深处、深入知识内核的学习。学生解释自己的发现需经由"假设—否定—再假设—再否定—再假设……"的过程,这一过程没有解题的套路,只有不断地分析评估,理清自己看待问题的一般思路。将自己学过的知识迁移来解决一个思路开放的问题,于学生而言就是创造新方法的过程。因此,学生获得的不仅是知识,还有知识以外的深刻经历:感悟具体知识背后的数学思想和方法,

探究问题解决的核心策略，体验数学的思维方式。

三、结构性问题：支持学生迈向高阶思维的载体

教什么往往比怎么教更重要。我们难以指望学生在记忆模仿和机械操练的片段素材里开展深度学习，并经历高阶思维的训练。实践中我们深刻体会到：设计结构性问题是支持学生迈向高阶思维的重要路径。结构性问题是基于数学知识结构和学生认知结构的体现数学知识本质与意义的问题，它将具体知识的学习放置于知识体系中加以整合，以突出知识的内部联系及其在问题解决中的价值。结构性问题有哪些特征和设计策略？

首先，结构性问题应基于学生的认知基础。基于认知基础就是要分析学生学习该主题内容已有的知识和准备、可能存在的困难和困惑，并在此基础上设计问题情境，引发认知冲突，激发学习欲望。字母表示数是代数领域的基础，方程、函数的学习中所遇的困难多可以追溯到字母表示数的意识和能力的缺失，而这多源于学生平时所接触的只是掐头去尾、设置了程序套路的片段式练习。因此，需要设计结构性问题以让学生经历完整的代数方法解决问题的过程。基于学生的认知基础同时也意味着设计的结构性问题不是只面向少数人的高深艰难的问题，而是促进全体学生积极参与的探究性问题，它以开放性的情境引起学生深度思考并从中获益。

其次，结构性问题要体现学习内容的数学本质。数学学习过程中，学生常常只关注知识的增长，并把解题步骤、程序和题型作为学习重点，忽视了对数学内容本质的领悟，也就难以真正做到通过数学学习发展综合素质。以触及知识底部的结构性问题作为深度学习的载体，通过深度学习的过程，能达到对一类问题的深刻理解与把握，并认识这类问题背后所隐含的数学思想和数学思维方式，从而举一反三，促进思维能力的提升和核心素养的发展。用字母表示数的本质是"代数之法，无论何数，皆可以任何记号代之"（清代数学家华蘅芳语），学习整式加减是数学知识发展的需要和问题解决的必须，所以要将整式加减的学习放置在"交换数位的两个两位数的和"这样的结构性问题的解决过程中。

再次，结构性问题源于知识单元的整体设计。数学深度学习的核心内容往往不是单一的知识点，而是一组内容的"知识群"，它们组成了知识单元。结构性问题是这个知识单元基本特征的反映。不从单元甚至是数学某知识领域的整体去设计问题，就很难触及知识的本质。学字母表示数就只教用字母

表示数，学代数式就只教列代数式，学整式加减就只教整式加减的运算，学生不曾完整经历用代数方法解决问题的过程，就不可能对代数有本质的理解，所学的碎片化的知识形成不了完整的结构，也就产生不了以迁移解决动态问题的力量。结构性问题就是将散落的知识进行整体设计，以联系的方法看待知识，以期学生在深度学习的过程中有高阶思维参与并形成结构性的知识体系。

最后，结构性问题的解决需揭示并引领学生经历"数学过程"。数学过程是一个问题提出、结论形成、思想方法概括以及数学应用的过程，数学课堂上需要揭示并引领学生经历这个过程。某种意义上说，相比形成完整的知识结构，引领学生经历数学过程更重要：从零星片段的感觉，笼统模糊的印象，丰富多彩的具体直观，直到最终形成抽象的体系、严谨的推理、思维的方式。代数式的起始课，设计问题："把你出生的日乘以20，再加上73，将这个和乘以5，最后再加上生日的月份。告诉老师运算结果，老师就知道你的生日了。你知道为什么吗？"学生很兴奋地发现，说出运算结果，教师就真的正确说出生日了，秘密在哪里？知识是客观的，但对学生而言就是"黑箱"——为什么输入一个信息，就出来正确的结果？这中间到底经历了什么？多个算式对比也发现不了"黑箱"的秘密，发现"黑箱"内进行了什么操作但说不清为什么，理解了"黑箱"的原理却只停留在知识的获得层面，背后的思想方法缺少揭示和提炼。学生需要亲身体验这个曲折的过程。因此，在解决结构性问题时，教师不要轻易承担、包办学生的思考，经历一番艰辛发现问题背后的真理，才是深度学习促进高阶思维发展的本来面目。

指向深度学习的知识教学
——以小学数学为例

于国海[①]

随着基础教育课程改革的深入推进,关于知识教学的话题辩争似又再起烽烟。鉴于知识教学承载的育人功能的基础性、关键性,该类话题往往受到学界普遍关注。知识教学的价值何在?如何开展知识教学?不同教育理念固然会引发不同的诠释与路向抉择,但对这些问题的理性思辨在基础教育聚焦学生核心素养发展的大背景下变得越发迫切。

一、知识教学的三重境界

虽然学校教育聚焦学生核心素养发展已成学界共识,但是传统偏轨的知识观依然影响着一线教师的课堂教学运行,浅表化(淡漠知识内容背后的思想、方法、思维)、专制化(唯书、唯上、知识灌输)与碎片化(为应付考试而记忆知识点)的知识教学[1]阻滞了教育教学发展,革故鼎新势在必行。从课堂知识表现形态看,一般可把知识分为显性、隐性、创生等三种。若在不同理念下对知识教学进行客观审察,我们会发现,课堂教学行为存在与之对应的三种迥然境界。

(一)境界一:传递显性知识

显性知识是指一门学科的内容体系反映出来的无争议规定或结论,通常以文字、符号形式呈现在教材中,如数学教材中的概念、规律、定理、公式等客观事实。显性知识教学是课堂教学的首要任务,若无显性知识,问题解决将失去逻辑根基,承载于知识基础上的"关键能力与必备品格"也就成为空中楼阁。传统教学过度关注知识结果的传递,无论是灌输还是启发,本质上都是为了掌握知识,讲清楚、讲正确是教师的期望,因此这一境界的知识教学往往凸显知识结果的浅表化罗列、碎片化记忆与专制化习题操练。现代教育普遍认为关注知识结果的同时,更应引领学习者经历知识生成过程,但一些教师骨子里的"知识唯上"观念导致其在教学中不注重引领,而是简单

[①] 于国海,南通师范高等专科学校小学教育研究所副所长,副教授,教育学硕士。

化展示知识形成过程，其本质归根结底还是传递。

（二）境界二：深挖隐性知识

隐性知识是蕴含在显性知识学习过程中的层级更高的教育元素。这些教育元素在特定研究境域下具有特定的外延释读。较为一致的观点是把一门学科的思想方法、思维方式等认为是隐性知识，也可理解为知识孕育的"智慧"。智慧与德性往往相互依存、相辅相成，融为一体。由于德性不易通过外界影响而改变，却对个体行为与表现起着关键作用，所以，隐性知识可诠释为"符号所掩盖的思想、思维方式、价值观和思想意识"[2]，亦即"智德"。因此这一境界的知识教学不满足于知识结果的记忆与操练，而是期望通过教学法的精心策划引领学生借助知识这一载体修悟"智德"以发展核心素养。例如，在数学学科中隐性知识蕴含着数学的思想、思维等学科内核，以及自信、自控、毅力、勇气、责任心、好奇心等丰富的教育元素，但这些元素并未呈现于教材，需教师高屋建瓴，深挖"智德"以升华教学意旨。

（三）境界三：前瞻创生知识

创生知识是学习者运用多元思维在已有知识基础上通过发现、探索活动来获得的学科新认识、新结论。创生是社会不断发展的需要，也是个体持续进步的内驱力。因此，培养学习者的创生意识、创生精神是学校教育的重要责任。创生需要知识基础，更需"智德"底蕴，有智无德可能偏移正道，有德无智可能力不从心、无功而返，德才兼备、知行合一才能通达创生之路。因此，前瞻创生知识是知识教学的最高境界，学校课堂应放眼长远，为培养创造性人才奠基。由于智力状况、思维特点各异，中小学生的创生能力有所不同。一位中学生或许能进行独立创生，但对于一位小学生来说创生不易。例如，数学学科中往往需要学习者灵活提取已有知识以及掌握驾驭它们的各种策略方法，如化归、归纳、类比、特殊化、一般化等，通过思维发散、求异、批判等获得新认识、新结论，引发知识创生。因此，儿童难以实现独立创生，小学数学教学中所说的"创生"一般指通过体验知识创生过程来孕育与积淀儿童创生素养。现行小学数学教材中许多知识（概念、规律等）教学往往凸显知识生成过程，其实质是期望教师引领儿童经历知识再发现、再创造过程。

二、知识教学的价值旨归

知识如何教授才能服务于学生核心素养发展目标？由于核心素养是超越直接传授知识层面的"关键能力"与"必备品格"，显然知识教学不能滞停于显性知识传递，应深挖超越知识层面的凸显学科本质的教育元素。换言之，知识教学的价值在于以显性知识教学为载体，引领学生修悟蕴含其中的层级更高、对人发展更有用的教育元素——智慧与德性。抑或讲，知识学习的价值追求不在于成功掌握知识结果，而在于力求发展自身思维并强化主动探索愿望，实现知识的智慧化[3]，即转识成智、化知成德、智德兼修。"转识成智"，该词源于佛教唯识宗，意指通过修行去除世俗心识，实现心智转换，成就超越智慧[3]。"转识成智"运用于教育领域，恰切诠释了知识教学的价值意蕴：一个人的知识学习不在于追求渊博，而在于将其所拥有的知识转化为个人智慧。有言道：积学成智，智者不惑。学校教育的作用即是要助推知识向智慧转化。

"化知为德"，即化知识为德性。德性即内在品格修养。《荀子·劝学》有言："积善成德，而神明自得。"积累善行养成高尚品德，自然就会达到最高智慧，具备圣人的精神境界。古人论"德"追崇自修自悟。德恶者乃积恶而成，而教育的作用就是促进人的高尚品德养成。因此，在学校课堂中，教师应是学生的"德"之指路明灯，引领学生在知识学习中修悟德性。

"智德兼修"，即智慧与德性都应修悟。有聪明才智之人不一定能成为德之高者，德高却可能达到智慧至臻境界。因此学校教育要充分利用知识教学这一主阵地引领学生"智德"共生共长。培根有言："知识就是力量。"在那个时代，或许一个人知识是否渊博与他的成功息息相关，在今天学校教育环境下，知识的力量在于其能通过学校教育影响转化为个人的智慧与德性，进而使得学习者能在将来的工作生活中获得成功。

三、践行深度教学，让知识教学回归本真

如何通过知识教学引领学习者转识成智、化知为德、智德兼修？传统课堂教学关注知识的记忆与操练，显然力不能及。践行深度教学，从显性知识升华到隐性知识，从思想、方法与思维升华到人文情怀与科学精神[1]，才能让知识教学回归本真。

深度教学源于人们对深度学习理论的研究。学界研究沿着两条脉络展开：一是机器学习领域的探索，二是与浅层学习相对应，是人的认知触及事物本质的程度[4]，本文所指深度学习属于第二种，意指学习者基于自发自主的内在兴趣与动机形成的得以长期维持、全身心投入的持久学力[5]。这一概念首先由美国学者弗伦斯·马顿（Ference Marton）与罗杰·萨尔乔（Roger Saljo）在1976年提出。相对于浅层学习（surface learning），深度学习（deep learning）凸显理解、推理、分析、综合、评价、创造等高阶思维，以知识深

度加工、深度思维、意义建构为主要特征,可产生较高水平的认知迁移[6]。由于在深度学习中,学习者思维突破了浅层学习的感知、记忆、模仿、操练等低阶方式,不仅能孕育愉悦的、沉浸的学习状态,还能形成自主的、持续的探索冲动,深化为不断发展的内驱系统,因此深度学习理念高度契合当下我国基础教育课程"转识成智"的价值诉求,表现出良好的实践操作价值。践行深度教学,引领学生深度学习成为核心素养培育的应然路径。下面以小学数学为例,探讨知识的深度教学路径。

(一)凸显知识教学的情境性、过程性与结构化

显性知识是隐性知识、创生知识教学的载体,要引导学习者从记忆与操练层面的浅表学习转变为以推理、分析、探索、创生为特征的深度学习,关键是围绕核心素养发展进行教学流程的深度预设,即"立足学科方法、思想与思维及其价值旨趣来统筹、贯通学科概念、命题与理论"[7]。缺乏深度预设的知识教学容易导致思维的泛化,难以触发学生高阶思维。预设应注意三点:

一是情境性。情境是知识教学的逻辑起点。学生发展核心素养"不是直接由教师教出来的,而是在问题情境中借助问题解决实践培育起来的"[8]。比如,小学数学知识是数学科学中最基础的部分,往往可找到现实或具体情境的支撑。由于年龄与思维的特殊性,儿童若脱离知识所处情境,则难以理解所学知识揭示的数学内核,他们要掌握数学知识,就会被迫进行记忆、操练的浅表学习。另外,情境的重要性还在于能营造德性熏染氛围,充满正能量的知识背景不仅可引领儿童感悟情境背后丰富的数学事实,也可对他们情感、态度、价值观施加潜移默化的教育影响。

二是过程性。知识教学要重视引领儿童经历其形成过程,通过亲身的过程体验理解与感悟数学。其一,过程经历往往是知识的发现与探索过程,其中蕴含着各种数学思想感悟、策略运用、思维体验;其二,实践表明,通过亲身经历所获知识更易保持。即使儿童忘记了知识结果,还可借助过程的再经历获得知识。例如,考试中一位学生面对求梯形面积的题目,虽忘记了梯形面积公式,但由于对其推导过程印象深刻而能迅速把梯形面积转化为平行四边形或三角形面积求解。

三是结构化。任何学科的知识都有其独特的结构表征。比如,数学学科知识的结构化表现为知识的纵向与横向的逻辑勾连,新知学习往往具有清晰的认知起点,同时也是后续知识的学习铺垫。教学中引领学生体验知识的结构化有助于他们更深刻领略数学科学的本质。在新知引入中不仅要关注学习者的经验起点,还应关注已有知识基础,二者结合更有助于学生感悟数学科

学的严密逻辑。当学生获得新知后，要注重引导他们把所学新知置于知识模块中领略前后知识之间的密切联系。如梯形面积计算公式的教学中，教师可在具体问题情境（如汽车挡风玻璃面积计算）基础上结合三角形、平行四边形面积公式及推导方法的回顾引入新学内容，学好后可引领学生思考它与平行四边形以及三角形面积计算公式之间的内在联系，这样处理更有助于学生深刻体验数学的结构化特征。

（二）升华显性知识教学意旨，引领儿童在深度学习中感悟数学本质

客观上说，学生通过学校教育所获得的数学知识会在他们工作后不同程度地忘却，但没有忘却的是通过教育引领所获得的思想感悟、思维体验以及德性引导，这才是在他们未来生活和工作中发挥作用，使他们受益终身的。小学数学虽然看似简单，但其中蕴含着学生进一步学习数学乃至其他学科必备的东西。如知识探索过程中所蕴含的具有广泛迁移性的思想方法、活动经验，即使在探索过程中所反映出来的思维严谨性、观察细致性、勇于探索的数学精神等对学生后续发展都非常有益。因此，知识教学不能停留于浅表呈现，应深挖教学内容中的智慧、德性因素，引领学生深度思维，体悟对人的发展更有价值的内隐教育元素。例如，教授"8的乘法口诀"，教学目标之一是要求儿童记住口诀，但若仅满足于这一目标，就会造成口诀教学意旨的价值折损。因为口诀本身蕴含着"一个因数不变，另一个因数改变，乘积也随着改变"的因果变化关系，升华这一认识，实质上是函数思想的孕育。因此，教学中就不能满足于"正背、倒背、乱背、小组背、大组背"这样的机械记忆，应引导学生感悟朴素的函数思想。

应予指出的是，一些处于学科核心地位的"知识漏斗"会直接影响其他知识的获得，因此适度的记忆与操练是必要的。如小学数学中的一些关键公式、规律。换言之，浅层学习不能一概否认，但应淡化非核心知识的记忆与操练，更不应人为增加学生的记忆负担，强加给学生那些教材中不存在的所谓"公式、规律"。例如已知圆周长求圆面积问题，一位教师在教学时提供给学生一个直接计算公式"$S=C^2/4\pi$"，并要求学生熟记，在他看来该公式是所谓的重要知识，但把有序思维的过程体验折损为公式的机械套用，不利于学生对问题的深度思维。一线教学中这类实用主义现象屡见不鲜，其实质是在基础教育聚焦学生核心素养发展背景下一些教师并未实现教育观念的及时转轨与跟进。

（三）营造愉悦沉浸的探索氛围，引导儿童在深度思维中修悟"智德"

深度教学不满足于获得知识结果，而在于通过知识学习过程（包括知识形成与知识巩固）引领儿童从低阶思维转向高阶思维，修悟"智德"，从而前瞻知识学习的最高境界。要使儿童以主动积极、高度投入的心理状态进行深度学习，需在教学中营造既宽松愉悦又专注沉浸的活动氛围，引领儿童主动热情地进行深度思维。例如，"梯形的面积"教学中，教师首先借助于汽车挡风玻璃面积计算引入，由于学生比较熟悉，很快就进入状态，保证了后续探索活动的顺利进行。学生通过操作获得了求梯形面积的三种方案：把梯形分成2个三角形和1个长方形；分成1个三角形和1个平行四边形；补一个完全一样的梯形以拼成平行四边形。教师进一步提出问题："这些方案都有何共同的地方？"学生很容易发现"都采用了转化的方法"。看到课堂氛围活跃，教师没有立即推导公式，而是引导学生进一步思考：既然刚才的这些方法都是把梯形转化成已学图形，除了这三种方法，还有没有其他转化方法呢？在教师的激励下，学生陆续获得教材上没有的几种方法，提升了思维层次。进一步，教师引导学生探索能否把梯形直接转化为一个长方形。从而引出我国古代数学家刘徽的"出入相补"的割补方法。在这一过程中，不仅引领学生感悟蕴含其中的转化思想方法，还通过数学史料将爱国主义情感进行了"润物细无声"的渗透。

（四）灵活捕捉教学意外，激发儿童知识创生热情

创生是知识教学的最高境界，但儿童创生意识不可能自发形成，这是一个艰难的循序渐进的引领过程，需要教育的孕育与促进。由于小学生智力水平、认知特点、思维方式不同，课堂中经常会出现出乎意料的思考。这些思考可能缺乏根据，但有时却隐现创生萌点。对于这些教学意外，教师风格不同，教学处理方式也是各具千秋：机智型教师可能借机张扬个性，顺势发挥，打破预设，引领学生深度思考；沉稳型教师或许会考虑课堂教学容量问题而刻意回避，失去一个可能的教学亮点。例如，"加法结合律"（苏教版《数学》四年级下册）教学中，教师根据主题图引导学生提出问题"参加活动的一共有多少人"，学生给出两种解答并在教师引导下把两种思路的算式列成等式"（28+17）+23=28+（17+23）"后，教师通常会请学生自己写出类似等式，学生往往会出现"（10+20）+15=10+（15+20）"甚至"（4+6）+8=（4+8）+6"等，这些等式显然与"加法结合律"的形式不符，会对结论的归纳抽象形成干扰。因此一些教师可能不予理会或以形式不符合要求而加以否定，这种做法无意中会压制课堂探索氛围。有经验的教师不会轻易地否定学生，在组织学生归纳出"加法结合律"后会进一步引领学生对不符合规律的等式进行思考，认识到三个数相加，实质上可以不管计算顺序，结果都相同。这样的教

学深化了课程目标,激发了学生知识创生的热情。

参考文献:

[1] 李润洲.核心素养视域下的知识教学[J].教育发展研究,2017,37(08):69-76.

[2] 郭元祥.论学习观的变革:学习的边界、境界与层次[J].教育研究与实验,2018(01):1-11.

[3] 刘利平."转识成智":知识教学的价值追求[J].当代教育与文化,2019,11(01):63-71.

[4] 伍红林.论指向深度学习的深度教学变革[J].教育科学研究,2019(01):55-60.

[5] 陈静静,谈杨.课堂的困境与变革:从浅表学习到深度学习——基于对中小学生真实学习历程的长期考察[J].教育发展研究,2018,38(Z2):90-96.

[6] Marton B F,Saljd R.On qualitative differences in learning:i-outcome and process[J].British Journal of Educational Psychology,1976,46.

[7] 李润洲.指向学科核心素养的教学设计[J].课程·教材·教法,2018,38(07):35-40.

[8] 钟启泉.基于核心素养的课程发展:挑战与课题[J].全球教育展望,2016,45(01):3-25.

数学教学任务向深度学习问题的转化

孙学东 [①]

"基于真实情境的任务驱动,在数学活动中将问题解决"是深度学习促进核心素养落地的重要途径,其关键是如何将"教学任务"转化为支持学生深度学习的"学习问题"。数学教学任务不单是指教学目标或教学内容,还包括围绕教师和学生组织实施具体内容的课堂活动。依据认知水平的差异,教学任务可以分为低认知水平任务、中等认知水平任务和高认知水平任务。不同认知水平的教学任务因转化的问题指向不同,产生的教学效益也不同。低认知水平教学任务有可能转化为深度学习问题,中等或高认知水平教学任务也可能转化为浅层学习问题。本文将阐述数学学科中如何将不同认知水平的教学任务转化为支持学生深度学习的问题。

一、单元整体分析中提炼非常规性问题:低认知水平教学任务向深度学习问题的转化

低认知水平的教学任务是常规的、封闭的、确定的,完成这一类任务,基本可以不涉及对数学知识的深刻理解,学生凭借机械记忆、套用程序、重复训练即可。比如,"同底数幂的除法"包括零指数幂、负整指数幂和同底数幂除法三个教学任务,从运算法则上来说,前两者是"规定",后者很"显然",是典型的低认知水平教学任务。这样的教学任务很容易成为运算法则"规定"或简单推演后的反复操练。

其实,再简单的教学任务,从知识发展整体脉络上看都是有深度的,学习问题的肤浅盖因缺少教学任务整体意义的呈现。对单元内容结构的分析可以帮助我们清晰地认识单元核心任务,从而提炼出深度学习问题。

[①] 孙学东,江苏省锡山高中实验学校教师发展处主任,中学高级教师,无锡市数学学科带头人。

【单元内容结构分析】

内容见图1。

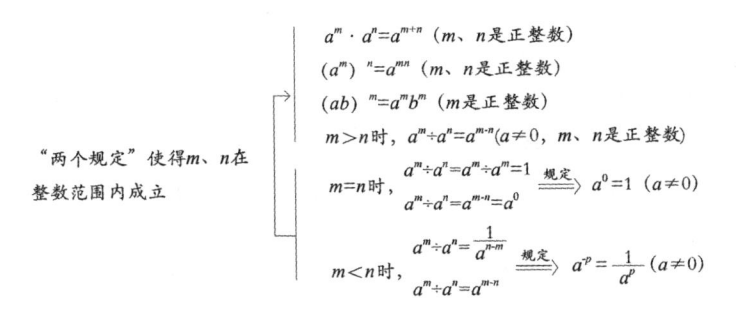

"两个规定"使得 m、n 在整数范围内成立 $\begin{cases} a^m \cdot a^n = a^{m+n}\ (m、n\text{是正整数}) \\ (a^m)^n = a^{mn}\ (m、n\text{是正整数}) \\ (ab)^m = a^m b^m\ (m\text{是正整数}) \\ m > n \text{时},\ a^m \div a^n = a^{m-n}(a \neq 0,\ m、n\text{是正整数}) \\ m = n \text{时},\ \begin{matrix} a^m \div a^n = a^m \div a^m = 1 \\ a^m \div a^n = a^{m-n} = a^0 \end{matrix} \xRightarrow{\text{规定}} a^0 = 1\ (a \neq 0) \\ m < n \text{时},\ \begin{matrix} a^m \div a^n = \dfrac{1}{a^{n-m}} \\ a^m \div a^n = a^{m-n} \end{matrix} \xRightarrow{\text{规定}} a^{-p} = \dfrac{1}{a^p}\ (a \neq 0) \end{cases}$

图1 幂的运算单元结构分析

【单元核心任务分析】

（1）规定零指数幂、负整指数幂的意义后，幂运算的意义得以扩充：原先只在正整指数范围内的同底数幂的乘法和除法、幂的乘方和积的乘方等运算性质在整数指数范围内都适用。因此，在同底数幂运算中帮助学生认识"两个规定"的合理性是单元教学的核心问题。其中零指数幂又是基础，由它可以更合理地认识负整数幂的运算性质：$a^{-p} = a^{0-p} = \dfrac{a^0}{a^p} = \dfrac{1}{a^p}$。

（2）当整指数幂范围内幂运算的性质依然成立时，同底数幂的乘法、除法法则本质就一致了，由乘法法则可以推导除法法则：$a^m \div a^n = a^m \cdot \dfrac{1}{a^n} = a^m a^{-n} = a^{m-n}$。认识到这一点可以消除学生运算思维发展的"违和感"，即小学学习的四则运算的本质特征在幂的运算中依然是存在的，运算法则的内部是和谐统一的（以后学习幂指数、对数及至高等代数、抽象代数的相关定义的"规定"也是如此）。

【深度学习问题提炼】

由以上单元内容结构与核心任务的分析，可以获得以下支持学生深度学习的问题：

问题1. $2^3 \div 2^3 = 2^{3-3} = 2^0$，$2^0$ 有什么意义？等于多少？进一步，a^0 等于多少？

问题2. 你能依据同底数幂的乘法法则推导同底数幂的除法法则吗？

问题1的解决需要设计多种数学活动，让学生感受"规定 $2^0 = 1$"的合理性。比如细胞分裂的情境：一个细胞分裂1次变2个，分裂2次变4个，分裂3次变8个……那么，这个细胞没有分裂时呢？再比如，类似地画出相应的数轴帮助学生更直观地接受零指数幂的合理性。在问题2的解决中，学生可以较充分地体会数学自身发展的轨迹、数学内部的统一和谐，这不仅有助于学生理解和掌握知识技能，更能发展学生的理性思维，促使他们用逻辑推理和证据认识客观世界。

低认知水平教学任务可以通过对单元的整体分析提炼出深度学习问题。基本做法是：首先要用系统的方法寻找教学内容的内在关联。这些内在关联的内容可以成为深度学习的主题，它们可以是重要的数学概念、核心知识或数学方法、思想。其次是分析核心的教学任务。目标指导任务，然而对教学任务的理解又会在很大程度上影响教学目标的设定，因此，分析核心教学任务本质上是对教学目标的再认识、对课程潜能的再发掘。最后是提炼出深度学习问题并在数学活动中加以解决。

二、思维进阶中设计探究性问题：中等认知水平教学任务向深度学习问题的转化

中等认知水平的教学任务强调学生对数学知识的理解，学生要完成任务，必须密切联系隐含的数学概念或观念，不假思索、直接套用现成的公式、方法往往难以奏效。比如，"探究$y=\dfrac{6}{x}$的图象及性质"这一教学任务，学生需要类比一次函数图象的画法，但它又与一次函数图象不同——非直线、非连续，学生要做具体操作并结合相关知识才可能画出图象。

如果设计问题：如何画反比例函数$y=\dfrac{6}{x}$的图象？请填写表格（一个两行数列并设置了部分自变量的表格，此处略）；在平面直角坐标系中描点；用平滑的曲线顺次连接这些点。任务本身是有难度的，但是转化的问题并没有提供给学生灵活、批判和创造性思考的机会，只是以往现成知识的搬运和模仿操作，尚属浅层学习。

事实上，数学学习的过程中，学生要有思维参与才能完成观察、类比、归纳、联想、演绎等数学活动，因此数学学习本身就是一个探究的过程，关键在于这种思维参与是被动模仿还是主动尝试，是浅层的还是深刻的，是同一层面的反复训练还是多角度认知的思维进阶。不妨这样设计问题：

问题1. 由数猜形：观察反比例函数$y=\dfrac{6}{x}$的表达式，它的函数图象在平面直角坐标系中会有哪些特征？

问题2. 为数配形：列表、描点、连线是作一次函数图象的基本步骤，请类比这些步骤，在平面直角坐标系中画出反比例函数$y=\dfrac{6}{x}$的图象。

问题3.数形结合：问题1的结论在问题2的图象上还成立吗？观察问题2中反比例函数$y=\dfrac{6}{x}$的图象，它还有哪些特征？

问题4.联想迁移：在问题2的平面直角坐标系上快速画出 y = -x6 的图象。

以上问题设计，思维的灵活性、创造性和批判性都有很好的逐级递增的表现：问题1是一个深度学习的过程，它以联想为媒介，观察函数变量间的关系，猜想图象概貌。问题2是对问题1的图象基本概貌通过严谨作图加以验证，这个作图的思维过程是整体性的，空白的表格和空白的直角坐标系需要学生自己有序地设定自变量，思考描过的点怎样连，与问题1猜想的图象是否一致。问题3是对问题1的图象概貌和问题2的精确作图进行联系和对比，以获得正确的图象。问题4则是对前三个问题整体把握基础上的知识的迁移运用，两个函数图象放置在同一平面直角坐标系中，更有利于全面归纳反比例函数的性质。中等认知水平的教学任务可以通过设计思维进阶的探究活动转化为深度学习问题。除探究活动设计中常见的问题外，还要关注以下几点：一是关注任务对象的数学特征和学生的认知特点，探究活动不宜泛化，问题不宜太难或太易，以有助于展现知识生成过程和激发学生深层次思考的进阶性问题最为适宜；二是关注思维结构的整体性，指向性太过明显的、铺垫太过细致的问题导向的是零碎的思维，零碎的短链条思维方式在没有外在指令的情况下往往不会深入思考问题；三是关注数学探究活动方式的内化，思维进阶的问题设置应有利于学生对数学知识的逐步抽象和建构，而探究活动本身也应有利于学生数学活动经验的积累。

三、情境的数学化中设置开放性问题：高认知水平教学任务向深度学习问题的转化

高认知水平教学任务的特点是非常规、开放性和情境性，它常与实际问题相联系，问题解决的方式多样且没有现成的方法可供借鉴。比如，以下教学任务是"一次函数、一元一次方程和一元一次不等式"一节中常见的：某公司欲购买20套西装和多于20条的领带，采购员发现甲、乙两商场的某款西装定价都是800元/套，领带定价都是100元/条。甲商场的促销方案是：买一套西装送一条领带；乙商场的促销方案是：西装和领带均打9折。如果转化为这样的学习问题：问题1.设领带每条 x 元，A 商场需付 y_1 元，B 商场需付 y_2 元，请分别写出 y_1、y_2 与 x 的函数关系式；问题2.你能借助函数图象说明选择哪家商场更合适吗？如此，一个高认知水平的教学任务就成了常规、封闭、操作性强的浅层次学习问题。

布鲁纳在发现法教学中主张创设问题情境，并认为学习者在一定的问题情境中，经历对学习材料的亲身体验和发展过程，才是对学习者最有价值的东西。这里的亲身体验和发展过程需要问题引领，问题需要一定的开放性才能实现情境应有的价值。可以设计这样的问题：问题1.购买30条领带和45条领带分别去哪家商场比较合适？问题2.请为采购员设计具体的购买方案。问题3.丙商场同款西装、领带的定价和甲乙商场都相同，它的促销方案是：送10条领带，其余领带打8折。采购员又该如何设计方案？

面对这一复杂性增强的开放性问题串，学生没有现成的、确定的方法可供借鉴，不同的学生会有不同的方案。问题1帮助学生理解：领带条数的不同决定了采购员会去不同商场，内隐条件里总金额与领带条数之间是函数关系。问题2方法多样，用小学算术的方法可以得到结果，但要清楚地表述会比较困难；设领带条数为x，可以用不等式的方法处理；如果从变量的角度看，设领带条数为x，总金额为y，建立函数模型，用作差法转化为不等式来处理；也可以利用函数图象直观发现。问题3的解决，其他方法都比较烦琐，用函数图象处理起来就简洁多了。在方法的比较和评判中，学生体会到"抽象数学问题，建立函数模型"可以更直观地解决问题，对数学的认识也就自然地由常量数学飞跃至变量数学。

高认知水平的教学任务可以通过设计开放性问题转化为深度学习问题。转化中需注意以下几点：一是高认知水平教学任务向深度学习问题的转化是数学化的过程，教学任务中要有"数学"，转化的问题更要凸显"数学知识的本质属性"，现实性、趣味性和数学性的统一是高认知水平教学任务转化为深度学习问题的基本原则；二是为避免高认知水平教学任务被转化为浅层学习问题，需要设计开放性问题，开放性问题可以是知识和方法上的开放，多样化、多层次地体验知识发生、发展的过程有利于学生批判地开展深度思维；三是开放性问题的设置需要关注思维的一般性过程，一般性问题具有较强的迁移功能，学生可借此学会发现问题、提出问题的基本方法，这是深度学习教学实践的重要价值取向。

设计深度学习问题旨在挖掘教学任务背后的课程潜能、素养指向和育人价值。因此，数学教学任务转化为深度学习问题，并不是将问题搞难，而是尽可能地避免教学任务被转化为浅层的反复机械训练的数学题目，并在此基础上，激发学生的学习意向，使其能够探查知识的核心，发展高阶思维能力。

慎思笃行品"深度"

——海淀小学数学团队基于"深度学习"的教学改进

孙京红[1]　付丽[2]

2015年5月8日,北京市海淀区小学数学学科正式启动"深度学习"教学改进项目。在学习项目理论并进行实践的过程中,我们不断汲取助力项目生长的"养分",对"深度学习"形成了自己的认识和理解。

项目提出了"深度学习"的四个基本要素,它们分别是:单元主题学习(中心任务)、深度学习目标(活动预期)、深度学习活动(学习过程)、持续性评价(达成反馈)。在践行"深度学习"项目中,我们切实感受到在这四个要素的相互作用之下,学生的"深度学习"才得以发生。而在这四个要素中,最本源的是"单元主题学习(中心任务)"的确立,因为这种"主题式"的教学设计,从根本上避免了学生碎片化的、接受式的学习,建立了结构化的、逻辑化的以及更容易内化的学习内容。在构建"主题式"教学设计时,教师要整体把握课程内容,使学生能在教师引导下自主地构建知识之间的内在联系,迁移理解内化,真正形成有意义的深度学习。

在即将进入项目的研究和实施阶段之前,我们深入思考了三个问题:(1)就小学数学学科来讲,和平时的学习相比,"深度学习"的"深"应该体现在哪里?(2)"深度学习"项目中,单元主题和单元目标应如何确定?(3)当下提出的"核心素养"与"深度学习"之间的关系是怎样的?带着对以上的三个问题的深思,我们开始了小学数学学科的项目研究之路。

---

[1] 孙京红,北京市海淀区教师进修学校小学数学教研室主任。
[2] 付丽,北京市海淀区教师进修学校小学数学教研员。

基于核心素养的深度学习

一、慎思:"深度学习"项目的内涵及意义

(一)小学数学学科"深度学习"的内涵

深度学习是指在教师引领下,学生围绕着具有挑战性的学习主题,全身心积极参与、体验成功、获得发展的有意义的学习过程。在这个过程中,学生掌握学科的核心知识,理解学习的过程,把握学科的本质及思想方法,形成积极的内在学习动机、高级的社会性情感、积极的态度、正确的价值观,成为既具独立性、批判性、创造性,又有合作精神、基础扎实的优秀的学习者,成为未来社会历史实践的主人。对"深度学习"项目内涵的学习使我们明确了两点:一是学生的深度学习需要通过教师的深度教学来实现,例如教师要设计可供学生深度探究的学习主题;二是深度学习的培养目标不仅仅着眼于知识,还在于人的全面发展。基于此,小学数学的"深度学习"内涵界定为:以数学学科的核心内容为载体,以提升学生的综合素养为目标,学生围绕具有挑战性的学习主题,通过精心设计问题情境,引发学生认知冲突,组织学生全身心参与学习活动,进行深度探究、体验成功、获得发展的有意义的学习过程。深度学习的重点在于关注学生的学习过程,提升学生的综合素养。通过深度学习的教学过程,学生掌握数学的核心知识,经历有意义的学习过程,把握所学内容的数学本质,体验所学内容的思维方法,促进学生关键能力与核心素养的发展,形成积极的情感、态度,成为既具独立性、批判性、创造性又有合作精神的学习者 1。

(二)小学数学学科"深度学习"的意义

有了对小学数学学科"深度学习"内涵的界定,对这个项目实施的意义和价值,我们也有了更加清晰的认识:第一,这个项目最终要获得的,绝不仅仅是学生的深度学习的发生,还伴随着教师的专业成长。第二,海淀区作为实验区和示范区,应该具有更长远的眼光,即项目的受益者不能仅仅只是几所小范围的实验校,而应该探索出能够在区域乃至全国开展深度学习的策略。

明晰了项目的内涵和意义后,"深度之路"如何走,我们心里更加笃定了,项目的探索绝不是一帆风顺的,每当我们又有了困惑,都要再回过头来看看"初衷"。

二、笃行:基于"核心素养"的"深度学习"教学改进

(一)选择单元主题

基于小学数学学科的教学特点,单元学习主题主要分两大类 2:

第一大类是依据数学课程和教材确定的核心内容为单元主题。如 20 以内

数的认识、整数加减法、分数的认识、长方形与正方形的认识、面积与面积计算等内容；第二大类是跨教材单元的相关内容整合而生成的单元学习主题。如综合与实践领域内容。

这两大类单元主题的主要区别在于：第一大类的单元主题中蕴含新知识的学习，第二大类则重在对知识的综合运用。

第一大类中的单元主题比较丰富，比如有反映数学本质的，其主题名称为"分之愈小，割之弥细"，主要体现的是单元学习内容"小数除法"的数学本质；有突出学生活动的，其主题名称为"货币与我们"，主要体现的是学生将在亲自用货币模拟交易的过程中，认识并应用货币；有促进学生数学思维发展的，其主题名称为"基于《平均数的应用》培养数据分析观念"，主要体现的是学生将在平均数的运用和复习过程中，进一步发展数学学科核心素养——数据分析观念。以上这些，均包含在第一大类的单元主题中。日常教学中，第一大类的主题更为常见。

第二大类的单元主题可以从教材上"数学好玩""数学广角"中选取，也可以自主开发，比如单元主题"玩转面与体"，意图通过研究立体图形及其展开图的关系发展学生的空间观念。

这里要特别说明的是，单元主题不一定局限于教材的自然单元，当然，自然单元也可以。最为常见的主题单元，可能是由数学核心知识所构成的，如"面积和面积单位""大数的认识"等。海淀小学数学团队在选取这些知识板块作为一个单元主题时，还会考虑到知识板块本身是数学的典型常规内容，是教师必须面对和处理的，同时这些内容也方便为后续的内容或相似的内容提供一个范例。

（二）确立单元目标

单元目标的设定一定要与"深度学习"项目设立的初衷联系起来。"深度学习"试图聚焦并将学生成长的各方面因素真正联系起来，是把学生的成长放在更长的时间轴上来考量，它关注的绝不仅仅是学生对"知识技能"掌握的深浅，更有学生成长各方面的知识、能力、价值观、情感等，这与现代教育理念是深度契合的。而我们认为，能够把知识、能力、价值观、情感等综合体现出来的，就是教育界正在广泛讨论的"核心素养"，所以"核心素养"是深度学习的目标之一。

把"核心素养"作为"深度学习"教学改进的重要目标之一，确实让我们打破了以往的教学瓶颈，改变了课堂，使我们真正从学科教学走向了学科育人。

以"核心素养——运算能力"为例。在小学数学教学中，运算比重很大，而我们对它的认识也经历了波折。起初，我们倾向于把运算看作一种技能，结果正确、方法灵活即可。之后，我们逐渐认识到运算是一种能力，比"技能"更重要的是理解算理、寻求算法。而现在，我们认为运算是一种素养。在具体的问题解决情境中，人不仅可以自主地设计算法，还可以用数学语言表达出来。对于"运算能力"这个数学核心素养的认识历程，我们用图1来表示。

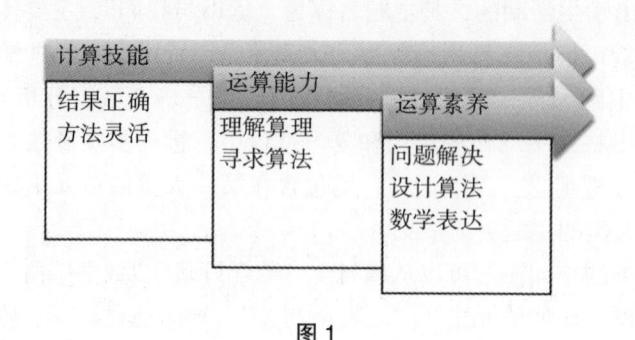

```
计算技能          
结果正确   运算能力
方法灵活   理解算理   运算素养
           寻求算法   问题解决
                     设计算法
                     数学表达
```

图1

可以说，对像"运算能力"这样的核心概念有了关注和深入理解后，再进行单元整体设

计，我们的视角会很不同。例如在"分配律"一课上，我们不再过分关注某一分配律使用的熟练程度，而是更加关心"分配律是什么？什么样的问题可以应用分配律进行简算？道理何在？"这种数学本质问题的思考，把原本对机械操作能力的关注转变为培养深入思考和思辨说理能力。

"核心素养"的加入还促使我们更深入地去思考学习对象的数学本质。比如"小数除法"单元，当我们从培养"核心素养——运算能力"这个角度去审视它时，从数学本质方面我们就会考虑如下三点：（1）产生新的运算对象（余数怎样处理，还能否继续运算）；（2）运算的自我丰富（发现小数除法的算法）；（3）揭示各种对象之间的关系（通过模型和操作理解算理）。这是"运算能力"的内涵——"理解算理、寻求算法"给我们的启示。

（三）设计核心活动

和平时的学习相比，"深度学习"的"深"应该体现在哪里？这个问题我们思考了很长时间。就小学数学学科来讲，它主要体现在核心活动的设计中。我们认为，在核心活动中，要有"大情景"或"大问题"可供学生深度探究。

那么，什么是"大情景"或"大问题"？我们的界定如下：

（1）"大情景"或"大问题"一定是反应数学学科本质的，和数学本质最密切相关的；

（2）"大情景"或"大问题"一定是能引起学生的探究欲望，有不断探究的需要，与学生的经验和前概念有冲突，在解决冲突的过程中，通过探究，学生能理解数学本质，能达到培养学生核心素养的目的。

以下以《面积》单元的核心活动为例，说明我们设计"深度学习"核心活动的一些具体想法。

在《面积》的第一课时中，教师紧紧围绕"面积"这个数学概念的产生和理解设计了本课的核心活动——比较两个不同图形（一个长方形、一个正方形）的面积的大小。在这个核心活动中，"大问题"是指"两个图形的面积哪个更大"。为了解决这个问题，学生首先要明确"面积"指的是什么，这就需要学生思考"面积"的数学本质是"面的大小"，这有别于"周长的大小"。在学生的反馈中，确实出现了用"周长的大小"来比较两个图形面积的情况。这个问题的思考，不仅抓住了"面积"概念的核心本质，同时也凸显了学生对"面积"概念与"周长"概念混淆的认知冲突。随着学生对"面积"概念有了深入的认识，教师又提出了"用什么工具来测量面积进而进行比较"这个大问题。教师没有直接给出测量的方法和工具，而是让学生自主思考和挑选工具，学生既可以从教师准备的物品中挑选，也可以利用手边的物品。学生经过思考选择了用不同的工具（曲别针、橡皮等）来测量两个面面积的大小，同时也说明了自己选择这个工具的原因，以及阐述了"为什么不同时用两种不同的物品测量"的原因。这样的活动给了学生探究的"大空间"，每个学生的选择有所不同，但对面积本质的理解都是形象而深刻的。

在参与"深度学习"项目的过程中，我们切实感受到了学生的深度学习来源于教师的深度设计。尤其是课堂上，学生对数学核心、关键概念的理解不能仅仅只是讲授，而要设计切合的核心活动。在核心活动中，学生有问题可以思考、有活动可以探究，概念的建立在他们的脑海里才是鲜活的，思维才是有生长的。

图1 "绘制校园平面图"学习评价量表

	需要避免	可以提高	真的很棒
知识和技能	·校园平面图不符合比例要求	·比例尺选择合理 ·平面图地点标明清楚	除了满足"可以提高"的标准外，平面图实用性强，有创意
交流互动技能	·不会自主交流设计方案 ·不能通过交流发现、解决问题 ·汇报成果不完整 ·汇报时间长，表达不清楚，没有平衡图片和文字的比例	·能交流设计方案并进行改进 ·能通过交流发现、解决问题 ·汇报的文字内容清晰，简洁，无错误 ·小组汇报表达清晰	除了满足基本要求外，还要满足： ·交流心得体会，分享快乐 ·小组汇报较生动
协商合作技能	你的小组： ·没有为所有成员创造分享想法的机会 ·没有公平地分配工作 ·没能充分利用委派任务的机会	你的小组： ·倾听并尊重每个人的观点 ·相对公平地分配工作 ·根据成员各自的强项委派任务	你的小组： ·整个过程中保持富有成效的合作关系 ·在合适的情况下，考虑到每个人的需求 ·团队协作所创造的成果远远超过任何个人所创造的成果
项目管理	你的小组： ·由于精力分散或低效而浪费了宝贵时间 ·在开始时没有花时间去计划方案 ·错失了修订计划的良机	你的小组： ·一直在进行任务，大致上工作有效率 ·在项目开始时制定了计划 ·在截止时间前已经有了可以分享的成果	你的小组： ·掌控整个小组进展 ·每当必要时，进行项目计划的修订 ·预留了一定时间用于修改最终成果

（四）设计教学评价

"深度学习"的要素之一是"持续性评价"，这使我们关注到真正有效的教学中"过程性评价"是不能缺席的。

在形式上，"持续性评价"未必一定是题目的测试，也有可能是学生在活动过程中的表现性评价，也可以是一些评价量表，以"绘制校园平面图"为例，其评价量表如表1所示。当然，评价中关于数学学习内容仍然是必不可少而且是至关重要的。我们认为评价最核心的本质是要区分不同的认知层次。以"小数除法"这个单元为例，它着重培养学生的"运算能力"，教师可以从以下角度思考"持续性评价"的设计：（1）学生对算理的理解是重要的主题目标之一，那么这样的理解又分为几个层次？（2）如何设计题目才能体现算理理解的不同层次？这样设计出的评价，其本质还是不脱离"运算能力"的培养。

以上就是海淀小学数学"深度学习"项目团队在开展该项目时的一些想法和做法。"深度学习"项目意义深远，让更多的教师和学生受益，是我们努力的方向。

剩之愈小，割之弥细

——小学数学五年级上册《小数除法》单元"深度学习"案例

石秀荣[①]　贾海林[②]

一、主题简介

本单元内容是小学数学的常规教学内容，是小学数学的核心内容之一。从数的扩充角度看，小数既吸收了自然数十进制的优势，同时也兼具了分数等分的思想，因此可以把它看作一类特殊的分数，也可以看作是自然数的继续细分与扩展。小数除法的算理与加法和减法有相似之处，都是对计数单位的累加、减少与细分。但在乘、除法计算时，都有一个计数单位再确定的过程，因此乘除法较之加减法更难，学生学习也表现出更大的差异。研究"小数除法"单元对自然数、小数等数的运算有很好的迁移与借鉴作用。

二、学习内容整体分析

1. 课程标准的要求与教材对比分析

首先，内容的分析从课程标准和教材入手。课程标准要求学生"能进行简单的小数和分数的加、减、乘、除运算"，是要求学生掌握相关算理和熟练地运算。本单元的内容是在学生掌握了小数的意义、小数加减法和小数乘法的基础上产生的，学生在学习整数除法时也掌握了除法的意义。因此，本单元内容是基于除法意义、小数意义和小数加减乘的计算，进一步对小数除法运算的学习。其主要特点表现在：从运算对象的角度看，小数是特殊的十进分数，小数与自然数十进制计数法有同样的表示方式；从运算意义的角度看，除数是整数的小数除法可以理解为平均分，也可以理解为包含的意义。除数是小数的除法则只可以从包含除法的角度理解，二者本质上都是除法，但在具体意义上有所区别；从算理与算法角度看，用小数的意义理解算理和用商不变的性质理解算理，形式上不同，本质上是相同的，就是计数单位的同步转换。不同版本教材对这部分内容的呈现方式不同，对比北师大版、人教版、

[①] 石秀荣，中国人民大学附属小学数学主任，小学高级教师。

[②] 贾海林，中国人民大学附属小学年级学科主任，小学高级教师。

苏教版、现代小学数学四个版本的教材，发现编写大致遵循以下四个环节：解决真实问题引入—借助实际问题中计量单位的换算—理解算理—提炼算法。

2. 学习者的学习特征调研与分析

针对主题一（除数是整数的小数除法）对学生的学习状况进行调查：学生真的思考过"余数还能分吗"？

基于此，我们继续深挖"还能分吗"这个问题（图1）。同样是平均分成5份，将被除数11.5换做12之后我们得到了指向性不同的答案，对于11.5除以5，把10平均分成5份之后，学生思考的是怎么把剩下1.5平均分。本身作为小数的1.5并没有让学生大范围地产生能不能分下去的疑问，更多的学生认同能够继续分下去，计算失败的原因是因为没有找到正确的数学表达。而12除以5带给学生思维上的挑战远远大于之前，认为剩下的整数2不能再分的学生达到32.5%，几乎是之前的三倍。在问卷中，学生陷入了思维上的停滞。看来脱离了11.5的顺势思维，两个整数相除并没有激发学生继续分的兴趣，是不是说11.5的".5"掩盖了学生细分单位的过程呢？教学设计要体现这个环节，引发学生深度的思考。

这个算式还能往下继续除吗？如果不能，说明为什么；如果能，请说出你的想法并把算式继续写完。	2 5)11.5 10 1.5			2 5)12 10 2	
能	正确	错误	元角分模型	面积模型	竖式
不能	57.50%	30%	7.50%	32.50%	27.50%
	12.50%		32.50%		

图1 "余数还能分吗"

针对主题二（除数是小数的小数除法），对学生学习状况进行调查（调查的部分内容见表1）。

表1 学生学习状况的调查

调查题目	调研意图
题目1：文具店里的铅笔每支0.8元，笑笑有9.6元，最多可以买几支？	小数点的复杂程度有所提升，考查学生的正确率
题目2：你会算8.54÷0.4等于多少吗？	
题目3：5.6÷0.4等于多少？你有什么办法知道？请尽可能详细地记录下你的思考过程。（可以写一写、画一画）	考查学生有哪些算法 考查学生的思维路径

从四年级学生的调查数据来看，63%的学生试图用商不变的性质计算，其

中 48% 获得正确结果，52% 的学生在商的小数位置上出现错误。错误的原因主要有两种：一种是受到除数是整数的小数除法竖式干扰，理所当然地认为商的小数点与被除数小数点对齐；另一种是将商不变的性质与乘法和加减法的情况混淆。在小数加减法教学中，是用小数的意义，即小数的计数单位讨论算理，因此，在小数乘除法中也必须回到计数单位上来解释算理，而不用商不变的性质间接地理解。这样才能符合学生的认识特点，避免学生出现错误。

三、单元整体框架和目标

根据内容的整体分析和学生学习特征的分析，我们进行了《小数除法》单元整体设计，并划分如下的小主题（图 2）：

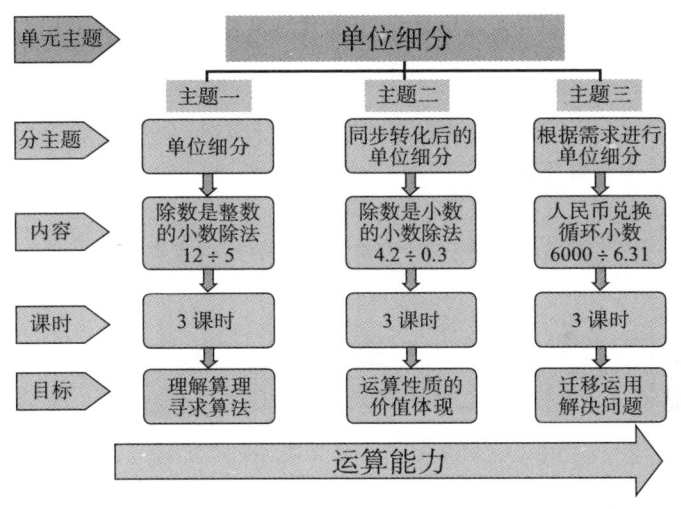

```
单元主题:          单位细分
                  ┌────────┬────────┐
分主题:         主题一    主题二    主题三
               单位细分  同步转化后的  根据需求进行
                        单位细分    单位细分
内容:          除数是整数  除数是小数  人民币兑换
               的小数除法  的小数除法  循环小数
               12÷5      4.2÷0.3   6000÷6.31
课时:          3课时     3课时     3课时
目标:          理解算理   运算性质的  迁移运用
               寻求算法   价值体现   解决问题
                    ────── 运算能力 ──────▶
```

图 2

确定了单元的整体目标，表述为：理解小数除法的意义，掌握小数除法的计算方法；经历小数除法算理的探究过程，体会多样化的学习策略；在具体情境中，运用小数的意义理解小数除法的算理；培养学生的运算能力，发展推理能力；引发学生自主探究的兴趣，激发学生自主学习的热情。

本单元聚焦运算能力和推理能力的培养。运算能力作为探索的目标，其重要性是不言而喻的，运算能力的探究主要是指引导学生理解算理。推理能力在运算教学中也是不可缺少的，学生思考和表述算理的过程，就是运用推理的过程。教学中有意识地启发学生有条理地、清楚地表述算理，有助于培养学生的推理能力。

四、教学设计与实施

本单元的教学分为若干个课题完成，重点是两部分内容，一是除数是整数的小数除法，二是除数是小数的小数除法。单元整体目标分解到不同教学内容之中，单元探索主题分层体现在教学设计之中。两部分内容中，第一部分内容是重点，即理解小数除法的基本算理；第二部分内容是难点，即除数是小数时算理的复杂性。下面重点介绍第一部分的教学设计——除数是整数的小数除法（整数除以整数＝小数），从中体会学生深度学习的过程。

（一）教学目标

1. 在具体的情境中理解小数除法，通过元角分、面积模型与计数单位等方式，经历单位细分的过程，感悟小数除法的意义。

2. 借助直观模型，探索小数除法算理，分享计算的多样化策略，发展数学运算能力。

3. 创设操作、思考、交流的空间，激发自主研究问题的热情。

（二）教学流程（图3）

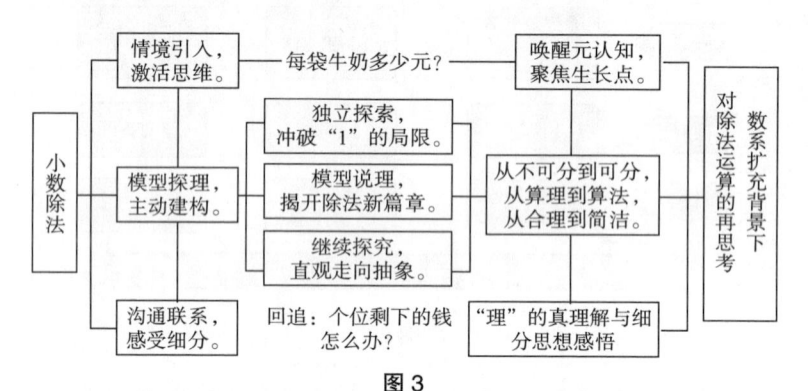

图3

（三）教学程序

1. 情境引入，激活思维

问题1：每袋牛奶多少元？

12元

问题2：现在每袋牛奶多少元？

12元 买4送1

【设计意图】问题1是整数除法问题，意在唤醒学生对除法的意义的理解和认识；问题2结合生活中常见的"买四送一"的情境，目的在于引起学生在知识迁移过程中的认知冲突，暴露学生思维过程中的结点。

2. 深度探究，主动建构

（1）独立探索

用自己喜欢的方法计算，说一说每一步的意思。当你说不清的时候，可以看看教师提供的学具能不能帮忙（可利用图4中的表格）。

分一分
记录单
$12 \div 5 =$ _____ 元，用算式记录分的过程：

图4

（2）深度探究

学生预设，如图5所示。

图5

追问：个位上余下的2怎么办？你是怎么想的？

这是一个需要深度探究的关键问题。当学生在计算到竖式12-10=2时，与其原有的知识产生认知冲突。学生以往的知识是有余数除法，计算到这里时，已经得出结果，12除以5等于2余2。在整数除法中，当余数比除数小时，不能再除下去了。这里的"不能除"，是指在整数范围内，2除以5得不到一个整数，所以不能再除。这是学生原来的知识，这些知识和方法对于学习小数来说，是学生已经有的前概念。因此，教学设计要在学生的前概念与新的内容之间产生认知冲突的时候，引导学生参与和思考。深度学习的有效参与和深度思考，正是在这个时候发生，学生真正的学习也是在这个过程中体现。

实际的教学中，学生有两种不同的观点：一是不能再除下去（前概念）；二是可以除下去（新的知识）。针对这两种认识，展开讨论，说明理由。为什么需要继续除下去（回到原来题目的意义）？怎样才能除下去呢（理解小数除法的本质）？老经验遇到新问题，学生想办法，用自己的理解、以自己的表达方式寻找怎样才能继续除的方法。

（3）理解算理

在前面深度探究的基础上，学生理解小数除法的运算就水到渠成。教学中可以就以下的问题进一步追问，帮助学生理解算理：①竖式中的"20"表示什么？②商4表示什么？应该写在哪一位上？③怎么区分个位和十分位？商的小数点应该写在哪里？

（4）巩固算理，形成算法

练习：13元钱买了4个棒棒糖，每个棒棒糖多少钱？

（学生尝试画图、列式、计算）

【设计意图】在前面探究过程中，从不可分到可分，学生在整数有余数除法的问题情境中，依托具体的问题情境，理解进一步分的必要性，以及分的方法。借助直观的实物模型——人民币，基于"单位细分"的思想，经历除法运算从整数到小数的拓展过程。这也是数学知识体系拓展中引起学生认知冲突的必然过程。解决学生认知冲突，使学生理解小数除法的意义和小数除法的基本算理，初步领会小数除法运算的方法。在这个过程中，学生利用身边的数学情境、熟悉的模型，从小数自身的特征认识小数的除法，也使他们经历一次从数学内部研究数学的机会。学生在深度探究的过程中，数学的核心素养之一——运算能力就融于其间了。

3.沟通联系，感受细分

（1）小结回顾：剩下的几元钱不能直接分的时候，我们是如何解决的？

（2）课件呈现：人民币分的过程——面积模型分的过程——竖式表达（图6）。

（3）初步感受细分思想。

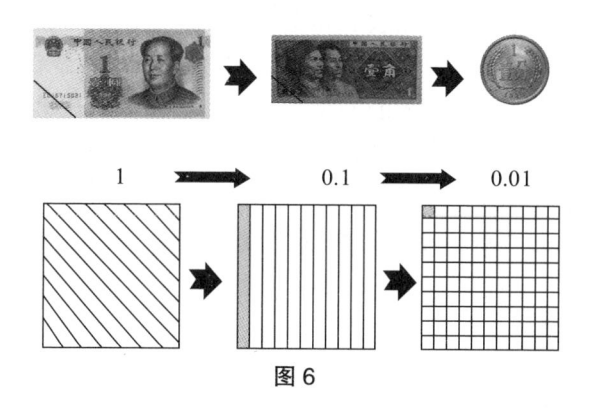

图6

【设计意图】沟通数学模型与竖式间的联系，目的之一是实现从人民币这一计量体系抽象出小数的计数单位体系，将抽象思考变得直观、可视、可操作。目的之二是帮助学生在实操性的活动中达到对小数除法算理的"真理解"，从而初步体会单位细分的价值。

五、教学反思

我们在数学教学中，怎样才能让学生学得明白？教师要从教材中看到学生看不到的东西，除了知识以外更重要的东西是什么，那就是数学核心本质与学生的核心素养。通过深度学习的研究，我们认为，深度参与与思考主要应突出以下几点。

1.明确小数除法的算理，发展学生运算能力

小数除法的算理其实就是整数除法的算理。只不过是随着物体分的过程中单位的变小，计算单位的个数增加了。二者原本是一回事。所以小数除法的算理对学生而言并不复杂。但不好理解的是，怎么能够让学生看到这样微小的单位分的过程，并与前面相关知识建立联系。

课例一中计算到剩余两元钱如何处理时，就是在引发冲突，强调"换"的环节。在这里充分让学生体会到换的必要性，换单位主要是把单位换小。换小的同时单位的数量变多，学生形象地认为相当于把刚才的两元撕开了，这就是单位细分，打破学生整数除法中的固有思维，此处是和原来学生学习

有余数除法的一个最密切的衔接点。

2. 借助直观模型理解算理，以计量单位的转换支撑计数单位的转换

课堂中赋予小数除法一种现实背景，实际上就是赋予计数单位一个实物模型的支撑，如，1元对应1，1角对应0.1。这也给了学生一个"换"的基础。

小数除法的算理与整数除法的算理相同，学生在学习整数除法时遇到个位不够分时是当成一种余数处理的，现在却被告知这种余数还可以继续分，对于学生来说就是一个认识上的冲突和挑战。如何才能让学生打通整数除法和小数除法的算理，就需要借助直观模型，通过分一分、摆一摆的过程来理解算理。之后学生通过分与竖式的结合，更清晰地在头脑中形成了除法竖式的表象。本节课的直观模型的选取还注重了丰富性，有正方形的纸和人民币等。

3. 问题解决模式下积累活动经验

作为突破整数计数单位参与运算的第一次尝试和探索，教师把学生推向生活实际问题，从而设计了以问题为载体、以学生自主参与为主的学习活动。学生真切地感悟、体验了数学的应用和便捷，积累了不可多得的活动经验，丰富和发展了逻辑思维。

课堂中也有些不够细致的地方，如在把竖式的每一步与分的过程沟通联系时，还可以再慢一些，让学生深刻体会到二者的联系。运算能力的培养并非一朝一夕就能完成，还需要教师明确目标，有意识地落实到每一节课的设计、每一个细微的教学环节中去。

聚焦核心素养 理解儿童 理解数学

吴正宪[1]

一、顺应学生思维，凸显关键问题

在二年级时，学生学习的是带余数的除法，不能再继续计算下去；到了五年级，这个当时不能解决的问题现在能不能解决？本节课创造性地将教材原有的 11.5÷5 改为 12÷5（5袋牛奶12元，解决一袋牛奶多少元的问题）。有余数除法是学生二年级已有的生活经验和知识积累，如今老经验遇到新问题，原本有剩余的除法在这里已经行不通，顺理成章地成为本节课的关键问题：剩下的如何分？本节课围绕这一关键问题进行研究，这就需要破坏一个老单位，建立一个新单位，也就是把计数单位进行细化再分，再分的时候又不够分了，那就继续破坏，一直分下去，才能让学生对数学学习有更加深刻的理解。深度学习不仅仅是主题学习，也包含学生对数学知识前后联系的理解。

二、体会单位细分，培养运算能力

计数单位是核心概念，它作为数学的核心知识，支撑着学生数学核心素养的建立。数学核心素养下有很多的核心问题，核心问题下又有很多的核心知识点，其中计数单位就很重要。加、减，加什么、减什么，比的都是计数单位的个数，加是计算单位的累加，乘是计数单位的倍增。到了小数除法这里，要破坏一个老单位，建立一个新单位，目的是要进行转化，然后能够继续分。学生在体会单位细分中，在一个探索、发现的过程中呈现出对算理的理解，即对运算能力的培养。

这节课学生在深刻体会的过程中，基本上理解了如何把一个单位进行细分。这节课借助元、角、分进行过渡，我们分到"分"了，在生活中可以这样。如果是"数"继续分下去会怎么样？就不是停止在0.01这个简单的量上，一定是对数学自身发展系统的再思考，这是一个理性的数学思考。如果在数的继续研究上，再把这口开得大一点，让学生感觉到还可以继续分下去，更

---

[1] 吴正宪，北京教育科学研究院数学特级教师。

能让学生体会其中的味道。

三、聚焦核心素养，实现教书育人

这节课，我觉得教师在数学核心素养的培养上做的文章是比较充足的。深度学习项目更加注重数学核心素养的培养。

数学学科，有很多很多的教育教学目标，其中包括让学生的好奇心、求知欲更旺盛，探究能力增强；也包括学生辩证思维的培养，这种数学思维方式的培养就是在育人。这堂数学课就是一个很好的育人过程，培养学生能够用辩证的方法、态度来看问题、分析问题，能够拥有数学的思考、数学人的思想。学生在对话、交流中大胆表达自己的思考，通过非常直观的数学手段的支撑，通过直观的图来理解数量关系——"1"是一个方块，"0.1"是一条，"0.01"一个小方块……我觉得这里可以继续分下去，后面加上省略号，分下去的历程一定不能封口，可以永远地分下去，这就是在育人。

聚焦几何直观 探寻小数意义

——《小数的意义》深度思考与实践

刘大鹏[①]

一、教学内容及分析

内容：北师大版四年级下册《小数的意义（一）》

分析：小数是小学数学的常规教学内容，是小学数学的核心内容之一。本节课是在学生第一学段初步认识小数的基础上进行的。那这节课到底应该认识什么？认识元角分就是对小数意义的真理解吗？

从十进制拓展的角度看，小数和整数一样，都是十进制数，是整数的延伸。小数可以理解为基于"十进制计数法"的拓展，是十进制向反方向的延伸；从数系扩充的角度看，小数也可以看作自然数的继续细分与扩展。小数是一类特殊的分数，是分母为 10 的 n 次方的分数，是不带分母的十进分数，所以小数也兼具了分数等分的特征。因此，小数的产生有两个前提：一是十进制计数法的延续使用；二是分数概念的完善。小数的出现标志着十进制计数法从整数扩展到了分数，使分数与整数在形式上获得了统一。基于以上思考，小数的数学本质是单位的细分。

从教材的角度来看，各版本教材在帮助学生理解单位细分上都呈现出了素材的相似性，即都是由生活中的元角分、长度测量引入小数，然后再借助计量单位间的十进关系进行单位细分，从而理解小数的意义。

从学生的角度来看，多数学生认为小数就是比 1 小的数。看来他们对单位细分已经有所感觉，认为小数是 1 的一部分，而且大部分学生还能够借助元角分来认识小数，能借助竖线、图形等直观模型解释对于一位小数的理解。

因此，我们有必要让学生经历利用直观模型进行单位细分、寻找小数的过程，理解计数单位与位值的意义。但是，要想让学生真正理解小数的意义，可以基于元角分，但又不能仅局限于元角分，还要丰富小数的实际背景来理解小数的现实意义，这个过程也需要借助直观模型。

[①] 刘大鹏，中国人民大学附属小学年级学科主任，小学一级教师。

二、教学目标及流程

目标：

1. 在认识小数现实模型（元、米、千克等）的基础上，进一步体会小数的意义。

2. 经历借助"形"进行单位细分的过程寻找小数，促进学生几何直观素养的形成，培养数感。

3. 主动参与认识小数的学习活动，培养积极思考、与他人合作交流的习惯。

基本流程：

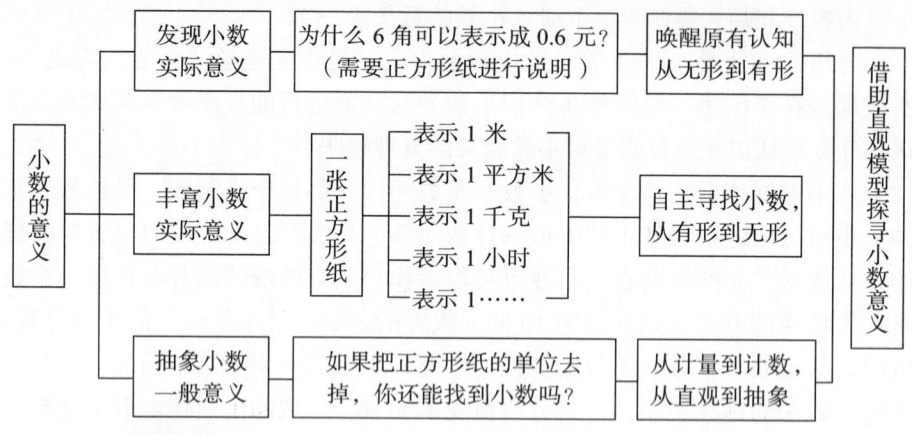

```
小数的意义
├─ 发现小数实际意义 ── 为什么6角可以表示成0.6元？（需要正方形纸进行说明） ── 唤醒原有认知 从无形到有形
├─ 丰富小数实际意义 ── 一张正方形纸 ── 表示1米 / 表示1平方米 / 表示1千克 / 表示1小时 / 表示1…… ── 自主寻找小数，从有形到无形
└─ 抽象小数一般意义 ── 如果把正方形纸的单位去掉，你还能找到小数吗？ ── 从计量到计数，从直观到抽象
                                                                        借助直观模型探寻小数意义
```

三、课堂实录

（一）环节一：借助正方形模型，寻求、发现小数的意义

师：今天我们研究小数的意义。我们在三年级的时候认识过小数，同学们回忆一下，三年级认识的小数什么样？举个例子？

生：19.5元。

生：4.62元。

师：这些小数都与"元"有关，4.62元这个小数是什么意思？

生：4元6角2分。

聚焦关键问题：为什么6角也可以表示成0.6元呢？

生：6角是1元的一部分，10角是1元，6角是1元的 $\frac{6}{10}$，所以6角 = 0.6元。

师：如果用这张正方形纸表示1元，你能在上面找到0.6元吗？

生：把这张纸平均折成10份，其中的6份就是 $\frac{6}{10}$ 元，也就是0.6元。

师：你还能在这张正方形纸上看到其他的小数吗？

生：我还能看到 0.01 元。

师：我可没看到啊，0.01 元在哪儿呢？

生：就是把 1 元平均分成 100 份，其中的 1 份就是 0.01 元。

【设计意图】变抽象的数学概念为直观的数学模型，让学生经历"再创造"的过程远比告知学生"十分之几就可以记作零点几"更有价值。学生在探索中发现的不仅是小数，还有研究小数的方法和意义。

（二）环节二：用可视的"形"认识抽象的"数"，丰富小数的实际意义

1. 寻找发现小数

师：刚才这张正方形纸表示 1 元，除了可以表示 1 元，还可以表示 1 什么呢？

生：这张纸还可以表示 1 米、1 平方米、1 千克、1 小时……

聚焦关键问题：

（1）请你把正方形纸表示成 1（　），请填在括号里。

（2）选择合适的正方形纸，表示出你发现的小数。

（3）表示出小数后，互相交流：你为什么选择这张正方形纸？你是如何找到这个小数的？

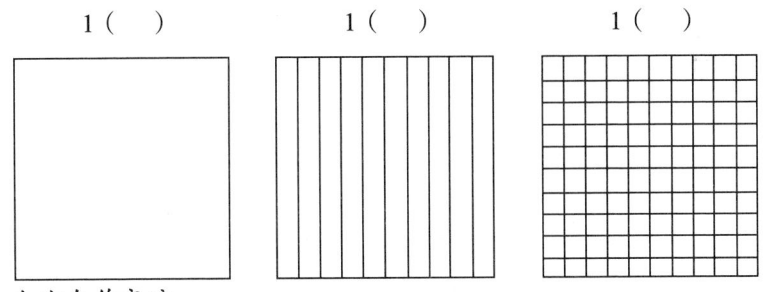

1（　）　　　　1（　）　　　　1（　）

2. 全班合作交流

（1）内容见下图。

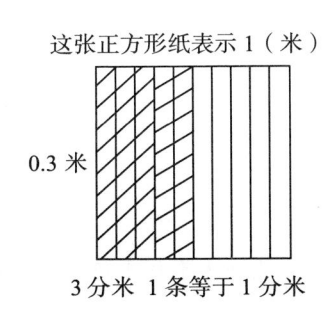

这张正方形纸表示 1（米）

0.3 米

3 分米　1 条等于 1 分米

159

基于核心素养的深度学习

生：我把这张正方形纸看成 1 米，其中 1 条是 1 分米，3 条就是 3 分米，写成小数就是 0.3 米。

生：写成分数呢？

生：3 分米 =0.3 米。

师：还能找到几米？

生：还能找到 0.5 米，也就是 5 分米。

（2）内容见下图。

这张正方形纸表示 1（千克）

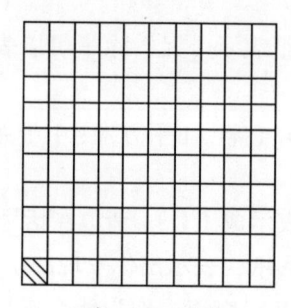

1 克 =0.01 千克

师："还有一位是在"千克"中找小数的同学，图中表示的你们同意吗？

生：你为什么说 1 克 =0.01 千克？

生：因为把 1 千克平均分成 100 份，其中的 1 份就是 1 克，也就是 0.01 千克。

师：他们两个其实是在纠结这里面的 1 份到底是多少，我觉得这就是这张方格纸带给咱们的惊喜。谁来说说这 1 小格究竟是多少？

生：1 格根本不是 1 克，100 格乘上 1 克，表示 100 克，但是 1 千克需要 1000 个格子，所以每格应该是 10 克才对。

（学生自发鼓掌）

师：你们为什么要给她掌声？

生：1 张纸里一共有 100 个格，要是表示 1 克的话，100 乘 1 就是 100 克，而 1 千克是 1000 克，应该用 1000 个格子，这样每一个格子才是 1 克。

师：咱们应该把这张正方形纸平均分成 1000 份，1 克是其中 1000 份里的 1 份，用小数表示是 0.001 千克。

生：我还有个问题，能把这张平均分 10 份的纸看成 1 千克吗？

师：如果用这张纸的话，他把 1 千克平均分了 10 份。其中的 1 份呢？

160

生：1 份是 100 克，写成小数 0.1 千克。

师：0.1 千克能找到，那 1 克呢？

生：还需要平均分成 1000 份，咱们可以通过想象去分。

【设计意图】把正方形格子图作为一种数学学习的"桥梁"，在寻求小数的过程中巧妙地理解单位细分的含义，融入 1 元 =10 角，1 千克 =1000 克，1 米 =100 厘米等，理解部分与整体的关系。

（三）环节三：从计量到计数，再次抽象出小数

1. 从计量到计数

聚焦关键问题：刚才这张正方形纸一会儿表示 1 米，一会儿表示 1 千克，现在如果把你们手中的正方形纸括号里的单位去掉，这张正方形纸现在表示什么？你们还能找到小数吗？

生：我找到了 0.1。

师：你怎么找到的？

生：我把正方形纸看成 1，平均分 10 份，其中的 1 份是 0.1。

2. 练一练

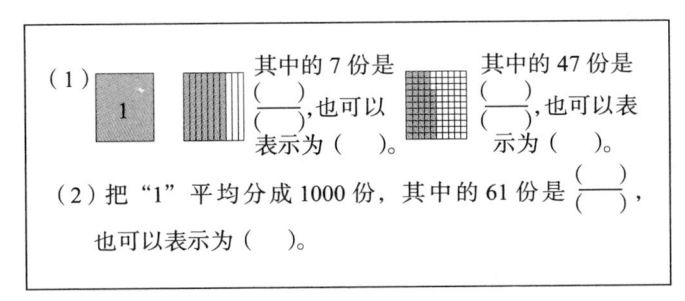

（1）其中的 7 份是 $\dfrac{(\ )}{(\ )}$，也可以表示为（ ）。 其中的 47 份是 $\dfrac{(\ )}{(\ )}$，也可以表示为（ ）。

（2）把"1"平均分成 1000 份，其中的 61 份是 $\dfrac{(\ )}{(\ )}$，也可以表示为（ ）。

师：下面咱们就在 1 里面找找小数。

生：把"1"平均分成 10 份，其中的 7 份是 $\dfrac{7}{10}$，也可以表示为 0.7。

生：把"1"平均分成 100 份，其中的 47 份是 $\dfrac{47}{100}$，也可以表示为 0.47。

生：把"1"平均分成 1000 份，其中的 61 份是 $\dfrac{61}{1000}$，也可以表示为 0.061。

师：有不同意见吗？

生：为什么不表示成 0.0061。

生：小数点后面的第一位是十分位，第二位是百分位，第三位是千分位，平均分了 1000 份，所以到千分位就是 0.061。

师：0.061 是多少份里的 61 份啊？
生：1000 份里的 61 份，也就是 0.061。
师：如果写成 0.61 了，是多少份里的 61 份啊？
生：100 份里的 61 份。

【设计意图】在对小数现实意义充分理解的基础上，从小数的现实模型中抽象出小数，认识小数的一般意义，建立小数与十进分数之间的关系，体现了从直观走向抽象、从计量走向计数的研究过程。

四、课后反思

本节课主要借助直观模型来帮助学生体会单位细分的过程，通过计量单位的转换来帮助学生积累对小数现实意义的理解，并在此基础上抽象出小数的一般意义，发展学生几何直观的数学素养。反思上课的过程，有一些惊喜和不足：

1. 产生单位细分的需求，找准学生生长点

从一位小数的意义扩展到两位小数的意义是本节课的重点之一，课上在平均分 10 份的正方形纸上让学生继续观察，追问"你还能在这张正方形纸上看到其他的小数吗"，引导学生说出两位小数。但是这样并没有真正给学生细分单位的机会。因此，在此环节，可以出示右图追问："现在阴影的部分怎么表示？"

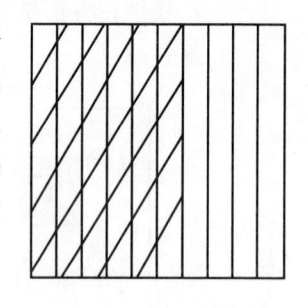

学生在观察、想象后可能会先估一估，然后教师继续追问"阴影部分到底是多少呢？请你试一试、找一找"。在学生动手细分的过程中，不断验证自己的想象。这样学生不仅会产生单位细分的需求，而且还可以感受到继续平均分成 100 份的过程中会产生新的单位、新的小数，从而体会计数单位及位值的意义，发展数感，将数学"冰冷的美丽"还原为学生课堂上"火热的思考"。

2. 产生使用模型的需求，唤醒学生原有认知

本节课只使用了一种直观模型——正方形纸，虽然能够帮助学生理解单位细分的过程、理解小数的意义，但是如果再根据学生所能想到的其他直观模型、沟通模型之间的联系，对小数的理解可能会更加丰富。因此，在调动学生的原有认知方面，可以把"为什么 6 角也可以表示成 0.6 元呢"改成"你能讲个 0.6 的故事吗？请用你喜欢的方式表示你心中的 0.6"。这样可以让每

个学生都呈现出对小数的原有认知，从而唤醒经验，激活小数与生活的联系，发展学生的几何直观。直观模型多样了，实际背景丰富了，学生对小数意义的理解也深入了。

3. 生生对话，将思考引向深入

本节课最精彩的地方就是学生把 1 千克平均分成 100 份，争论其中 1 份的实际意义是 0.001 千克还是 0.01 千克的环节。教师在巡视学生自主创造小数的过程中发现了这一资源，并且果断地将学生的错误资源融入到教学资源当中。果然，一石激起千层浪，激发了学生互动对话的欲望，争论 1 个小格到底表示什么意思。这和以往学生在单位换算时只是机械地操作小数点是明显不同的，说明正方形纸为学生理解小数的实际意义提供了土壤，生生之间的本真交流使学生站到了数学的中央。

形神兼备悟小数

马云鹏[1]

本节课是为了引导学生在初步认识小数后，进一步理解掌握小数的意义。教学设计者在以往的以元、角、分为主的小数认识模型基础上，进一步借助"形"——正方形纸，让学生经历发现小数、理解小数意义的过程，在依托、利用新的模型对小数意义进行理解与思考的过程中，借助几何直观，发展学生的数学素养。学生经历了一个用可视的"形"，"发现""理解"小数意义的过程，体现了以下几个特点：

1. 用"形"表征数，实现从无形到有形

《义务教育数学课程标准（2011年版）》指出，"几何直观主要是指利用图形描述和分析问题，借助几何直观把复杂的数学问题变得简明、形象，探索解决问题的思路、预测结果"。本课的教学设计为学生提供了借助"形"寻求"分的办法"，借助学生的已知经验1元=10角来寻找分数、小数的联系——1角=0.1元，借助正方形格子图把已有的分数模型与小数（如0.3元、0.52平方米等）有机地联系起来，实现从"整数""分数"向"小数"的拓展。从无形的元角分到有形的正方形模型来认识小数，体会单位细分，理解小数的意义，发展学生的几何直观，理解小数的本质。在这个过程中，学生的问题在这里生成，思维在这里被激活，思考从这里开始。

2. 从计量走向计数，借助单位之间的进制关系实现单位细分

"数量的关系的本质是多少，数的关系的本质是大小。"数是对数量的抽象。本节课通过"计量单位"的换算关系实现小数"计数单位"的细分，用直观的"量"去理解抽象的"数"，为学生"理解小数意义"提供了真实可感的现实背景。课上巧妙地把1元=10角、1元=100分、1米=10分米、1米=100厘米、1平方米=100平方分米、1吨=1000千克等，融入在正方形中，借助"形"将新知有效地嫁接到学生原有的知识体系中，借助单位进制的关系实现单位细分。在这个过程中，完成了从数量到数的抽象过程，帮助学生深入理解小数的本质，使学生在具体的正方形单位的操作过程中，体验数量

---

[1] 马云鹏，东北师范大学教授。

与数的不同，为逐步建立抽象的数的概念奠定基础。

3.从直观走向抽象，理解小数的意义

"正方形"这一直观模型，帮助学生建立起直观的单位细分与抽象的小数之间的联系。当用正方形表示某一个具体的量的时候，是具体的数量单位。将正方形表示的单位去掉，那么这张正方形纸表示什么？（表示1）你还能找到小数吗？把正方形纸平均分10份，每份是0.1，把正方形纸平均分成100份，找到了0.01。也就是"擦去单位，在抽象的水平上表现一般小数"。这里的正方形成为抽象的小数的模型。在这个模型上的细分和表示的小数，就是理解0.1、0.01等这样的抽象的小数和小数单位的过程。

从现实的具体的模型入手，为学生理解小数的本质提供了素材；从数量到数的抽象过程，为准确把握小数的意义奠定了基础。教学设计体现了从直观走向抽象的过程。在这个过程中，学生从小数的现实模型中抽象出小数，认识小数的一般意义，建立小数与分数之间的关系。学生对小数意义的理解实现了"从现实中来—到数学中去—再回归现实"，也就是"从计量—到计数—再到计量……"这样的螺旋上升的认知过程。

第三节 英语学科的教学案例

"深度阅读",落实学生思维品质培养

阚小鹏[①]

《普通高中英语课程标准(2017年版)》(以下简称"课程标准")中将思维品质列为英语学科核心素养之一,强调培养学生思维的逻辑性、批判性和创新性。思维品质的发展能够促进语言能力的形成,促进文化意识的培养,促进学习能力的提高。[1]但在以往的英语教学中,思维品质培养往往被忽视或被教师认为不知如何"教"。为配合课程标准中学科核心素养的落实,我们创编了"深度阅读"读本,希望作为英语课程的补充阅读材料,重点落实学生思维品质的培养。"深度阅读"读本将"启迪思维"作为贯穿始终的学习目标,在以下五个领域进行了课程资源的开发和教学实践的探索。

一、从批判性思维培养入手,落实思维品质的培养

作为思维品质培养的主题目标,读本每个单元根据不同主题设计 Thinking Critically 板块,用语言输出性活动的形式来呈现单元思维培养阶段性目标。例如,高一年级开学第一单元中的活动主题为"对于新学校、新班级、新同学感到陌生,感觉害羞怎么办?",以"很多名人克服害羞情绪的故事"为背景,鼓励学生正确看待自己面临陌生环境时的情绪变化,引导学生要善于利用教师和同学的帮助来克服生活和学习中的困难。

与以往课堂设计不同,Thinking Critically 的设计除了强调思想性和趣味性外,还强调整体性和系统性。活动设计依据拜尔提出的 10 种批判性思维技能[2],以高一上学期阅读主题为例(表 1),每个单元的思维活动涵盖各项批判性思维技能。当然,单元话题与思维技能并非一一对应,有时一个话题会对应多个技能,也可能一种技能在多个单元中出现。

---

① 阚小鹏,山东省德州市教科院高中英语教研员,中学高级教师。

表 1　批判性思维技能与单元 Thinking Critically 任务主题对应表

拜尔 10 种批判性思维技能	聚焦思维品质的单元话题
1. 区分哪些是可证明的事实，哪些是价值主张	Unit 3 思考通信科技发展未来
	Unit 6 思考人与自然的关系
2. 区分相关信息与无关信息，区分各种主张或原因	Unit 1 思考个人兴趣爱好
3. 确定某一论点的事实准确性	Unit 5 思考人与动物的和谐相处
4. 确定某一信息来源的可靠性	Unit 7 思考民间风俗与封建迷信的本质区别
	Unit 8 思考逃生故事中的安全常识
	Unit 9 思考动物和人的欺骗行为，探讨诚信的意义
5. 识别含糊不清的主张或论点	Unit 4 思考幽默的本质
6. 识别未说出的假设	Unit 10 思考科学研究中的伦理价值
7. 觉察偏见	Unit 10 思考科学研究中的伦理价值
8. 识别逻辑上的谬误	预备级 2 思考英语学习方法
	Unit 7 思考民间风俗与封建迷信的本质区别
	Unit 8 思考逃生故事中的安全常识
9. 识别出推理过程中逻辑上的不一致	Unit 7 思考民间风俗与封建迷信的本质区别
10. 确定一种论点或主张的说服力	预备级 1 思考如何适应新环境
	Unit 2 思考对杰出人物的崇拜

二、创新阅读文本呈现方式，激发学生学习兴趣和思维动机

一个能激发学生思考的事件，不管是有趣的文本、新鲜的课堂活动，或是教师生动的语言等，首先必须足够吸引学生，使他们愿意付出努力去思考问题。结合高中生心智发展特征，读本针对高一新生入学设计的预备级阅读文本，共三个单元，均以漫画的形式呈现。例如，第二单元的主题是"分享英语学习心得"（图 1），通过漫画展示某学生错误的语言学习方法和学长对他的帮助。与单纯的文字相比，漫画具有更强的带入感，更贴近学生校园生活，更容易让学生产生共鸣、触发思考。

图 1　将漫画形式引入阅读课堂

在读本开发中，还可以充分发挥学生的主观能动性，让有绘画特长的学生参与到文本创作中来，使读本内容和形式最大限度地贴近学生的兴趣，提高学生的学习热情。

三、"双文本"扩展学生思维资源，激发教师改变课堂

充足的阅读信息是思维的原材料。没有充足的阅读信息输入，学生就不能充分地了解话题，也就不具备思维的基础。"深度阅读"读本每个单元使用两篇与主题关联的文章作为思维训练的基本素材，要求教师和学生在课堂上完成一系列相关活动，以达到思维品质的单元目标。

加大文本资源的输入量，提高学生思维活动的要求，有助于教师摆脱"事无巨细""面面俱到才放心"的思维习惯。教师必须放弃"隔靴搔痒式"的单纯说教，探索目标明确、化繁就简、直指要害的教学模式。在这种情况下，参与课程的教师可尝试"逆向备课"的思维模式（图2）。首先需要明确并深入理解单元的思维品质培养任务，根据目标任务逆向推导单元文本资源的使用和相关训练的开展，紧紧围绕"思维目标"对文本素材和相关训练进行大胆的调整和取舍。文本素材仅作为学生思维品质培养的基础性资源，阅读任务也不是简单的语言操练和知识巩固，而是为学生完成单元目标提供"思维脚手架式（scaffolding）"的辅助训练。

常规课堂备课思维方式	理解文本	确定教学目标	设计课堂	目标达成
"逆向备课"思维方式	理解思维培养目标	确定文本使用思路	设计课堂	目标达成

图2 常规课堂备课与"逆向备课"的比较

四、设计"思维脚手架式"任务，关注学生思维过程

每个单元的双文本不是同一话题下两篇阅读文章的简单合并，而是由浅入深的阅读组合。事实上，对学生提出一步到位的思维活动要求是不切实际的，课程标准对思维品质培养按照"辨识与分类、分析与推断、概括与构建、批判与创新"四个层面进行描述，四个层面的次序体现了信息获取、信息处理和信息输出的过程[1]。依据这个原则，教师在阅读任务设计中遵循"基础性理解、思维营养输入、思维可视化输出"的步骤，通过充分的"思维脚手架式"阅读任务为学生提供素材和语言的保障。例如第四单元，阅读A篇是有关"笑"的科学研究，阅读B篇是通过讲笑话的故事探讨"跨文化背景下

幽默"的主题。针对这两篇阅读的搭配，读本为阅读 A 篇设计了以信息判断为主的"思维脚手架式"任务（表 2），作为"学生思维的营养输入"，为后续思维任务做铺垫。在此基础上，阅读 B 篇的思维任务更具挑战性。活动没有驻足在"不同文化背景下的不同幽默"这一主题上，而是利用"好笑，还是不好笑"的文章焦点，设计让学生用英语讲一个小笑话的活动。通过这个看似简单的任务，让学生真实感受到成为一个 good joketeller 很不容易，从而引发学生思考，让学生认识到，成功的跨文化交际需要智慧，幽默更是一个人智慧的表现。

表 2　"思维脚手架式"读后任务为学生提供思维营养输入案例

单元话题	Funny Business	
文本资源	阅读 A	阅读 B
阅读话题	The Science of Laughter	Can't Take a Joke
思维任务（Thinking Critically）	思维脚手架式任务：对文章 A 中的科学研究结论进行反思并展开讨论，分别选择"同意、不能确定、不同意"的立场开展讨论	思维输出任务：结合文章 B 中不同文化背景下人们不同的"幽默"，给出一个貌似简单的阅读任务 Achallenge to tell a joke，最终引导学生在跨文化沟通语境下，理解"幽默是智慧"这一主题

五、以思维可视化的课堂活动，对学生思维品质发展进行反思和评价

在日常教学中，教师普遍感到：学生思维品质的培养，最大的难题来自于评价。学生在课堂上的思维活动很难通过量化手段进行评价。为此，课程思维培养目标全部采用讨论、演讲、表演、写作等语言输出任务，确保学生的思维可视化，方便教师进行反馈和评价。同时，读本设计了 Active Notes 空间，鼓励学生积极记录自己的学习收获，利用笔记、表格、mind-map（思维导图）等多种形式呈现自己的思维过程，方便教师对学生的思维活动进行过程性评价。

对于学生有深度的思维活动，过于简单和笼统的教师反馈是不可取的。教师要善于捕捉评价契机，更要对课堂活动进行充分的预测和准备。以一堂主题为"世界著名旅游列车"的课堂观察为例，教师鼓励学生"设计一条旅游列车路线，制作 poster 并用英语进行介绍"。该任务极大地激发了学生的创作热情，有的小组设计了自己家乡的小火车旅游路线，有的小组设计了"一带一路"国家旅游专列，还有的小组设计了"北京—台北"的旅游列车。这样的设计蕴含着学生对祖国未来的发展和统一的美好愿望，是激发学生思维

品质的非常好的案例。但教师如果对学生思维的创造性缺乏专业化的点评，仅仅用"好""精彩""有创意"等简单语言进行点评，就会导致教学活动"虎头蛇尾"，思维品质培养没有"画龙点睛"，也会错失在课堂中落实立德树人育人目标的教育契机。

在思维品质培养领域，教师对于学生的课堂表现要把握好"及时反馈和充分准备"的辩证关系。对于简单的信息理解活动，最佳评价方式是教师当场反馈；对于复杂的思维品质表现，教师应给自己和学生留出一定的时间和空间，确保学生的观点建立在充分思维活动的基础上，同时确保教师的反馈也是建立在相对全面、客观、积极的基础上。只有这样的评价，才可能对学生产生鼓励，才能真正超越语言学习范畴，对学生的思维品质产生积极的影响。

参考文献：

[1] 梅德明，王蔷.《普通高中英语课程标准（2017年版）》解读 [M]. 北京：高等教育出版社，2018.

[2] Beyer, B. K.Improving student thinking: Acomprehensive approach [M]. Boston: Allyn &Bacon. 1998.

以写促读的探究式课堂：主题语境下的深度学习

王军起[①]　章策文[②]

一、以写促读探究式课堂的教学设计依据

《普通高中英语课程标准（2017年版）》（以下简称《英语课程标准》）明确了活动是英语学习的基本形式，是学习者学习和尝试运用语言理解与表达意义、发展多元思维、培养文化意识、形成学习能力的主要途径。《英语课程标准》倡导基于课程内容六要素整合的、指向英语学科核心素养的英语学习活动观，要求英语课堂教学以主题为引领，以语篇为依托，以活动为途径，将语言知识学习、文化内涵理解、语言技能发展和学习策略运用融合在学习理解、应用实践、迁移创新三类相互关联的语言与思维活动中。活动观的提出为整合课程内容、实施深度教学、落实课程总目标提供了有力保障。

英语教师要从英语学习活动观的视角重新审视课堂教学设计的合理性和有效性，优化教学方式，探索自主、合作、探究式的学习方式。探究式学习注重对过程和概念的探究与发现，是学生获得结构化知识、发展分析问题和解决问题的能力的重要途径。在主题语境下构建探究式课堂，关注学生的知识基础和兴趣爱好，关注学生的探究过程和探究方法，关注学生结构化知识的形成和能力的发展，能切实落实英语学习活动观，真正实现深度学习，发展学生的学用能力，提升学生核心素养。

以写促读的探究式课堂是在主题语境下实现深度学习的重要路径。深度学习是一种主动的、批判性的学习，主张通过深度加工知识信息、深度理解复杂概念、深度掌握内在含义，主动建构个人知识体系并有效迁移应用到真实情境中以解决复杂问题，最终促进全面学习目标的达成和高阶思维能力的发展[1]。以写促读的探究式课堂主张在阅读课的教学过程中，教师首先创设与阅读主题一致的语境，设置与阅读内容接近的写作任务，激活学生思维，开展写作活动；随着阅读活动的层层推进，学生通过不断对比、分析、评价

[①] 王军起，江苏省苏州中学园区校高中英语教师，高级教师。

[②] 章策文，江苏省南京外国语学校仙林分校英语教师，高级教师，扬州大学教育科学学院博士研究生。

自己创作的文本和学习材料中的文本,发现自己的问题,找到差距,从而加深对学习材料的解读,内化文本知识,促进语言能力、文化意识、思维品质的整体提升与发展;最后再通过修改完善自身的写作文本,实现语言输出能力的提升、文化意识的强化和思维能力的发展,实现真正意义上的深度学习。

二、以写促读探究式课堂的教学设计原则

以写促读的探究式课堂以主题为依托,以学生为主体,以写作为手段,以探究为方法,以阅读为任务,以深度学习为目标,以核心素养为指向,其教学设计遵循以下几条基本原则。

1. 基于阅读的主题情境和学生的生活经验设计写作任务

主题语境是一切英语学习活动的统领。离开主题语境的英语学习活动是机械的、缺乏意义构建的,是浅层学习。阅读语篇的内容也必然是处于某种特定的主题语境之下,与某种特定的语言情境相关联。基于阅读的主题情境设计写作任务能有效引入阅读话题,激活学生的思维,为后续的阅读教学做思想上、情感上、语言上的预热和铺垫。同时,这也有利于保证学生的写作文本与阅读文本具有统一性和可比性,为探究学习提供可靠的探究材料和有意义的探究方向。

基于学生的生活经验设计写作任务,能让学生有话可说、有话能说、有话会说。有话可说是指学生能按照写作任务的要求,进行记叙描写、分析判断、阐述论证,打开自己的思路,运用形象思维和抽象思维,说事实,讲道理,阐明自己的看法和认识。基于学生生活经验的写作任务符合学生的生理特点、心理特点和认知能力水平,使学生在面对写作任务时有想法、有话可说。有话能说是指学生现有的英语能力水平能满足其思维水平的需求,能就主题语境中的某个写作任务,用英语表达出自己的想法、观点、态度。通俗地讲,有话能说就是面对写作任务时,学生能用英语将自己想说的话说出来。有话会说是指学生不仅能用英语表达自己的想法、说出自己想说的话,而且要说得好、说得准确、说得得体。

2. 基于"导写—导读—导评—导演"的步骤设计教学流程

深度学习不仅需要学生积极主动的参与,还需要教师通过确立高阶思维发展的教学目标、整合意义联接的学习内容、创设促进深度学习的真实情境、选择持续关注的评价方式进行积极引导[2]。探究式课堂虽然是学生主体探究、主动建构的课堂,但教师的作用举足轻重。教师的课堂活动要紧紧围绕"导写—导读—导评—导演",环环相扣,层层推进。

"导写"是指在阅读之前，教师从学生的生活实际出发，巧妙地引入与阅读语篇一致的话题，帮助学生通过思维导图、头脑风暴等方式厘清思路，形成观点，并按照教师指定的写作要求，形成书面文字稿。这是一个学生在教师的引导下进行探究、形成思想认识的过程，也是为后续进一步深入探究提供素材和铺垫的过程。

"导读"是指学生完成自主的独立写作后，在正式阅读之前，对阅读文本的内容和观点已有了自己的期待和预判，这时教师引导学生在阅读过程中探究文本的内容和观点、表达方式和言语技巧，尤其要比对学生自己创作的文本和阅读语篇文本在语言、结构、内容、情感、表现手法等方面的异同，为下一步的导评做准备。

"导评"是指学生在完成了语篇的阅读，并对比了阅读语篇和自己创作的语篇之后，教师要设计一系列的问题，引导学生进行比较、分析、鉴赏、评价，并就如何改进与提升提出自己的看法和建议。导评环节是最重要的环节，是学生学习并内化知识的关键环节，也是教师主导作用发挥最为充分的环节。导评环节涉及教师对文本的理解和把握，对文化的认知和判断，对情感、价值、观念的解读和引领。教师要始终坚持正确的语言观和价值观，引导学生学习语言、感知文化、发展思维、树立正确的价值观念。

"导演"是指学生在完成了对自己创作的文本和阅读文本的对比分析、鉴赏评价之后，教师要引导学生根据评价过程中得到的反馈信息，再次回归最初创作的文本，进行修改完善、润色提升，或者以口头演讲、辩论、访谈等形式演绎出修改提升后的版本，实现语言输出，完成深度学习。

3. 基于"教师主导、自主合作"的原则开展探究活动

探究活动是学生以主体身份，充分发挥主观能动性，参与学习的重要形式。学生在探究的过程中，不断地基于原有知识体系建构新的知识体系，更新认知结构，实现知识生长和能力发展。自主性、建构性是探究活动的基本特性，但教师对整个探究活动的指导和引领是决定探究活动成败的关键。教师的主导性是探究活动的最主要特征。学生探究的话题、内容、方向、策略都是教师按计划、有目的、分步骤进行的。离开了教师的设计与调控、指导与引领，学生的探究容易陷入盲目和无序，就难以在繁杂的现象中发现问题、分析问题、解决问题，思维难以发展，语言能力难以提升，深度学习也不可能实现。

自主学习与合作学习是两种不同的学习活动方式和学习思维方式，涉及学习主体不同的学习心理活动和外显学习行为。以写促读的探究式课堂应该

将自主探究与合作探究有机结合起来，实现优势互补，促进有效学习、深度学习。自主学习关注学习者主动、积极的学习动机和自觉、持续的行为能力；合作学习关注学习者与人沟通、合作完成学习任务的能力。自主探究与合作探究相结合能培养学生的独立思考能力、主动探究精神、合作分享意识，能促进思想的交流、思维的交锋、能力的发展、深度学习的实现。

三、以写促读探究式课堂的教学设计案例

以写促读探究式课堂的教学设计以主题语境下的自我写作为开端，以文本阅读为发展，以对比赏析为高潮，以输出展演为结局。在这一过程中，学生的自我写作是深层阅读的助推器，探究学习是思维发展的引擎，学生在教师指导下参与一系列的活动，最终实现深度学习，实现能力与素养的提升。

下面以《牛津高中英语》模块一第一单元 School life in the UK 为例，以"导写—导读—导评—导演"为流程，解读如何进行以写促读探究式课堂的教学设计。

文本介绍：文本来自一本校园杂志里的一篇文章。作者魏华（音译）是一名学生，他回顾了自己在英国高中一年的学习生活，介绍了所在学校的作息时间、开学典礼、必修和选修课程、科任教师，以及中英食物差异等情况，并非常感激这一年不一样的体验和经历。

1. 导写

文本是关于英国的高中校园的生活情况。作者介绍了英国校园生活的方方面面，为读者展现了一个比较清晰、完整、生动的学习生活画面。大部分高一的学生没有海外学习经历，无法介绍海外的学习情况。但是，他们都可以向以前的尤其是初中阶段的同学、老师、朋友等介绍自己刚刚开启的高中生活。

基于 school life 这一主题语境，教师从询问学生的学习生活入手，通过不断设问，引导学生审视自己的校园生活，系统归纳总结高中生活与初中生活的异同，并要求学生写出文字介绍，向以前的同学、老师介绍自己的学习生活情况。教师可以提出以下问题，供学生独立思考，或者集体探究：

How do you like your new campus life ?

What impresses you most at this school ?

What do you want to introduce to your former teachers or students about this school ?

Write a letter to your former teachers or students, and think carefully what information you would like to include in your letter.

2. 导读

在学生完成写作之后，教师开始引导学生阅读课文，要求学生关注课文的作者从哪些角度介绍自己的英国高中生活、对自己的英国高中生活持有什么样的态度；同时，还要提醒学生关注作者的谋篇布局，课文作者是以什么为线索展开介绍和回忆的，与学生自己的写作角度、篇章结构、逻辑顺序、表现手法、遣词造句等方面有什么异同。要求学生在阅读的过程中做标注、标记，以便回答相关问题。

学生带着自己的写作经验、带着教师布置的任务去阅读课文，在阅读的过程中思考分析、对比鉴别，这样能提高阅读的精细度和思考的深度。教师导读的过程就是教师通过设置问题引领学生思考的过程，也是指导学生从什么角度、什么侧面去阅读文本、解读文本的过程。导读以问题的形式启发学生，让学生在探究中寻求答案，构建知识体系，实现深度阅读。

3. 导评

学生在完成了课文阅读，并做好了相关标记和标注之后，教师要组织学生开展合作探究，进行语篇评价，一方面要评价课文语篇，另一方面也要评价学生自己创作的文本。导评是以写促读探究式课堂的核心环节。根据评价内容的不同，可以将导评分为三个角度：篇章结构、遣词造句、文法修辞。教师要引导学生关注语言的语用功能，观察课文语篇是如何运用篇章结构、遣词造句、文法修辞等方法手段，凸显自己想要表达的信息、情感、意境和思想的。根据评价主体的不同，可以将导评分为三类：一是个体自评。学生自选角度，自主评价自己的创作文本和课文语篇，分析优劣，阐明道理。二是同伴追评。同伴根据个体自评的情况，进行补充说明，佐证支持或者挑战驳斥。三是教师点评。教师根据个体自评和同伴追评的情况，进行点拨指引，明辨是非，确立正确的价值标准。教师点评不是简单地判断对错，而是要审慎地分析，指明优缺点，给出改进的建议和理由，使教师的建议内化成学生的认知，转化成学生的自觉行为。

以课文为例，教师要让学生体会不同表达方式对意义和情感传递带来的差异：

1a. Going to a British high school for one year was a very enjoyable and exciting experience for me.

1b. It was enjoyable and exciting for me to go to a British high school for a year.

2a. I look back on my time in the UK with satisfaction, and I really hope to go back and study in Manchester again.

2b.Whenever I look back on my days in the UK, I feel a quiet satisfaction, and I'm looking forward to going back and studying in Manchester again.

4.导演

在完成评价分析后,教师要设计学习活动,将学生前面讨论探究的学习成果固定下来,转换成语言输出,并展演出来。"导演"的过程实质上就是教师指导学生对最初的作品进行二次加工的过程。学生根据个人自评、同伴追评、教师点评得到的反馈信息,从篇章结构、遣词造句、文法修辞等维度,进一步改进自身创作的文本。最终展演的形式不一定要是书面写作的形式,也可以是演讲、口头介绍、辩论等。教师可以根据学生的实际能力和水平,设计各式各样的输出活动。以本节课为例,可以设计成:(1)学生在学校的新生家长会上发言,向家长介绍高中校园生活情况;(2)与初中同学聚会,互相介绍高中校园生活情况;(3)向外国朋友介绍中国高中校园生活情况;(4)开展辩论:在中国读高中好,还是去英国读高中好。

四、结语

以写促读的探究式课堂实现了在主题语境下的自主探究与合作探究的融合统一,实现了知识学习与方法训练的统一,实现了语言输入与语言输出的统一,实现了语言能力提升和思维品质发展的统一,是真正意义上的深度学习。这样的课堂不仅能调动学生学习的主动性,激发学生的学习动机和兴趣,更能培养学生的学习能力,发展学生的语言能力和思维能力,强化学生的文化意识,促进学科核心素养的形成和发展,最终促成学科育人目标的达成。

参考文献:

[1] 张浩,吴秀娟,王静.深度学习的目标与评价体系构建[J].中国电化教育,2014(07):51-55.

[2] 安富海.促进深度学习的课堂教学策略研究[J].课程·教材·教法,2014,34(11):57-62.

深度学习理念下的初中英语写作教学实践

杨 政[①]

深度学习,是指在教师引领下,学生围绕着具有挑战性的学习主题,全身心积极参与、体验成功、获得发展的有意义的学习过程。在这个过程中,学生掌握学科的核心知识,理解学习的过程,把握学科的本质及思想方法,形成积极的内在学习动机、高级的社会性情感、积极的态度、正确的价值观,成为既具独立性、批判性、创造性,又有合作精神、基础扎实的优秀的学习者。[1]

本文基于深度学习理念,围绕促进深度学习的课堂教学策略,从目标制定、活动设计、持续性评价三个方面介绍一节初中英语写作课例的设计思路。(本文所述教材为沪教版《牛津英语》八年级下册课本,本文所述课例来自第二单元的写作课)

一、制定深度学习目标,促进高级思维能力的发展

深度学习目标应该是教师期望学生获得的学习结果,包括能够反映学科本质及思想方法、能够促进学生深度理解和灵活应用的知识、技能、策略和情感态度价值观。判定学生的学习是"深度"还是"浅层",应该看其是否促进了学生高级思维能力的发展。目前,部分教师把"学"的目标误以为是"教"的目标,忽视了学生原有的知识经验,不了解他们能学什么、想学什么,不能很好地根据学生的个体情况制定合理的教学目标,针对性不强,结果也可想而知。

《义务教育英语课程标准(2011年版)》(以下简称"课程标准")对八年级学生英语写作能力有一定的要求,如能正确使用标点符号,能写出简短的文段,能在教师的帮助下或以小组讨论的方式起草和修改作文等。实际上,在上一单元写作课"Writing——A letter to the headmaster"中,我校八年级学生已经学会英文书信的格式及写法,大部分学生英语基础知识比较牢固,能写出 50~60 词的文段。因此,我们不该仅仅停留在让学生学会便条的格式和写法这一层面,而应该鼓励他们把这一应用文运用到生活中去,培养学生的思维能力、文化意识等。基于这些理论与实际,结合教材及单元学习目标,

---

[①] 杨政,广东省广州市南沙第一中学政教处副主任。

笔者制定了本课时的学习目标（表1）。目标的最大特点是不仅仅停留在让学生学会便条的格式和写法这一层面，而是鼓励他们把这一应用文运用到生活中去。

表1 课时目标

目标1 （语言知识）	目标2 （语言技能）	目标3 （学习策略）	目标4 （文化意识及情感态度）
学生能认读和理解单词 message、forgetful 和知识 remind sb. about sth.	学生能根据已设定的情境，写简单的提醒式便条	学生能通过小组讨论，了解便条与书信的格式差异，并能积极与他人合作，写出提醒式便条	通过对比，学生能了解英文便条与书信、明信片、通告等的格式差异，并能在日常生活中使用便条留言

二、设计深度学习活动，引导学生在情境中积极体验

深度学习活动的设计需要依据本单元的主题、学习目标，以及学生已有的知识和经验，它回答的是"如何学"才能达成深度学习目标的问题。活动的设计可以由浅到深，由导入活动开始，到指导性探究活动，再到综合展示活动。学生在教师指导下，通过解释、举例、分析、总结、表达、解决不同情境中问题等在已有知识基础上的建构性的活动，形成对新知识的理解。这里就蕴含着一个关键因素：情境。通俗地说，情境（situation）是指事物在具体场合呈现出来的样子。其在不同的学科领域有不同的界定。在教育学中，情境是一种以情感调节为手段，以学生的生活实际为基础，以促进学生主动参与、整体发展为目的的优化了的学习环境。[2]

在本节课例中，教师使用一个真实情境导入："美国歌手K到广州国际体育演艺中心开演唱会，我有两张门票，打算邀请好友Betty参加，但她比较健忘，那么我可以写点什么来提醒她呢？"之后又设计了三个活动。其中，活动1主要是学生通过贴标签的方式回忆书信的格式，并与同学共同讨论后总结出便条的格式。活动2要求学生根据导入的情境，帮忙写一份便条提醒Betty关于K演唱会的时间、地点等。活动3中，每个小组随机抽取一张卡片，根据所抽卡片的内容和提醒撰写本小组的便条。以下是各活动的具体内容和要求：

活动1

比较信件与便条的写作格式，总结便条的作用及其写作格式。

活动的具体要求：

1.学生通过看图贴标签的方式回顾信件的写作格式。

2.完成课本第28页关于便条格式的填空练习，可以采取小组竞赛的方式

找出便条的主要组成部分，引导学生讲出书信和便条的区别。

3.学生讲出便条的格式、作用，教师通过引导的方式让学生了解便条书写时需注意的事项，如 message 部分包括时间、地点、提醒的内容等。

活动 2

设定情境：我和朋友 Betty 去看 K 的演唱会，请帮我写一份便条提醒她。

活动的具体要求：

1.学生按照要求，在下发的纸上写出给 Betty 的便条。

2.邀请个别小组的学生通过投影仪来展示自己的便条。

3.教师将空白的《便条评分表》贴在黑板上，与学生一同讨论并完善具体评分内容和分值。

活动 3

小组竞赛，在设定时间内，根据要求书写便条。

活动的具体要求：

1.每个小组随机抽取一张卡片，根据卡片的要求撰写本小组的便条（图 1）。

2.分小组进行展示，当某一组展示时，其他小组根据评分标准评分。可邀请个别学生上台对部分小组的展示成果进行修改。

INFO CARD 4:
Suppose you will go to... to take some photos of birds with your friend Mark. Write a short message to remind him about it. Use the notes and pictures below to help you.
1.Time to meet:7:30 a. m.,this Saturday
2.Place to meet:the gate of...
3.Things to remember...

图 1　卡片

三、制定持续性评价标准，关注反馈及改进

持续性评价是检验学生的学习效果是否达到深度学习目标的一种方式，它能帮助学生改进学习的过程，包括建立标准并提供反馈。从评价的目的来看，评价方案包括过程性评价、终结性评价、检测性评价、激励性评价，正式评价、非正式评价等。评价的形式也可以多种多样，如学生自评、学生互评、教师评价和专家评价等。大量的研究都已证明："学生学习的重要收获来源于经常向学生提供有关他们学习的反馈，尤其是当反馈包含了可以引导学生不断努力的具体意见时。当反馈关注学生的学习过程而非最终成果时，反馈就会极大地促进学生学习。"[3] 此外，教师可以尝试与学生共同制定评价标准，对于掌握程度较好的班级可以采取生生互评的方式。在本课例中，教师对以上这两种方式均进行了尝试。如在便条的评分标准制定过程中，在黑板上展示一个空表（表2）：

表2 便条评分表

项目	评分内容	分值	得分
格式			
内容			
错误			
书写			
总		10	

教师通过以下提问引导学生讨论并一起完善表格内容：

1.How many parts are there in a short message？
2.What information is included in the message？
3.What mistakes do you usually have？
4.How about your handwriting？
5.How many points should be divided into each part？

在师生沟通互动之后，该评分表最终成型，结果如表3所示：

表 3　便条评分表

项目	评分内容	分值	得分
格式	包括 6 部分：greetings, the date, topic, message, the closing, your name	3	
内容	内容（when, where, what to do）完整，无遗漏	3	
错误	无语法、拼写、标点等错误	3	
书写	卷面干净、整洁，字迹清晰	1	
总计		10	

待各小组完成便条写作后，教师选取个别小组的便条进行展示，并随机邀请 3 位学生分别对所展示的便条进行点评，指出亮点和问题，并提出修改意见。最后，各小组可以很顺利地根据评分表及同学的反馈对本组的便条进行完善、定稿。

深度学习要求教师重视形成性评价在学生学习中的价值，关注学生的学习进展并及时给予反馈，进而引导学生根据自己的学习状况调整他们的学习策略。[4]评价和反馈意见应贯穿深度学习活动的始终，教师和学生都应重视反思并积极改进。

英语作为一门交流工具，应重视学生听、说、读、写等语言技能的提升，写是其中最难把握的一部分，也是学生综合能力素质的体现。这就要求教师在课程标准和深度学习理念的引领下，努力通过确立高阶思维发展的教学目标，引导学生深度理解；创设促进深度学习的真实情境，引导学生积极体验；选择持续关注的评价方式，引导学生深度反思。如此，才能有效促进我们的英语写作教学，才能最大限度地挖掘学生的写作才能。

参考文献：

[1] 郭华. 深度学习及其意义 [J]. 课程·教材·教法，2016，36（11）：25-32.

[2] 阎乃胜. 深度学习视野下的课堂情境 [J]. 教育发展研究，2013：76-79.

[3] Black P, William D. Assessment and ClassroomLearning [J].Assessment in Education：Principles, Pand Practice, 1998, 5（1）.

[4] 安富海. 促进深度学习的课堂教学策略研究 [J]. 课程·教材·教法，2014（11）：58-62.

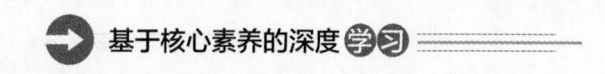

第四节 其他学科的教学案例

指向深度学习的思想政治课议题式教学

刘 乐[①]

《普通高中思想政治课程标准（2017年版2020年修订）》（以下简称"新课标"）提出了以思想政治学科核心素养为主导、以活动型课程为框架的课程定位。[1] 由此，活动型学科课程成为思想政治新课程改革的焦点，而议题式教学为塑造活动型学科课程提供了脚手架。目前，开展议题式教学成为促进思想政治课（以下简称"思政课"）深度学习的直接表征和教学样态，指向深度学习的议题式教学成为破解当前思政课教学浅层化的重要抓手。

一、深度学习引领思政课议题式教学的重要意义

议题式教学是教师选取一个能够凸显思政课课程价值、统领课程内容的核心议题，围绕议题设置情境，引导学生针对议题发表观点、展开讨论，在认知冲突中寻求解决方案，从而获得新知的教学样态。但在目前的议题式教学实施中尚存在一些问题。首先，2019年9月，普通高中思想政治统编教材（以下简称"新教材"）在北京、上海、天津、山东、海南、辽宁6个省（市）率先使用，由于新教材综合性较强，理解难度较大，部分教师往往偏重于课堂教授，学生不能从教学活动中感悟学科知识的真谛，不能较好地亲历知识的生成过程，这样就达不到深度学习的课堂目标，影响情感体验。其次，部分教师对议题式教学缺乏准确的理解，教学设计不完善，这会影响学生思维能力的提升；有的教师议题选取过多，但对于每一个议题的把握都是浅尝辄止，没有真正实现议题式教学的目标，使教学流于形式，无法带领学生深入领会议题中所蕴含的学科知识与学科核心素养。想要破解这些难题，教师需要寻求一种更为有效的教学行为，而指向深度学习的议题式教学则为我们提供了新的思路与方法。

[①] 刘乐，天津师范大学马克思主义学院博士研究生。

深度学习与议题式教学存在逻辑自洽关系。从教学设计来看，深度学习的价值追求要求教师能选取具有统领性、可议性、生成性的议题，在结构化、复杂化与综合性的教学情境中持续激发学生的探究动力，使议题贯穿于教学始终，建立议题、情境、活动与知识之间有意义的联系。从教学价值目标来看，深度学习强调高阶思维的培育，而开展议题式教学就是为了激发学生深度参与活动型课程，使其能够自觉运用观察、批判、反思与实践的高阶思维能力来解决学习与生活中的真实问题，把主流的国家意识形态内化为行动指南，最终成长为能够担当民族复兴使命的时代新人。

二、深度学习视域下议题式教学的基本特征

（一）议题设计的整合性和生成性

深度学习注重知识的生成过程和学生主动建构知识之间有意义的联系，强调学习素材的模块化、体系化。而议题式教学正是围绕着中心议题展开，议题贯穿于教学全过程，以解决生成性的新问题、引发学生的深度学习为目的。因此，深度学习视域下的议题式教学，要求议题设计具有整合性，是知识、技能与价值观的统一体。议题不同于问题，它是一种判断性的表达，既要依据教材，紧扣社会热点和学生实际，涵盖相应课、节、框的具体内容，又要展示价值判断的基本观点，坚持正确的思想政治方向。此外，议题设计要注重生成性，议题既承载学科的基本观点和技能，又担负对情感、态度、价值观的引领重任。[2]可见，议题设计既要关注过程，又要注重结论的生成性。

以新教材必修3《政治与法治》为例，其中有"我们怎样当家做主""如何增强政府的公信力和执行力""法治如何让生活更美好""公民参与立法有什么意义、有哪些途径"等课标议题，但这些议题往往是直接指向高度结构化的学科知识的，在实际教学中，我们需要把课标议题转化为更具体的可操作的议题，让学生有话可说，使学生经历情感与思维的冲突、视野与情操的共振，增强学习的获得感。比如，"法治如何让生活更美好"可以生成为"当路边有老人摔倒时，我们面临扶不扶的两难选择，如何利用《民法典》来免除我们的后顾之忧？""面对高铁霸座时，该怎样处理？"等。

（二）情境创设的真实性和探究性

目前，有些教师所创设的情境缺乏深度与效度，情境与教学内容脱节，不能够引发学生的思考。在议题式教学中，情境的创设必须是具有真实性和

探究性的。教师应挖掘与学生生活息息相关的乡土资源，选取能充分反映当下时代发展热点与趋势的鲜活素材，模拟创设生活化的情境，使学生从情境中联系自己已经掌握的学科知识和技能，提出问题解决的方案并主动运用到现实生活情境中；情境的创设要将其还原到它的时代背景中去，让学生能够透过情境看本质，培育科学精神。同时，教师还应设置具有争议性的问题，让学生置身于"两难性""辨析性"的情境，鼓励学生从不同的视角在探究互动中充分表达个人观点与诉求，在价值冲突、思维碰撞中鉴别观点，引发正确的选择与建构，从而实现有意义的学习，让知识符号表征与学科核心素养对接起来，让深度学习真实发生。

（三）活动设计的序列化和互动化

新课标的结构设计突破了原有课标的"内容目标—提示与建议"的模式，通过活动把"内容要求"与"教学提示"有机整合。教师围绕中心议题展开一系列的活动设计，使"知识内容依托活动""活动过程提升素养"，整体教学设计呈现出序列化的特征，使学生亲历知识的生成过程，体会到学习思想政治学科知识对个人成长的价值，增强社会理解和参与能力，达到深度学习的目的。活动设计的序列化，主要是指活动设计有明确的目标和清晰的线索，遵循学生的认知逻辑，统筹议题设计的内容和知识，把碎片化、零散化的知识串联起来，使其具有连续性和延展性，表现为情境的不断复杂化、思维的逐步深入，理论环节上层层铺设、实践环节上环环相扣，让学生体验到知识的生成过程具有其内在的结构性和逻辑性，这也是区别于传统课堂中活动设计的最大特征。活动设计互动化，从浅层上表现为活动实施过程中师生之间、生生之间的互动交流，从深层上表现为活动环节中认识与经验的转换、知识与情感的互动。课前，教师根据议题设置好活动方案、提供学习材料、明确要求和分工，学生根据方案收集材料或阅读研究学习材料；课中，教师以挑战性的情境导入课堂，学生通过小组讨论、合作建构，在观点表达交锋中凝聚共识，最后师生共同总结，教师适时评价，学生批判反思；课后，采用社会实践的形式，把课堂的新知识应用于新颖的、有挑战性的生活情境中，实现知识与经验的转换，促进学科核心素养的养成。

（四）教学评价的过程化和素养化

深度学习的教学评价影响着学生在深度学习活动中的表现。新课标指出，要建立激励学生不断进步的发展性评价机制。基于此，笔者从学生维度设计了"深度学习的议题式教学评价量表"(表1)。基于深度学习的教学评价着眼于学生参与议题式教学的全过程,从"思维状态—学习态度—合作能力"三个维度出发,给予学生多维度评价,更加关注学生在思维状态中是否经历了自主辨识、分析的过程,有理有据地表达和解释解决问题的方案并迁移到新情境中,解释现实生活中存在的社会现象;在学习态度上是否积极参与教师和同学的对话,自主发现、提出问题并解决问题;在合作能力上是否能专注倾听同学发言和教师的反馈并且完成自己承担的任务。

表1 深度学习的议题式教学评价量表

内容要素	评价标准	学生表现水平	分值	学生自评	教师评价
思维状态	1. 基于议题情境,能够初步归纳出思想政治课的知识逻辑 2. 思维清晰,有条理地表达自己的观点 3. 能够把所学的思想政治知识迁移到新情境中,解释现实生活中存在的社会现象 4. 能从不同的角度论证思考思政课的相关问题	水平1:符合4项评分标准	40		
		水平2:符合3项评分标准	30		
		水平3:符合2项评分标准	20		
		水平4:符合1项评分标准	10		
		水平5:符合0项评分标准	0		
学习态度	1. 能够主动地参与思政课课堂活动并独立地发表自己的意见 2. 能够完成课后作业与实践活动 3. 能够密切联系生活实际,敢于向相关部门和个人提出建议	水平1:符合3项评分标准	30		
		水平2:符合2项评分标准	20		
		水平3:符合1项评分标准	10		
		水平4:符合0项评分标准	0		
合作能力	1. 小组分工明确,责任分明 2. 能够与小组的其他成员展开积极的交流,贡献自己的观点并交换观点 3. 能够认真听取同学和教师的反馈观点,完成自己承担的任务	水平1:符合3项评分标准	30		
		水平2:符合2项评分标准	20		
		水平3:符合1项评分标准	10		
		水平4:符合0项评分标准	0		

注:深度学习的议题式教学评价指标,从"思维状态—学习态度—合作能力"三个维度,设置四到五个表现水平。由于思维状态是深度学习评价的关键维度,赋权较大,故单项满分为100分,其他两个维度单项满分均为60分。

教学评价直接关系到活动型学科课程的建设成效，也是对议题式教学成果的深化。制定科学的"深度学习的议题式教学评价量表"，可以为教师评价学生在议题式教学中的"表现"与"行为"提供清晰的路径和可靠的证据。基于深度学习的教学评价更加关注思想政治学科核心素养的发展，深度学习的议题式教学评价必须把学科内容提升到培育学生思想政治学科核心素养的高度，努力将思想政治学科知识转化为学生的正确的价值观、必备品格和关键能力。

三、深度学习促进议题式教学实施的策略

（一）促进知识迁移应用，增强议题价值引领

为两难性议题寻找解决方案，在争议性情境中激发学生的探究热情是深度学习所追求的知识综合、迁移与应用。在传统的课堂学习中，学生掌握的知识很多都是碎片化的，基于深度学习的议题式教学旨在帮助学生在轻易可以获得的概念与信息之间建立正确的联系，从学生的预习中提炼议题，让学生在参与、体验与感悟的过程中主动进行比较与判断，努力促成实践逻辑与学理逻辑的统一，使知识的动态生成过程演化为学生个性化的人生经历，使议题承载的知识能够内化为学科核心素养，以提高学生在参与社会生活或遭遇相似情境时进行知识迁移的能力。

以新教材必修2《经济与社会》第四课第一框"我国的个人收入分配"的教学为例。以"如何在个人所得税改革中品味获得感？"为议题，既关注议题是否能激发学生兴趣，又寓价值观引导于议题之中，引导学生坚定正确的思想政治方向，坚定制度自信。议题式教学实施思路：第一步，发现差异。学生从对个人所得税减除费用标准调整（从3500元上调到5000元）的不同认识中，发现自己的判断与他人的判断的区别。有的学生认为个税减除的标准越高越好，另一些学生则认为个税减除的标准应与当前的经济发展程度（物价、收入、消费水平等）相适应。第二步，表达观点。学生陈述自己的理由，在交流中理解他人的观点。持"越高越好"观点的学生认为考虑家庭的实际负担情况，"起征点"调高，中等收入群体被排除在征税主体之外，收入就不用"打折"，可以增加更多的消费；持"相适应"观点的学生认为个税作为最公平的税种，要综合考虑各种经济因素，覆盖的人群不应该过少，否则达不到调节的作用，反而有损公平。第三步，作出判断。学生对不同的个税减除标准的观点进行比较，观点间可以求同存异，最终发现"相适应"观点更合理，达成了共识。第四步，知识迁移。学生结合辨析过程进行反思，校正自己认知上的偏差，进行知识间的迁移应用。通过对此案例的分析，学生在以

后参与社会生活的时候，遭遇相似情境（如"五险一金基数到底是不是越高越好？""爱心捐款是不是应设定上限标准？"等）时，就具备了可迁移的关键能力。教师通过引导学生步入辨析式学习，理性面对不同观点，认识到国家通过税收等政策完善个人收入分配，感受到政府在收入再分配过程中为实现公平所做的努力，深刻认识到坚持公平正义的重要性和以人民为中心的发展思想，增强对中国特色社会主义制度优越性的认同。

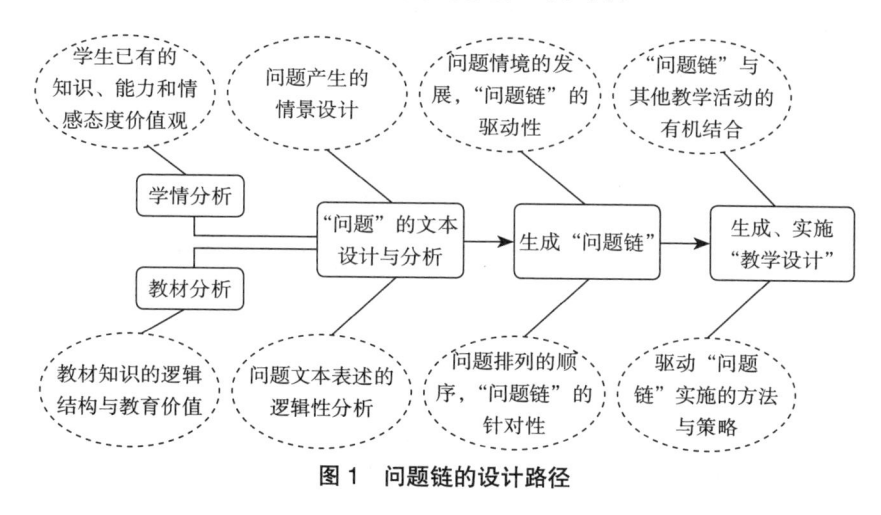

图 1　问题链的设计路径

（二）搭建问题支架，凸显高阶思维能力

目前，议题式教学中之所以会出现许多"假热闹"的课堂，是因为部分教师的教学不能够引发学生的深度思考和互动，议题的设计缺乏挑战性，难以持久有效地激发学生的学习兴趣。深度学习以高阶思维能力为导向，追求学习者在学习过程中养成独立思考的能力，主动地运用所学知识进行新旧知识的联系与迁移，提升学科思维。以深度学习促进议题式教学实施，就需要教师通过连续追问、搭设支架、启发引导等行为，适时给学生以点拨，给学生更多的机会表达自己的观点，促进学生高阶思维能力的进阶，推动学生学习的迁移与应用。搭建问题支架，重心是设计问题链，问题链的生成过程如图1[3]所示，是从学情分析和教材分析出发，通过对问题的文本设计与分析，生成问题链，最终演化出可以实施的教学设计。

以新教材必修3《政治与法治》第五课第一框"人民代表大会：我国的国家权力机关"的教学为例。以"怎样看人大代表的作用"的总议题为问题链的重心，以三个子议题作为进阶式的问题排列顺序。[4]首先，通过模拟体验人大代表的产生过程和履职活动，归纳人大代表的产生方式和人民代表大会的性质与地位；其次，辨别全国人民代表大会职权与人大代表职权，描述两者之间的关联；最后，以"人大代表要不要专职化"为辩题，组织学生分立场讨论，学生通过小组交流协商，在比较鉴别中达成共识，反对人大代表专职化，认识到人民主体地位在人大制度设计中的重要价值，明确民主与效率的问题。学生通过表达自己对人大代表在治国理政中的重大作用的积极看法和观点，展现在国家重大事务中相信并依靠人大代表保障人民利益的价值取向和行为选择。

（三）迈入社会大课堂，促进学生知行合一

学科内容的教学与社会实践相结合，是活动型学科课程的显著特征，也是学生在思想政治课程深度学习中产生获得感和成就感的必然要求。在议题式教学中，教师应引导学生把所学知识迁移与应用到社会实践中，实现知识由个体经验转化为综合实践能力，这也是学习结果外化的重要表现，有助于增强学生对国家、对社会的情感，养成公共参与的学科核心素养。

首先，组织学生走访本地人大代表，亲身体验人大代表议事议案等形成的流程，与人大代表面对面交流，了解他们履职尽责的经验，获取亲身体验与感官认知，从而真正理解人大代表的活动方式和主要职责。其次，让学生针对本地区"社区养犬（宠物）管理""垃圾分类科普与宣传实效性""如何方便老年病人就医"等热点话题进行社会调研，并模仿人大代表撰写议案，提交给社区及政府相关部门，积极以自己的实际行动为社区或政府出谋划策。通过社会调查与人物访谈等形式，学生可以进一步理解人大代表的作用，锻炼参与政治生活的能力，把思政小课堂和社会大课堂结合在一起，促进知行合一，在实践活动中进一步感悟知识对个人成长的意义。

参考文献：

[1] 中华人民共和国教育部. 普通高中思想政治课程标准（2017年版2020年修订）[M]. 北京：人民教育出版社，2020.

[2] 朱爱武. 高中思想政治课教学议题开发刍议[J]. 天津师范大学学报（基础教育版），2019，20（1）：14-20.

[3] 阎俊. 从"问题"到"问题链"——关注"学生思维品质提升"的思想政治课教学追求[J]. 素质教育大参考（A版），2014（9）：29-34.

[4] 阎俊. 说课：必修3《政治与法治》第五课第一框"人民代表大会：我国的国家权力机关"[EB/OL]. https://www.pep.com.cn/xw/zt/px/2020gztb/zhegnzhi/diyiqi/202002/t20200204_1949370.shtml，2020-02-04.

以深度学习促核心素养发展的化学教学

胡久华[①]

如何实现学生深度学习，促进核心素养发展，是当前基础教育教学急需攻坚的问题，具有重要的意义。实现深度学习能够促进学生学习方式的真正改变，推动学生核心素养的发展，推进实践层面的新一轮课程改革。此外，实现深度学习还能够揭示信息化时代学习的本质和课堂教学的根本任务。

一、什么是化学学科深度学习

化学学科深度学习指的是在教师引领下，学生围绕具有挑战性的学习主题，开展以化学实验为主的多种探究活动，从宏微结合、变化守恒的视角，运用证据推理与模型认知的思维方式，解决复杂问题，获得结构化的化学核心知识，建立运用化学学科思想解决问题的思路方法，培养科学探究与创新意识、科学态度与社会责任，促进化学学科核心素养的发展。

化学学科深度学习旨在通过具有化学学科特色的挑战性任务，促进学生化学学科核心素养的发展。其学习目标更强调在获得化学核心知识的基础上，促进化学学科核心素养的发展；其学习过程强调化学学科特有的学习活动——以化学实验为主的多种探究活动，实现学生学习方式的改变，让学生完成挑战性任务，积极参与，产生情感共鸣；其学习结果更强调化学学科思想方法的理解与运用。

二、指向深度学习的化学教学设计

深度学习的发生需要条件，教师对学习目标、学习内容、学习过程、学习评价的设计是深度学习发生的保障。为了实现学生的深度学习，教师需要依据化学核心知识，确定单元学习主题，依据该单元学习主题的知识结构及其挑战性任务，设计整个教学过程。单元学习主题统领的教学是知识到素养的通道，通过让学生完成具有挑战性的任务促进对化学核心知识和学科思想方法的深刻理解，实现迁移应用，培养学生的关键能力、必备品格和正确价值观。

[①] 胡久华，北京师范大学化学学院教授。

以单元学习主题统领的单元整体教学设计,具体包括:确定单元学习主题、确定单元学习目标、整体规划单元学习主题的教学、设计单元学习活动、设计持续性评价。

(一)确定单元学习主题

深度学习倡导单元学习主题教学,"单元学习主题"是课程实施的单元,以学科核心素养及其进阶为目标,对相关教学内容进行整合,体现学习目标、学习情境、学习活动和学习评价的一致性。

如何确定单元学习主题?确定单元学习主题时要考虑课程标准、化学核心知识结构和学生经验。单元学习主题可以是社会性议题或者热点问题,也可以是日常生产生活中需要解决的问题,还可以是化学学科问题。学生身边需要解决的实际问题更具有驱动性,学生更有兴趣去解决。

确定单元学习主题是深度学习教学设计的首要问题,其思路如图1所示。

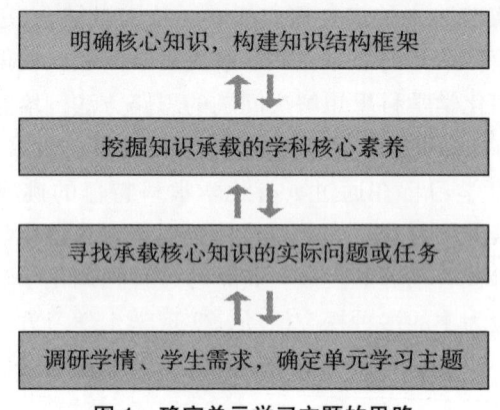

```
┌─────────────────────────────┐
│  明确核心知识,构建知识结构框架  │
└─────────────────────────────┘
            ↑↓
┌─────────────────────────────┐
│    挖掘知识承载的学科核心素养    │
└─────────────────────────────┘
            ↑↓
┌─────────────────────────────┐
│   寻找承载核心知识的实际问题或任务  │
└─────────────────────────────┘
            ↑↓
┌─────────────────────────────┐
│ 调研学情、学生需求,确定单元学习主题 │
└─────────────────────────────┘
```

图1 确定单元学习主题的思路

1. 明确核心知识,构建知识结构框架

通过研究化学课程标准和教材,以及对化学学科知识的理解,明确化学核心知识,构建知识的结构框架。例如,初中金属内容,如果关注的是金属本身,构建的知识结构就包含金属性质、金属应用、金属制备等内容要素;如果整合与金属相关的内容,则不仅要考虑金属本身的结构框架,还应考虑金属应用的材料领域的结构框架(材料的成分、性能、制备、使用),并且将材料的结构框架和金属知识的结构框架相联系,就能构建更具整合性的、更高水平的知识结构框架。水平越高的知识框架,越能包含不同维度的内容,越能反映学科本质和学科思想方法。教师不仅要关注教科书中某节(课题)中的具体知识,更要关注整章(单元)的知识,挖掘不同节(课题)、章之间

教学内容的关系，重视联系实际、科学探究与化学知识间的联系，关注与其相关的化学课程标准的其他内容专题，例如化学与社会发展、科学探究等。

2. 挖掘知识承载的学科核心素养

深度学习的目标不仅仅是让学生获得核心知识，更要让学生获得学科核心素养方面的发展。也就是在知识学习的基础上，发挥知识的育人价值。核心知识是有功能的，能够承载化学学科核心素养，越是核心的知识，越具有教育价值。

挖掘知识的教育价值，需要教师知道学科核心素养有哪些，结合具体知识再进行深入分析。构建出的知识结构有助于挖掘知识的教育价值。例如，构建出初中金属主题的知识结构，有助于挖掘出金属内容承载的研究一类物质性质的思路方法，属于"科学探究与创新意识"核心素养的发展点。如果构建的知识结构包含了材料维度，就能进一步挖掘出金属性质与材料的关系，体现出材料问题分析的基本框架，体现出从化学视角分析金属材料选择和使用的思路方法。如果知识结构中整合了物质制备及其使用与环境、社会的关系，就能够挖掘出金属内容承载的"科学态度与社会责任"核心素养，通过分析金属矿物的开发和金属材料的使用对环境、人类健康、社会发展带来的影响，可以促使学生权衡利弊，分析实际问题时结合可持续发展价值观念，锻炼决策能力。

3. 寻找承载核心知识的实际问题或任务

情境化的教学更能够培养学生的化学学科核心素养，体现知识的育人价值，也更能体现知识的应用价值，培养学生的问题解决能力，具有驱动性和挑战性。因此，明确知识结构，确立知识承载的学科核心素养之后，还需要寻找承载知识的问题或任务，特别是学生感兴趣的热点问题以及学生身边需要完成的实际任务。例如，金属相关的实际问题包括：易拉罐材料的选择与使用、不锈钢保温杯的选择与使用、合理使用金属制品等。

4. 调研学情、学习需求，确定单元学习主题

教师通过对学生的访谈或调查问卷，了解学生感兴趣的、与核心知识相关的实际问题和任务，考虑学生的问题解决能力，进而确定单元学习主题。例如，结合日常生活中与金属材料密切相关、学生感兴趣的问题——易拉罐材料的选择和使用，进而确定单元学习主题为：为我的易拉罐材料代言。这一主题属于实际问题解决类学习主题。实践表明，这类单元学习主题学生非常喜欢，主题名称彰显挑战性和驱动性。

如何诊断单元学习主题是否合适？好的单元学习主题往往涵盖核心知

识，体现知识结构框架；有稳定的认识领域和研究对象，需要一定的认识角度和思路；有真实的客观存在或应用；与其他专题具有实质性联系，具有复杂性和综合性，学生感兴趣，具有驱动性，可实施。好的单元学习主题名称彰显挑战性或体现化学学科核心素养。例如基于证据探索物质世界构成的奥秘、从化学视角分析解决环境问题——酸雨、基于模型系统分析电化学复杂问题等。

（二）确定单元学习目标

深度学习的目标与常规学习目标的相同点是：知识目标符合化学课程标准和教材的基本要求，水平符合学生的已有基础。深度学习的目标，以核心知识为载体，指向学生对学科思想和方法的理解，指向迁移应用所学知识和方法解决问题的能力；关于学科思想方法和核心素养方面的目标，不是泛泛而谈，而是具体明确、可探查的；知识、方法、观念、能力等各维度是整合在一起的。一般通过主要活动或问题解决，获得核心知识，建立解决问题的思路方法，培养必备品格和正确的价值观念。

确定单元学习目标时，要将单元学习主题承载的化学学科核心素养具体化，要把知识、方法、能力、观念、态度等进行整合。思路如图2所示。

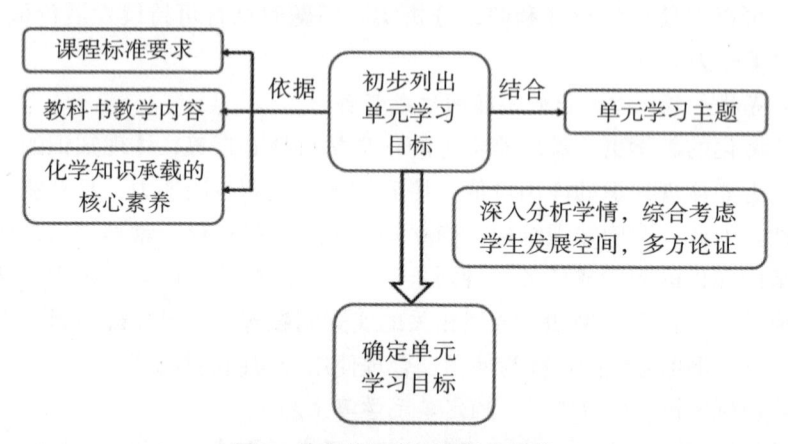

图2 确定单元学习目标的思路

1.依据课程标准要求和教材中的教学内容，依据化学知识承载的核心素养，结合单元学习主题，初步列出了单元学习目标化学课程标准中的内容标准，规定了课程内容及其基本要求；教材给出了具体的教学内容，通过单元学习主题对教学内容进行了重组和整合，明确了需要落实的化学学科核心素养；结合单元学习主题，将核心素养具体化。教师要将课程标准、教材、单元学习主题三者结合，综合分析，初步列出单元学习目标，特别是化学学科核心素养层面的具体学习目标。

2.结合学情分析，综合考虑学生发展空间，多方论证，确定单元学习目标。由于深度学习非常强调学生在学科核心素养方面的发展，制定学习目标要明确具体的学科思想方法。这就需要了解学生的已有观念、方法、能力、素养水平，在此基础上，才能确定通过单元学习主题教学期望学生发展到什么水平。由于以往教师更多关注的是学生在具体知识方面的学情，因此需要通过访谈、问卷等方法确定学生在观念、方法、能力、素养方面已有的基础。最后，再综合考虑学生发展空间，确定核心素养方面目标的具体内容及其水平，进而确定单元学习目标。

（三）整体规划单元学习主题的教学

确立单元学习主题和单元学习目标之后，教师要进行单元学习主题的整体规划，综合考虑问题解决过程、知识逻辑顺序、学生的认知发展、学生的能力发展。单元学习主题教学的整体规划一般分为三个阶段：设计问题；规划课时及其安排；系统审视、优化设计（图3）。

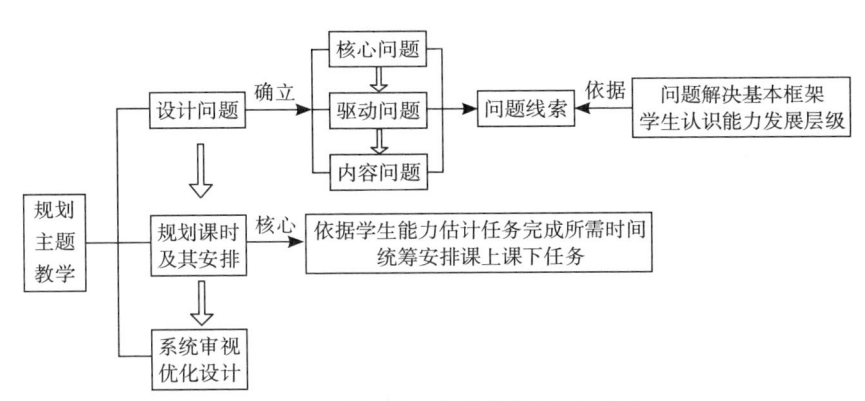

图3 单元学习主题教学整体规划的程序

1.拆解任务，设计问题。包括确立主题的核心问题、驱动问题和内容问题。依据单元学习主题，拆解任务，确立核心问题，然后依据核心问题解决的基本框架、学生认识能力发展层级设计驱动问题。核心问题是主题的关键问题，驱动问题一般具有普适性和开放性，符合主题教学完成的基本思路和框架，能激发学生的好奇心，并且需要高层次思维，值得不断探究。

2.规划课时及其安排。首先依据学生能力估计任务完成所需的时间，进而规划每个任务的课时及其安排。尽可能通过单元学习主题涵盖主要的教学内容，实在无法进入主题中但需要掌握的零散知识点，可以在单元学习主题教学的不同阶段进行专门的梳理。然后，确定每课时需要完成的任务，明确具体问题、知识、活动、素材等。在该阶段需要统筹安排课上和课下任务，确保需要教师指导的核心活动在课上进行，学生可以自主完成的任务在课下完成。课下任务是课上任务的延伸或为课上任务奠定基础。

3. 系统审视，优化设计。再次检查确认：是否涵盖了化学核心知识；是否围绕单元学习主题，合理设计了驱动问题；是否将教学内容与问题解决进行了较好的融合；是否体现了解决问题的思路和框架；是否提供了适用于学生化学学科核心素养发展的活动；课上课下任务安排是否合理且有可操作性。根据发现的不足，进行教学设计的改进和优化。

（四）设计单元学习活动

设计单元学习活动，需要整体考虑问题解决过程，特别是驱动问题解决所需要的活动，让学生真正经历问题解决的过程，确保核心素养发展所必需的活动的开展，注重活动的开放度。此外，还要尽量在整个单元学习活动中，让学生体验关键能力的不断进阶，从学习理解到实践应用，再到迁移创新。

1. 根据驱动问题和内容问题解决的需要设计活动

教师需要综合考虑驱动问题的作用（能否落实学生化学学科思想方法的建构和核心素养的发展）、学生的活动经验基础、教学时间安排等确定活动形式。越是需要学生的问题解决能力的，越需要探究、研讨等活动形式，让学生经历自主解决问题的过程；越是重要的化学知识，越需要学生经历探究、研讨等活动形式，让学生亲自经历知识的建构过程或者问题解决过程。不要盲目地让学生查找资料或者汇报，需要分析资料查阅或者汇报的过程中学生能够收获什么。如果仅仅让学生获得事实性知识，就需要谨慎使用了。

2. 确保核心活动的重要地位和实施空间

由于教学时间有限，教师需要分析活动的主次，确保核心活动的重要地位和实施的空间，确保核心活动的开放度，避免学生的实践性和自主性过弱。重要的需要教师指导的活动在课堂上进行，给学生充足的时间，次要的、学生能够自主进行的活动课下进行。因为学科思想方法的获得，特别是化学学科核心素养的培育，需要学生真正自主进行活动，仅凭教师的阐述分析或总结提炼是不能将其直接内化为学生的能力或者行为的。

3. 统筹设计课上活动与课下任务

单元学习主题的活动设计，不仅要考虑不同课时间活动的关系，满足整个单元系统的问题解决框架或者学生认识能力发展的规律，还要密切考虑课上活动与课下任务的统筹安排，满足课上活动的需要与课后的延伸。例如，分析铁、铜、铝材料的成本这一驱动性问题，需要学生在课堂上进行深入的探讨、分析。教师可先让学生课下自主查找资料，分析从成本的角度看，更倾向选择铁、铜、铝中的哪种作为易拉罐的材料。该任务放在课下进行，既为课上研讨材料成本问题奠定了基础（学生初步掌握了分析金属材料成本的基本角度），又让学生在查找资料、解决问题的过程中获得了一些基本的化学知识（铁、铝、铜的制备方法等）。此外，也为课上的研讨提供了一些基本资料和认识。这种课下任务的设计既与学习目标一致，又具有驱动性，还能够服务于课上活动，增强学生在课上活动中的积极性和思维的深刻性，很符合深度学习活动的特点。

4. 结合多个方面综合考量活动的质量

为了确保活动的适宜性，需要从多个方面对设计出来的活动进行考量：重要的活动是否与深度学习目标相契合；是否让学生参与了挑战性任务；是否给予了充足的时间开展重要活动，是否让学生进行了充分实践或者完整体验；课上课下活动是否有机结合，分配和衔接是否合理；在整个单元学习主题中，学生是否经历了多样化的活动形式；每个活动的目的与内容、形式与组织、素材选取与使用是否匹配，例如，根据需要确定是否让学生进行资料的查阅和汇报，避免盲目地让学生活动。活动的目的是解决问题，需要根据问题的类型和解决问题的目的，选择适宜的活动形式。总之，应该讲解的时候，要讲解得清楚、到位；该指导示范的时候，要指导得清楚、示范得清晰；该让学生探究的时候，要让学生进行充分的探究。

（五）设计持续性评价

持续性评价是指整个单元学习主题教学过程都要进行评价，包括教学前、教学中的重要环节和教学后。持续性评价的内容既包括核心知识，又包括化学学科思想方法、问题解决能力、必备品格和价值观念等。在单元学习主题教学中，学生的发展是通过一系列的学习活动逐渐进阶的，教师不仅要通过持续性评价诊断学生的素养水平，还要通过活动中的过程性评价促进学生核心素养的进阶，并且依据学生的表现调整教学进程及其活动。要达成上述目的，需要对持续性评价进行整体规划，设计持续性评价方案，具体包括评价目标、评价标准、评价任务、评价方式与评价工具。单元学习评价方案设计的思路和流程如图4所示。

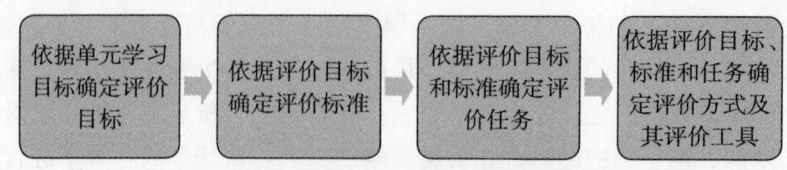

依据单元学习目标确定评价目标 → 依据评价目标确定评价标准 → 依据评价目标和标准确定评价任务 → 依据评价目标、标准和任务确定评价方式及其评价工具

图4　单元学习评价方案设计的思路和流程

评价目标与单元学习主题、学生化学学科核心素养发展目标要一致，评价标准指向化学学科核心素养具体内涵的活动表现，评价任务对应单元学习活动，评价方式要多样化，可以是教师和学生的即时点评，可以是教师的阶段性总结评价，也可以是依据评价工具的活动表现评价等。

针对核心活动的评价需要结合一定的评价工具——评价量表，可以是教师的观测量表，也可以是学生的自我检查清单。设计观测量表，要根据评价目标和评价标准进行等级细化，找到区分水平的行为表现差异点，确定等级指标，以便于观测评量。学生的自我检查清单的设计，需要遵循导向性和过程性原则，能够反映学生活动中的关键要素，引导学生积极表现，促进学生自我反思。

在设计单元学习评价方案时，还要预设学生的表现，进一步设计指导反馈的内容。与活动相融合的评价，需要教师关注如何对学生进行即时的反馈和指导。既要通过评价反馈帮助学生概括问题解决的思路或者角度，还要通过追问引导他们发现自己思维或者方法中存在的不足。在提前预设的基础上，教师应结合课堂上学生的真实表现，进行针对性的评价反馈。

三、指向深度学习的化学教学实施

教师在开展深度学习时，经常面对如下问题：即使设计了多样化的学习活动，但在实施时却变成了教师的启发讲解，没有让学生充分实践体验；由于让学生充分探究和体验，课上时间很紧张；学生呈现了丰富多彩的表现，教师不知如何对学生的表现给予反馈评价；课堂上出现了较多与预设不一样的情况；等。面对这些问题，教师需要具备一些基本的应对策略，更需要通过教学实践，逐渐养成深度学习的教学观念和教学行为习惯。

（一）让学生充分实践体验，亲历问题解决过程

教师需要思考是否让学生真的活动，是否提示问题解决的角度和思路，是否示范问题解决的方法，这是教学开放度的重要指标。虽然教师在备课中已经对单元学习主题教学进行了规划，并不代表学生一定要按照教师规划的

进行，教学要充分体现学生解决问题的自主性。

（二）充分预设与生成

教师要预设和捕捉学生核心素养的行为表现，根据学生的实际，及时调整教学活动。由于深度学习强调学生的自主体验实践，开放性比较大，与教学预设不一致的"意外"情况发生的概率较大。为了能够及时应对"意外"，顺利开展活动，在活动实施之前，教师需要做到精心备课，根据学生的知识和能力基础、思维发展水平，从学生视角分析核心活动，提前预设学生可能出现的问题，并想好对策。对于临时出现的"意外"，教师要分清主次，明确每个活动要达到的目标，将学生的行为与活动目标进行关联，做出应对，不要被"意外"牵着走。教师需要不断地积累和反思，丰富学科知识、总结实施开放性活动的经验，才能运用简明、学生能够理解的语言对超出范围的问题进行解释。

（三）实现深度互动

基于学科核心素养发展的需要，实现对话、追问和思维外显。应用信息技术提高交流的效率和深度。信息技术手段给学生提供了多样的展示方式和途径，学生可以运用PPT、视频、微信群、公众号等多种方式展示学习成果和作品，还可以与其他同学进行充分交流，深度研讨，甚至相互评价。单元学习主题教学需要丰富的学习资源，包括实际问题的素材、真实的场景图片，问题解决需要的资料等，这些都可以通过信息技术手段更加有效地提供和呈现，可以运用PPT、iPad、公众号等方式让学生更加直观地获得信息。教师还需要不断积累经验，明确如何进行针对性的追问和引导，外显学生问题解决的思维过程，外显关键能力。

（四）指导与讲解到位

教师要进行必要的示范，呈现相关的资料、证据，给予学生针对性的反馈评价，提升学生解决问题的能力。教师需要真正了解学生，明确学生在学习过程中的障碍和困难，针对核心素养发展的需要，给学生提供问题解决的资料和方法支架，对学生在问题解决过程中的表现，给予针对性的评价反馈，让学生更好地了解自己的优势和存在的不足，促进学生核心素养的持续进阶。

深度学习强调以任务和问题解决为依托组织教学内容，以学生为主体开展教学活动，以多样化方式和策略展示学习成果。这些都要求教师熟悉问题解决式教学、主题式教学、项目式教学等教学方法，要求教师自身具有综合解决问题的能力，具备创设学习环境、组织和管理课堂等各方面的教学策略。

我们需要对教师在教学过程中的角色进行重新定位，教师不再仅是知识的传授者，更是活动开展的组织者、引导者、咨询者和评价者。教师固有的教学行为和习惯会在一定程度上影响深度学习的开展，这就需要教师在教学改进中，逐渐改变教学理念和教学行为，设计和实施真正促进学生核心素养发展的深度学习过程。

从深度学习跨向素养养成
——《浮力》一课教学设计与反思

骆 波[①]

【教学主题】

《浮力》

【教学目标】

浮力是初中物理"运动与相互作用"主题下综合性较强的学习内容,教材编排在密度、力、力与运动之后的《压强与浮力》一章。课程标准对这一章节的要求是使学生通过实验认识浮力,探究浮力大小与哪些因素有关,知道阿基米德原理。教材正文有两大模块:浮力(体验浮力的存在、知道浮力的方向、设计实验判断下沉物体是否受到浮力)、阿基米德原理(探究影响浮力大小的因素、阿基米德原理)。课后练习主要是与浮力有关的小实验或简单计算,可供课堂学习评价使用。

结合以上要求,从着眼于培养学生高阶目标和批判性思维等核心素养视角,笔者设计了以下具体目标:

①通过学生动手实验,体验浮力的存在,知道浮力的方向,会使用弹簧测力计测量浮力的大小;

②经历探究影响浮力大小的因素的过程,知道阿基米德原理;

③了解猜想在科学探究中的意义,体会剔除错误猜想、合并有效猜想的研究方法。

【教学设想】

学生自主探究。教学中,要求学生根据实验目的设计(分析)实验步骤,对实验结果和过程进行评估(评价),并对实验方案进行优化和改进(创造)。特别强调由表及里,体现"学以致用"。

其主要流程如图1所示。

[①] 骆波,江苏省锡山高级中学实验学校教师。

基于核心素养的深度学习

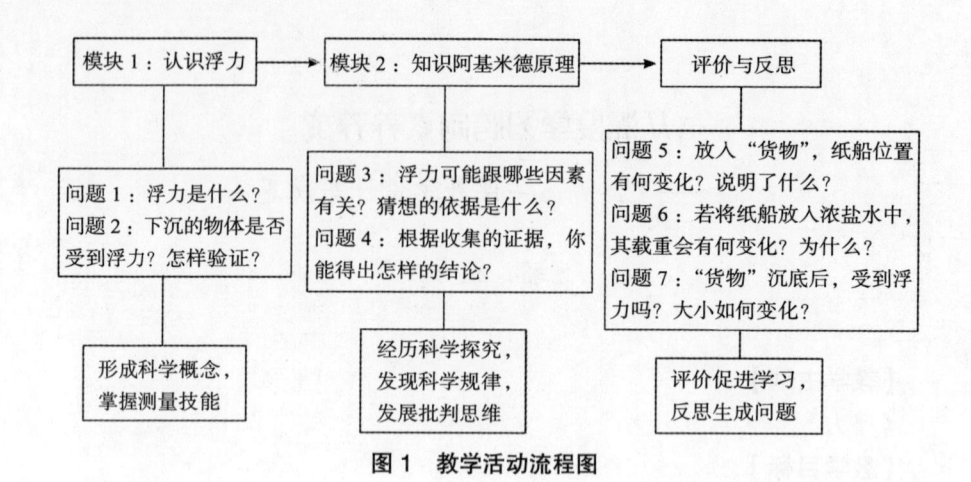

```
模块1：认识浮力 → 模块2：知识阿基米德原理 → 评价与反思
```

- 问题1：浮力是什么？
- 问题2：下沉的物体是否受到浮力？怎样验证？

- 问题3：浮力可能跟哪些因素有关？猜想的依据是什么？
- 问题4：根据收集的证据，你能得出怎样的结论？

- 问题5：放入"货物"，纸船位置有何变化？说明了什么？
- 问题6：若将纸船放入浓盐水中，其载重会有何变化？为什么？
- 问题7："货物"沉底后，受到浮力吗？大小如何变化？

形成科学概念，掌握测量技能

经历科学探究，发现科学规律，发展批判思维

评价促进学习，反思生成问题

图1 教学活动流程图

【教学过程】

依托三组学生自主的探究活动，认识影响浮力大小的因素，由繁入简，深切体验，让学生在课堂上亲身经历"去伪存真"的探索过程（图2）。

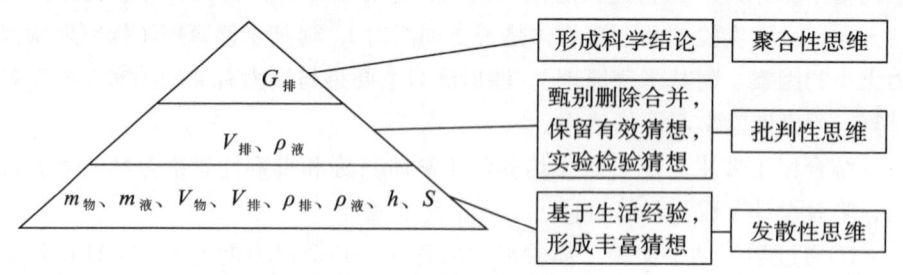

金字塔（由顶到底）：
- $G_{排}$ —— 形成科学结论 —— 聚合性思维
- $V_{排}$、$\rho_{液}$ —— 甄别删除合并，保留有效猜想，实验检验猜想 —— 批判性思维
- $m_{物}$、$m_{液}$、$V_{物}$、$V_{排}$、$\rho_{排}$、$\rho_{液}$、h、S —— 基于生活经验，形成丰富猜想 —— 发散性思维

图2 科学探究金字塔

教学活动简录如下：

模块一：认识浮力

视频：国产航母正式出坞（国之重器为什么能浮在海面上？）

演示：乒乓球为什么能从水里浮上来？

气球为什么能腾空而起？

学生：受到浮力。

思考：浮力的施力物体是什么？

学生：液体（航母受到的浮力、乒乓球受到的浮力）、气体（气球受到的浮力）。

演示：如图3所示实验，观察乒乓球所受浮力的方向。

图3 浮力的方向

学生：向上。

思考：请结合以上实验及生活经验，为浮力下定义。

小结1：浮力定义——浸在液体或气体里的物体，受到向上的托力。

设计实验与收集证据：判断下沉的物体是否受到浮力（等体积的铝块、铜块）。

思考：什么现象支持你的猜想？你能根据收集的数据得出浮力的大小吗？

实验与分析：如图4所示，观察到当物体浸入水中时弹簧测力计示数变小，完全浸没后示数不再变化。根据受力分析得知，减小的示数即为浮力大小。

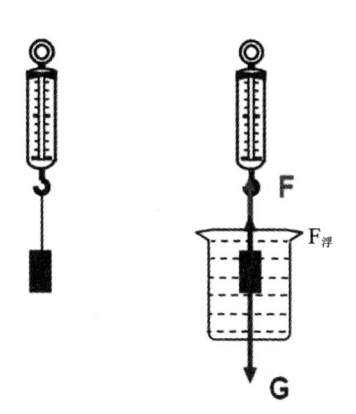

图4 下沉物体受到的浮力

小结2：称重法测量浮力的大小（设计意图：深度学习的特征之一是注重学生的自主建构，教师创设情境，学生从现象中提取浮力的特点，建构浮力的定义。探究具有一定的开放性，学生设计实验方案验证猜想，并通过受力分析归纳出测量浮力大小的方法。）

基于核心素养的深度学习

模块二：知道阿基米德原理

体验：如图 5 所示，将旋紧瓶盖的空矿泉水瓶逐渐压入水中，用力大小有何变化？将一枚鸡蛋分别轻放入清水、浓盐水中，现象有何不同？

图 5　猜想影响浮力大小的因素

观察：用力大小逐渐变大；在清水中鸡蛋沉底，在浓盐水中鸡蛋漂浮。

猜想：结合以上体验及生活经验，你认为浮力大小可能与哪些因素有关？

学生：$m_物$、$m_液$、$V_物$、$V_排$、$\rho_物$、$\rho_液$、h、S……

思考：哪些现象或经验，支持你的猜想？你能设计实验验证你的猜想吗？

讨论与展示：剔除不当猜想，合并有效猜想。(充分预设学生可能的猜想，备好证明所需的实验器材)

①根据图 4 实验，等体积的铜块、铁块所受浮力相等，可证明浮力大小与 $m_物$、$\rho_物$、h 无关；

②改变液体的多少，重复图 4 实验操作，发现浮力大小不变，可证明浮力大小与 $m_液$ 无关；

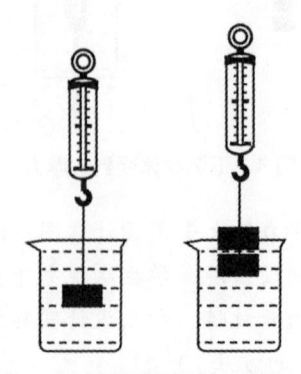

图 6　验证影响浮力大小的因素

③设计如图6所示实验，左图中当铁块平放浸没在水中时，与图4所受浮力相等，表明浮力大小与S无关。右图中将两个相同铁块用细线相连，发现当一个铁块浸入水中时，所受浮力仍与图4相等，表明影响浮力大小的因素不是$V_{物}$而是$V_{排}$。

收集证据：分组进行实验（图7），探究浮力大小与$V_{排}$、$\rho_{液}$的关系。

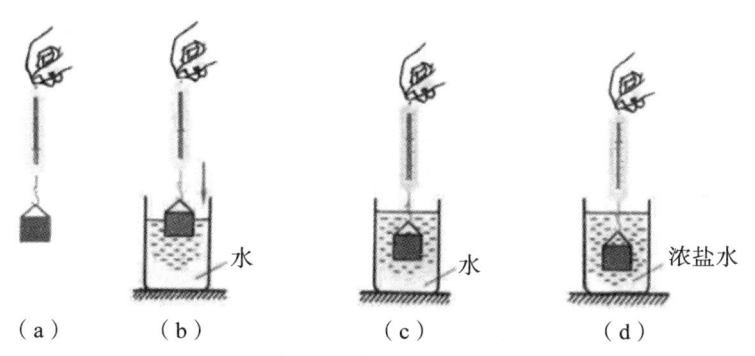

（a）　　（b）　　（c）　　（d）

图7　探究影响浮力大小的因素

小结3：浮力的大小与其排开液体的体积和液体的密度有关。

猜想：$V_{排}$、$\rho_{液}$能否进一步合并？

演示：测量$F_{浮}$、$G_{排}$（图8）。

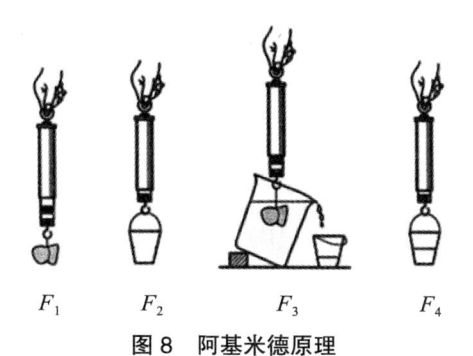

F_1　　F_2　　F_3　　F_4

图8　阿基米德原理

小结4：阿基米德原理——$F_{浮}=G_{排}$

推导：$F_{浮}=G_{排}=m_{排}g=\rho_{液}gV_{排}$，也论证了小结3的结论。

计算：中国第一艘国产航母，舰长315m、舰宽75m，能搭载近50架各型舰载机，排水量$5.5×10^4$t，满载时排水量达$7×10^4$t，请问：满载时所受的浮力为多大？

基于核心素养的深度学习

解：根据阿基米德原理，

$F_浮 = G_排 = m_排 \quad g = 7 \times 10^4 \times 10^3 kg \times 10^N/kg = 7 \times 10^8 N$

延伸：物理学史——王冠之谜和阿基米德原理

（设计意图：对学生的众多猜想持开放和鼓励姿态，追问学生每一个猜想的依据，启发学生设计验证性实验，通过实验将部分猜想剔除、合并后，再由学生分组实验探究浮力大小与 $V_排$、$\rho_液$ 的关系。学生经历与科学工作者相似的探究过程，主动获取物理知识，领悟科学探究方法，发展科学探究能力。）

【教学评价】

在以上探究活动结束后，笔者还设计了一项评价活动，旨在促进学生学习和反思。评价活动设计如下：

操作：折一只小纸船，使它漂浮在水面上，然后向其中放入"货物"，比比谁的小纸船装的"货物"最多。

思考：逐渐放入"货物"，纸船位置有何变化？浮力大小如何变化？若将同一纸船轻放在浓盐水中，其能装的"货物"会有变化吗？最终"货物"沉底后，还受到浮力吗？

（设计意图：注重以评价促进学习，多采用表现性评价和质性评价）

【教学反思】

这堂课力图通过高阶思维触及知识内核，让学生通过深切体验进而发展核心素养。课中突出了对学生批判性思维的培养，体现了深度学习的特点，努力尝试从"知识取向"向"素养取向"转变。

课中有一些遗憾，如，纸船实验后，有一位学生汇报"纸船浸入水中的体积变大，浮力不变"，当时匆忙中让其小组同学来补充了正确答案，如果当时能够追问该学生做出此判断的原因，从而纠正这一典型错误，应该会更加明智。因为前概念往往是顽固的，若要发展成科学概念，免不了经历反复追问的过程和基于实验和事实的思辨。今后课中要善于利用学生的"思维搁浅"，捕捉学生表达中的错误之处并加以追问，更好地发挥评价促进学习的功能。

指向核心素养的教学变革，需要立足课堂教学，把握学科特质，引导学生深度学习，并探索指向深度学习的教学准备、课堂组织和科学评价。

附：本课中供学生使用的学习任务单 1

任务单比目前国内广泛使用的导学案、讲学稿更具开放性，为学生整体思考、完整表达和科学评价搭建了平台，是支撑课堂深度学习的重要资源。

§10.4 浮力（第一课时）

【学习指南】

（一）学习目标（略）

（二）学法指导

1. 受力分析是分析和解决力学问题的关键。浮力是我们本节所要学习的新内容，但研究方法与之前的力、力与运动等力学篇章一脉相承。

2. 猜想与假设是科学探究的要素之一。探究中需根据经验和已有知识对问题的可能答案提出猜想。当猜想较多时，我们应首先对猜想的合理性做出初步判定，剔除不当猜想，合并有效猜想，进而明确探究的方向。

【学习任务】

任务一：认识浮力

1. 请同学们结合下列现象，尝试对浮力下定义：万吨航母浮在海面上，乒乓球从水里浮起来，气球腾空而起……

请画出浮力的示意图。

学习小结 1：浮力定义——

2. 下沉的物体受到浮力吗？你能设计一个实验来验证你的猜想吗？

猜想：下沉的物体（受/不受）浮力设计：验证猜想的实验方案（请画出简图）

你能根据收集的证据得出浮力的大小吗？

学习小结 2："称重法"测量浮力大小——

任务二：知道阿基米德原理

1. 探究影响浮力大小的因素体验：将旋紧瓶盖的空矿泉水瓶逐渐压入水

中，手的感受有何变化？

将一枚鸡蛋分别轻放入清水和浓盐水中，现象有何不同？

猜想：结合以上体验并联系生活经验，浮力大小可能与哪些因素有关？

设计：检验猜想的实验方案（画出简图）

学习小结3：浸在液体中的物体，所受浮力的大小与_____有关。

2. 阿基米德原理

猜想：$V_{排}$、$\rho_{液}$能否进一步合并？

验证：测量中，F_1、F_2、F_3、F_4满足怎样的关系，即可验证你的猜想？

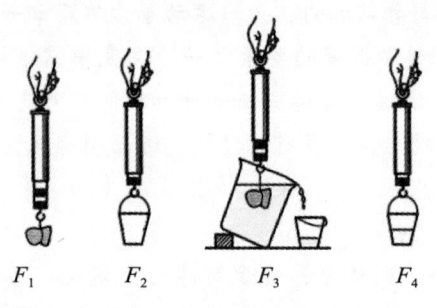

F_1　　F_2　　F_3　　F_4

学习小结4：阿基米德原理。推导阿基米德原理与"探究影响浮力大小的因素"实验结论间的联系。

计算：中国第一艘国产航母，舰长315m、舰宽75m，能搭载近50架各型舰载机，排水量$5.5×10^4$t，满载时排水量达$7×10^4$t，请问：满载时所受的浮力为多大？

【学习评价】

操作：折一只小纸船，使它漂浮在水面上，然后向其中放入"货物"（回形针），比一比谁的小纸船装的"货物"最多。思考：逐渐放入"货物"，纸船的位置有何变化？浮力大小如何变化？为什么？若将同一纸船轻放入浓盐水中，其能装的"货物"会有变化吗？为什么？

"货物"沉底后，还受到浮力吗？浮力大小如何变化？

【学习档案】

表达：今天我在组内发言_____次，面向全体同学发言_____次。

实验：今天我在实验中的分工是_____。你们小组是否达成了实验目的？如果未达成，主要原因是什么？

引思：通过本课学习，你对"猜想在科学探究中的意义"有新认识吗？

你还有哪些疑惑待解决？关于浮力，你还想知道什么？

指向素养养成的化学深度学习

——"保护珊瑚礁——水溶液中的离子平衡主题复习课"例析

陈　争[①]

《普通高中化学课程标准（2017年版）》明确提出要培养学生的化学学科核心素养，通过中学化学课程的学习，帮助学生形成"宏观辨识与微观探析、变化观念与平衡思想、证据推理与模型认知、科学探究与创新意识、科学态度与社会责任"五个方面的化学学科核心素养。

体现学科育人的价值导向，必须改变传统的以知识为主体的教学方式和理念，探索适合学生素养发展的教学形态。"深度学习"是一种基于理解的学习。教育部基础教育课程教材发展中心"深度学习总项目组"将其界定为：在教师引领下，学生围绕着具有挑战性的学习主题，全身心积极参与、体验成功、获得发展的有意义的学习过程。在这个过程中，学生掌握学科的核心知识，理解学习的过程，把握学科的本质及思想方法，形成积极的内在学习动机、高级的社会性情感、积极的态度、正确的价值观。该界定通过"挑战性主题"明确教学要有核心活动，确保学生思维的深度，通过"全身心积极参与、体验成功"界定学习过程中学生参与的思维深度和情感深度，通过"获得发展"界定学习结果的深度。可见，深度学习是促进学生核心素养发展的有效途径。

深度学习的四个要素是学习目标、挑战性学习主题、深度学习活动和持续性学习评价。实施深度学习，关键是打通这四个要素的内在关联并加以落实。

本文以《保护珊瑚礁——水溶液中的离子平衡主题复习课》为例，从学习主题的选取、学习活动的设置等方面，探析在化学课堂上实施深度学习的策略。

[①] 陈争，北京一零一中学化学特级教师。

一、学习主题的设定

要想让深度学习成为可能，首先需要寻找到一个合适的主题，这个主题的特点是具有挑战性和复杂性，问题情境要真实，问题的解决过程能体现学生高阶思维活动。寻找和设置这样的学习主题，应该从社会热点、生活实际等，结合化学学科学习要求几方面进行思考（图1）。

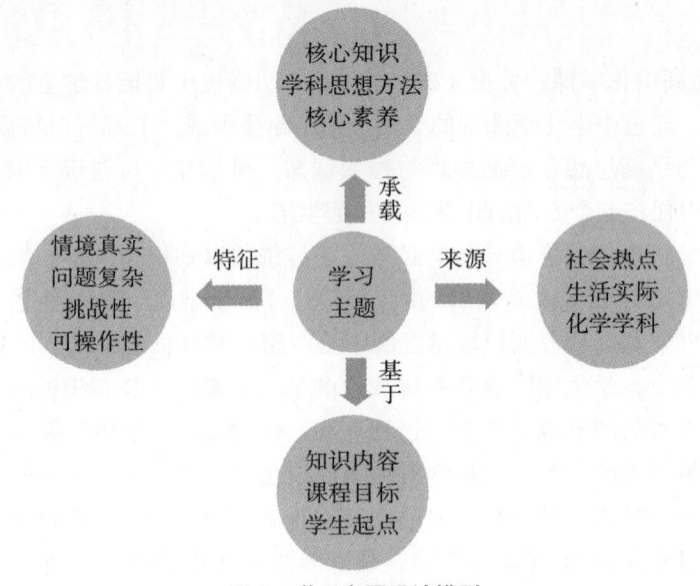

图1 学习主题设计模型

就"保护珊瑚礁——水溶液中的离子平衡主题复习课"这节课来说，学科知识要求是对水溶液中的离子反应与平衡进行复习，课程标准的要求是通过对水溶液中离子反应与平衡的分析，形成并发展学生的微粒观、平衡观和守恒观；另一方面，结合宏观现象、实验数据等证据素材，引导学生形成认识水溶液中离子反应与平衡的基本思路。

作为单元的复习课，学生在复习过程中不仅需要完成对本章的知识进行梳理和使零散的知识结构化的学习任务，而且需要在学习的过程中实现从单一平衡的孤立分析到多重平衡体系的系统分析的认识进阶，并且能够形成分析较复杂的水溶液中平衡问题的系统思路，建立认识模型。其中认识模型应该包括认识角度和认识路径。那么，我们创设的复杂问题平台就应该具有这样的功能，提供全部的认识角度，使学生能够通过学习找到认识路径。

海水是一个比较复杂的水溶液体系，在海水的环境系统中能产生很多实际应用水溶液中离子平衡的问题，珊瑚的形成这个素材在课程标准中被明确提出。在对珊瑚的素材进行研究的过程中，发现这一素材包含了丰富的教学价值：

1. 可拆解性。首先将珊瑚的形成、破坏、保护拆解成三个问题来解决和研究。

2. 综合性。在问题的研究过程中需要用到水溶液中离子平衡的所有类型。

3. 相关性。在形成和破坏的过程中都有多个相关联的平衡移动，可以对学生的平衡观和变化观做进一步的探查、评价，促进思维进阶。

4. 典型性。系统足够典型，就是用熟悉的重要的基本反应，在复杂的体系中建立联系，从而形成水溶液中离子平衡分析的认识模型。

5. 可操作性。在活动设计中有可操作的实验，能够提供给学生的证据可以从简单实验现象发展到精确的实验数据，发展学生应用事实证据进行推理论证的能力。

因此，无论是在学科知识上，还是在学科思想和问题解决能力上，这一学习主题都对发展学生的化学核心素养具有重要价值。

二、学习活动的实施

通过深度学习，学生能否把零散的碎片化的知识加以整合，实现知识的结构化；能否在面对复杂问题时，主动拆解问题，进行系统思考，实现认知方式的结构化；是从简单获取知识转向深度学习的关键。如何实施深度学习的课堂教学呢？这需要教师不断地为学生搭建有利于实现认知结构化的思维平台。设计思路如图2。

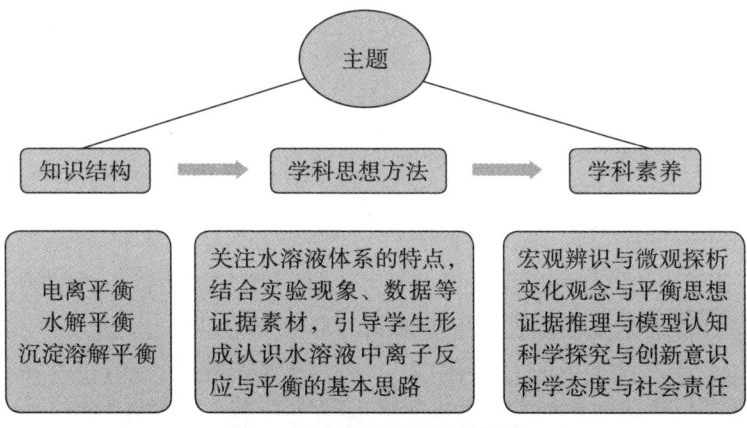

图2 深度学习活动设计思路

（一）任务设计指向学生的认识角度和解决问题的思路

教师设置的学习任务落点不是任务达成或者完成任务所需的知识。任务指向的是学生系统化思考的角度，注重问题解决的思路，学生的行为是教师为其搭建的思维平台的外在表现。

这节课的任务从一段视频引出：人类无限制地进行碳排放，温室效应使环境温度升高，大量珊瑚白化、死亡，同时二氧化碳排放过多导致海水酸化，使珊瑚礁难以钙化甚至溶解。珊瑚礁大量死亡是环境被破坏的一个缩影，拯救珊瑚礁的深远意义在于拯救人类赖以生存的环境。

视频渲染出一种人类面对环境被破坏时的焦虑情绪，激发学生关注社会，认识到学习化学的实际价值，为提出任务做好心理铺垫。学生通过观看视频，提取信息，思考如何完成拯救珊瑚礁的任务。学生需要把真实情境问题转化成化学问题，并提出自己的系统研究问题的角度和设想——需要学习哪些知识，需要从哪些角度去研究？

珊瑚礁是怎么形成的？珊瑚礁被破坏跟温室效应有什么关系？如何保护珊瑚礁？这三个实际的具体问题，是一条暗线，指向学生形成"是什么？为什么？怎么办？"的系统思考的角度。

（二）活动实施促进学生深度思维，实现认知结构化

解决问题仅仅是学生外在的行为表现，在解决问题的过程中学生认知的发展、思维品质的提升作为一条暗线应该贯穿问题解决的始终。布局这样的一条线索，需要教师充分了解学生的认知起点，明确学生的认知终点，为其提供恰当的环境，让学生主动构建认知发展路径。教师还要尊重学生的思维习惯，不要急于把自认为正确的逻辑强加于学生。学生只有发现自己思维的障碍点，自我调整，建立符合自己习惯的思维逻辑，才算真正进行了深度的思维活动，形成认知的结构化。

1. 探查认知障碍，定性建构认识模型

了解学生的认知起点和思维障碍，不能只凭借经验，而要基于学生真实的反馈以及对反馈的分析。针对学生的障碍点，教师要给予适当的支持。

在分析珊瑚礁是如何形成的活动中，教师为学生提供了一些资料：正常海水的pH值、海水的成分表、水溶液中含碳元素的微粒百分含量随pH值变化的图像，要求学生根据资料推测珊瑚的形成过程。经过讨论，学生有3种观点。观点1：海水中的Ca^+和CO_3^{2-}反应直接形成的；观点2：海水中的Ca^+和HCO_3^-反应形成的；观点3：两种可能都有。在讨论的过程中可以观察到，学生的表现各有不同。有的学生用物质和曾经学过的化学反应方程式

来分析,不能明确指出海水中的微粒种类和珊瑚形成的关系,其原因是没有建立微粒观。有的学生具有了一定的微粒观和平衡观,但是缺少变化观,这类学生能根据海水中粒子的种类,寻找海水中存在哪些平衡,但不能判断这些平衡之间存在怎样的联系。还有的学生能根据海水的pH值判断海水中重要离子的数量关系,根据各种含碳元素的微粒百分含量图,确定微粒的数量,然后提出质疑或推测,因为HCO_3^-的浓度很大,有可能在钙化过程中会对碳酸钙的生成有贡献。但是几乎所有的学生都不能说出如果碳酸氢根参与了钙化的过程,平衡是怎样变化的,会有哪些现象出现。于是,教师设计实验。

模拟浓缩海水主要成分的溶液,将它们混合,观察现象并分析实验结果,对自己的推测进行论证。这个设计意在让学生通过实验寻找相应的证据验证自己的预测,发展学生利用实验进行证据推理的素养。

实验1:将按照海水比例浓缩的$CaCl_2$溶液和Na_2CO_3溶液混合。

实验2:将按照海水比例浓缩的$CaCl_2$溶液与Na_2CO_3和$NaHCO_3$的混合溶液混合。

在实验1中,学生观察到有很少量的白色沉淀,在实验2中,学生观察到有大量的白色沉淀,说明海水中的碳酸氢根对钙化作用起到了决定性的作用。但是学生并不能判断水溶液中平衡的移动。进一步观察后,学生发现实验2有气泡产生,有的学生可以解释二氧化碳的生成,是碳酸氢根离子和氢离子生成碳酸的平衡移动带来的结果,碳酸分解产生二氧化碳。但是需要继续逆向寻找氢离子来源,有的学生找到了碳酸氢根电离的平衡方程式,分析出是碳酸钙的沉淀溶解平衡移动,导致了碳酸氢根电离平衡的移动,导致氢离子浓度增大和溶液中碳酸氢根离子结合。

在这个活动中分析学生的表现,可以发现,学生对平衡体系的分析停留在单一的、单向的层面。遇到复杂水溶液体系,只做了第一轮的判断就停止了。有的学生能判断出体系中氢离子浓度增大,但是氢离子浓度增大后,又会对平衡体系产生什么影响就不再考虑了。由此,教师可以明确学生认知发展的路径——要理解处理复杂的水溶液体系的时候需要基于现象,对微粒和平衡及相互作用进行二次分析。

于是,教师引导学生自我建构认识模型,初步形成认识的结构化。

学生经过讨论,从珊瑚礁的形成过程中找到认识角度,即要先寻找体系内微粒的种类,然后寻找相关的平衡,最后结合宏观现象的证据确定平衡相互作用的结果。但是学生还没有形成认识路径,因此还要让学生不断反思每一个角度之间的对应关系:怎样确定海水中浓度最高的含碳微粒和资料中的哪些信息有关？它的浓度高对钙化作用带来怎样的影响？在思考这些问题的时候，你先思考的是什么？后思考的是什么？在定性分析到定量分析过程中，学生逐渐在认识角度之间建立联系，形成了有效的认识路径，最终在头脑中真正形成对复杂水溶液中离子平衡分析的话语体系和思维逻辑。

2. 完善证据推理的链条，定量使用认识模型

学生虽然构建了、认知了模型，但在应用模型时往往不会把实验现象、实验数据转化成推理的证据，这样推理的链条是断裂的。教师要为学生创设机会，让学生实现知识结构和认识方式关联的同时，形成证据意识，不断完善逻辑推理的链条。

因此，教师提出新的问题：温室效应对珊瑚有什么影响？请设计实验证明你的观点（实验装置如图3，实验数据如图4）。请学生预测钙离子传感器、pH传感器和二氧化碳传感器所描绘的可能会是怎样的曲线。

经过观察发现，刚开始通入二氧化碳会引起钙离子浓度下降，随着pH值下降，钙离子浓度增大，直到pH值趋于稳定，钙离子保持不变。说明相关的离子平衡达到平衡状态。

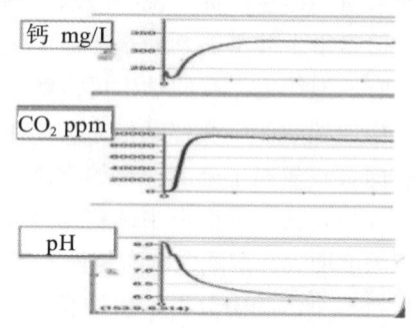

图3 传感器实验装置　　　　图3 传感器实验结果

学生认为在这个过程中应该抓住几个核心的因素，即通过二氧化碳和pH值还有钙离子浓度的变化来观察温室效应导致海水酸化对珊瑚的影响。利用形成的水溶液体系认识模型分析温室效应加剧导致海水酸化，从而破坏珊瑚礁的原因。学生要找到导致海水酸化的物质是二氧化碳，找到二氧化碳在水溶液中的平衡关系，其使水中氢离子浓度增加导致珊瑚礁溶解。

解释其原理，主导沉淀溶解平衡的是碳酸氢根的电离平衡。而电离平衡会产生两个结果，提供碳酸根和氢离子，所以这两个因素对于钙化作用是相互制约的。但是适量地增加二氧化碳是有利于钙化的。只有氢离子增加得过

多，才会打破平衡，使沉淀溶解。这是一个应用模型解决问题的过程。通过这个过程，学生对数据的相关因素进行分析和解读，能够认识到，只有数据而没有得到合理的结论不是科学探究。在分析数据的过程中，将水溶液中的微粒和实际的现象相结合，通过微观分析实现对宏观现象的预测，并能够根据此证据提出创新的想法。

3. 优化认知结构，创新应用认识模型

能主动使用模型分析问题，说明学生已经内化了认识模型。在此基础上要进一步优化学生的认知结构，让学生输出模型内化的结果，使其解决问题的思路向创新性进阶。教师提出问题，请学生通过分析材料设计拯救珊瑚礁的方案。

冰岛雷克雅未克地热电站研究人员将二氧化碳和大量的水注入地下深层的玄武岩中，使其转化为碳酸盐晶体。

学生分析讨论封存二氧化碳的方法。不能让它游离，最好的结果是将其转化成难溶盐储存在地球上，那么就可以利用沉淀转化原理。利用地壳的玄武岩的成分硅酸盐进行转化，在这个过程中需要比较硅酸盐和碳酸盐的溶度积、碳酸和硅酸的酸性强弱，都需要用到水溶液中离子平衡的知识，并且是主动调用化学知识来解释实际问题。

教师提出问题，请学生通过分析材料，利用水溶液中的离子平衡设计碳回收的方法。

科技日报讯：美国科学家开发出一种电解海水的新系统，既能提取海水中的二氧化碳又能生成氢燃料，同时产生的碱性物质可以中和海洋酸化。学生根据信息参与设计一个电化学的回收二氧化碳的过程。

为了实现这一目标，学生必须主动应用模型，通过逆向思维来设计复杂水溶液体系中离子平衡的移动，这样才能获得需要的实验结果，达到最终的目的。

在整个深度学习的过程中，学生通过教师设计的活动平台，经过分析解释和多次的证据推理过程，完善了自己的方案，从而进一步在实际应用过程中发展了对学科知识的认识，提高了问题解决的能力，提升了综合素养。

从课堂上学生回答问题时发生的变化，我们明显看到学生的认识从孤立的、定性的，不断向联系的、定量的方向转化，宏观辨识与微观探析、证据推理与模型认知素养逐步形成；学生在分析真实复杂问题时，思维能力也有所提升。

深度学习视域下思想政治课堂"六有"

陈海兰[1]　苏晓军[2]　李育民[3]

思想政治课是学校落实立德树人根本任务的关键课程,在解决培养什么人、怎样培养人、为谁培养人的核心问题上承载着独特的使命。党和国家一直十分重视思想政治课的教学,特别是近年来习近平总书记关于思想政治课的重要论述,为思想政治课的发展指明了方向。如何抓住机遇,创新发展思想政治课,使之成为生动的课程实践,是摆在每位思想政治学科教师面前的重要任务。

长期以来,思想政治课存在着德育价值意识不强,教学内容浅表化、碎片化,教学实施重结果呈现、轻过程探究,学生的主动参与精神不突出、批判性思维欠缺等弊端,这与新时代对思想政治课的要求相距甚远。因此,在思想政治课中强化深度学习迫在眉睫。深度学习是在教师的引导下,学生围绕具有挑战性的学习主题,超越表层的符号知识学习,深入到知识的逻辑形式和意义领域的教学过程。我们认为,深度学习视域下的思想政治课堂应该做到"六有":课堂有魂、课堂有人、课堂有理、课堂有疑、课堂有思、课堂有动。

一、课堂有魂:解决课堂的初心使命问题

课堂有魂,是指思想政治课不能拘泥于具体知识的传授,而要把学生追求真理的精神品质、奉献社会的高尚灵魂、公平正义的价值观念等的培养摆在首位。具体而言,就是要引导学生树立社会主义核心价值观,把培育思想政治学科核心素养贯穿于思想政治课程育人的全过程;要以新时代中国特色社会主义思想铸魂育人,引导学生增强"四个自信",厚植爱国主义情怀,把爱国情、强国志、报国行自觉融入坚持和发展中国特色社会主义事业、建设社会主义现代化强国、实现中华民族伟大复兴的奋斗之中。

强化课程的灵魂价值既是教师职责所在,也深刻反映了思想政治课的学

---

[1] 陈海兰,陕西省西安市教科所教研员,高级教师。
[2] 苏晓军,陕西省西安市关山中学教师,高级教师。
[3] 李育民,陕西省西安高新第一中学教师,正高级教师。

科本质，反映了学科教学的一般规律，是培育思想政治学科核心素养的必然要求。习总书记指出，"教师是人类灵魂的工程师，是人类文明的传承者，承载着传播知识、传播思想、传播真理，塑造灵魂、塑造生命、塑造新人的时代重任。"《普通高中思想政治课程标准（2017年版）》将思想政治课的课程性质定位为："高中思想政治以立德树人为根本任务，以培育社会主义核心价值观为根本目标，是帮助学生确立正确的政治方向、提高思想政治学科核心素养、增强社会理解和参与能力的综合性、活动型学科课程。"由此可见，判断思想政治课上得好不好，有没有达到既定的教学目标，最重要的一条标准就是教师是否能将思想政治课程内容的精神思想传递给学生，使学生能够受到灵魂深处的触动，实现政治理念的认同、行为表现的自觉践行。

思想政治课程内容是丰富多彩的，教学方式也是多种多样的，无论采用何种教学方式组织教学，教学的最终目标都要体现"课堂有魂"。价值目标是思想政治课的"魂"，它分为显性目标和隐性目标。对具有显性价值目标的教学内容，应准确把握，力求达到活、透、清、实的效果。例如，中国特色社会主义课程内容是显性目标，需要通过展示案例、探究分享、开展活动让学生体会中国特色社会主义的历史逻辑、理论逻辑和现实逻辑，增强学生的"四个自信"，使学生的理解升华为"坚定走什么路，举什么旗，跟谁走，为什么而奋斗"的问题。对具有隐性价值目标的教学内容，教师要善于发现并挖掘其背后的价值因素。例如，学习收入分配问题就要挖掘出人的"财商"与"财德"的问题，即一个人不仅要懂得如何获得财富，更重要的是懂得拥有财富后如何支配财富才能使人生更有意义。又如，学习中国共产党历史地位的确立，要引导学生深刻认识中国共产党领导中国人民坚持走中国特色社会主义道路取得的巨大成就，探究中国为什么能、中国为什么行，这样才能提升思想政治课的教学境界。

二、课堂有人：解决课堂的学习主体问题

学生是学习的主体，课堂有人就是要做到从学生出发，以学生的主动参与带动深度学习的发生。课堂有人的基本表征是学生立场、学生自主、学生发展。学生立场要求教师准确把握学情，找准学生学习的最近发展区，重视课堂生成的问题，服务于学生的需要；学生自主指教师要相信学生的创造力，要留足时间，懂得"留白"的妙用，创造条件让学生发现问题、分析问题、解决问题，学生的问题由学生自主解决，提倡实践体验学习；学生发展指学生在课堂学习中学到了什么，课堂学习对提升学生知识掌握、能力提升、价

值观转变的作用，最后要落脚到促进学生德智体美劳全面发展上。

课堂有人要求教师站在学生视角去设计教学。在教学方式上，要通过创设贴近学生生活的情境，设立学生感兴趣的有意义的议题，将课堂话语权交给学生，让学生去经历知识的发现、发展，探索问题的解决；在教学评价上，要以学生的发展和素养的形成为评价的标准，而不是以教师的知识讲授、语言表达、课堂展示等为依据。以《多变的价格》一课为例，深度学习的课堂要求教师创设生活情境，让学生自己去体验、感悟价格的变动及影响。例如，要求学生组成学习小组，对春节前夕菜市场价格变化进行调查，探究思考春节期间蔬菜价格比平时昂贵的原因，学生在市场调查、经验交流、分享展示的过程中得出：商品的价值决定了价格，但供求会影响价格；临近春节蔬菜供不应求，价格会适度上涨等，让学生在"参与"和"经历"中获得成长。

三、课堂有理：解决课堂的论证逻辑问题

习近平总书记在 2019 年 3 月 18 日学校思想政治理论课教师座谈会上特别强调："推动思想政治理论课改革创新，要坚持政治性和学理性相统一，以透彻的学理分析回应学生，以彻底的思想理论说服学生，用真理的强大力量引导学生。"思想政治课缺少了理论逻辑，问题就说不清、说不透、说不好，学生学习效果就不突出，外在的表现就是浅表教学，而不是深度学习。深度学习视域下的思想政治课要"有理"，其本质是遵循理论规律，增强说服力。思想政治课的学理性包括：一是思想政治学科自身的理论规律；二是思想政治课教学所应具备的教育学、心理学、传播学方面的理论规律；三是学生成长的理论规律；四是一般科学理论规律，比如哲学、逻辑学的理论规律。

思想政治课的学理基础需要充分发挥马克思主义理论学科的领航作用，展现本学科所蕴含的强大科学性和逻辑性，更要着眼于马克思主义中国化的新成果，深入研究坚持和发展中国特色社会主义的重大理论和实践问题，为增强其思想性、理论性提供多角度学术支持。

四、课堂有疑：解决课堂的价值澄清问题

学贵有疑，课堂因"有疑"而精彩。深度学习强调学生主动参与、积极建构，学生在学习中产生了疑问，就能主动地向未知领域进行探索。"疑"就是怀疑、反思、批判，不盲从、不迷信，是追求真理的科学态度。布鲁纳认为，只有学生自己发现的知识才是真正属于他自己的东西。学生在学习知识时会出现试错、知错、纠错、悟错的过程，不可能一步到达真理，因此，要包容学生的错误，试错是探讨疑在何处，知错、纠错、悟错的过程则是不断

解决疑问、升华学习的过程，也是学生形成正确思想观念的过程。课堂有疑才能引导学生主动建构知识，开启思维和智慧的大门。

有疑的课堂需要有问题意识。在教学活动中，教师应根据教学需要和学生实际提出一些具有思维含量的、有价值的问题，引发学生的困惑、思索，从而激起学生探究和解决问题的强烈欲望，推动教学的深入开展。"课堂有疑"还要求思想政治课必须强化辨析，通过创设特定的情境和问题，将学习内容和真实生活关联起来，引发学生不同价值观的冲突，挑战学生的价值观念，从而激发学生主动探究、解决新问题，并在价值冲突、探索、建构的基础上逐步认同、接受和内化正确的价值观念。

五、课堂有思：解决课堂的高阶思维问题

深度学习的最主要特质是高阶思维。所谓高阶思维，是指发生在较高认知水平层次上的心智活动或认知能力。思想政治课要尽可能创造机会，引导学生对相关问题进行解释、分析、归纳、辨析、判断等，引导学生在掌握学科知识的同时更好地培育其高阶思维能力，这是深度学习视域下的思想政治课堂的必然要求。

培养高阶思维可以通过以下两种方式：一是开展探究式学习。通过小组合作、案例学习、角色扮演、项目研究、模拟性决策等方式，引导学生投入到调研、分析、比较、归纳、创造等学习活动中，发展学生的高阶思维能力。二是重视课堂的生成。引导学生围绕具有挑战性的学习主题展开探索，学生在思考中生成问题，做出判断，并进行探究批判，寻找解决问题的方法。例如，在《世界的物质性》一课的教学中，在学习自然界是物质的相关内容时，就有学生提出人工降雨是人为干预天气，否认自然的物质性。教师可以引导学生针对这一生成问题展开合作探究：实现人工降雨的前提是什么？人工降雨是否可以要风得风、要雨得雨？师生在交流互动中分析得出：人工降雨的前提是天空必须有足量的云，需要根据自然界降水形成的原理向云中发射适量的降雨剂。对这一生成问题的探究交流使学生更深刻地理解了自然的物质性原理。

六、课堂有动：解决课堂的实施样态问题

思想政治课教学需要让学生在真实的活动情境中去体验、感悟、辨析、认同，培养社会主义核心价值观，形成思想政治学科核心素养。《普通高中思想政治课程标准（2017年版）》明确提出要构建活动型学科课程。活动型学科课程体现了学科核心素养主导课程实施的内在逻辑，也是思想政治课教学走

出困局的关键,被视为本次思想政治课程标准修订最具创新意义的亮点。深度学习视域下的思想政治课堂要"动起来",需要做到"形""神"兼备,不仅形式要动,情感思维也要动。"课堂有动"的考察维度有学习态度主动、教学方法灵动、课堂开展活动、课外采取行动。"课堂有动"应成为思想政治课深度学习的常态。

如何实现"课堂有动"？在教学实践中可采取以下四种方式：一是围绕议题展开活动设计,创设丰富多彩的教学情境,引导学生思考和解决现实生活中的各种问题；二是强化辨析,在范例分析中展示观点,在价值冲突中识别观点,在比较鉴别中确认观点,在探究活动中引申观点；三是优化案例,着眼于综合性教学的情境创设,提供综合的观点,提升综合能力；四是走出教室,开展志愿者服务、社会调查、专题访谈、参观访问以及各种职业体验等社会实践活动。例如,可以开展模拟联合国、模拟政协、模拟法庭、模拟社会、研学旅行、市场调研等活动,让思想政治课灵动起来,让学生的思维活起来,让课堂丰富起来。在课堂评价上可以采用课堂观察的方法,如实记录课堂活动的频次、内容、质量、水平。

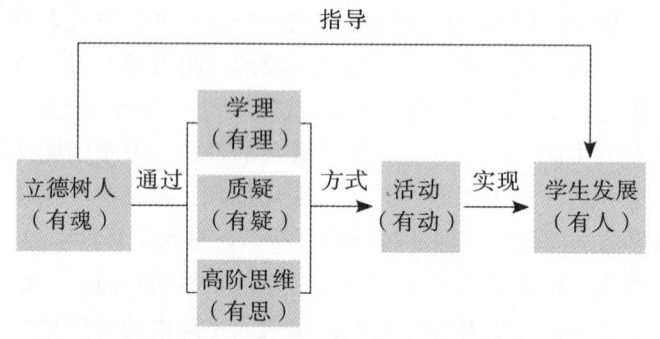

图1 思想政治课"六有"结构图

总之,新时代对思想政治课教学提出了新要求。深度学习视域下思想政治课"六有"是一个统一的整体(图1)。为了实现立德树人的根本任务(课堂有魂),必须以学生发展为根本原则(课堂有人),引导学生用科学理论武装头脑(课堂有理),通过批判、质疑的方法路径(课堂有疑),发展学生的高阶思维(课堂有思),并以活动型学科课程的实施方式(课堂有动),引导学生树立社会主义核心价值观,培育思想政治学科核心素养,发展成为合格的社会主义事业的建设者和接班人。

高中信息技术的深度学习主题设计

——以宁波中学内地新疆班为例

陈宜挺[①]

深度学习作为一种教学改进方式,是在教师引领下,学生围绕着具有挑战性的学习主题,全身心积极参与、体验成功、获得发展的有意义的学习过程。[1]在深度学习中,学习主题是一个极为关键的概念。所谓学习主题,是指围绕学科核心内容组织起来的、对现实生活有意义的、促使学生持续探究的单元学习活动主题。学习主题不仅以模块化的方式将课程内容组织起来,同时与真实的世界和学生的生活经验、原有基础及兴趣点建立联系,这种联系显然有助于真实教学情境的创设。

宁波中学从 2000 年起创办内地新疆高中班,作为对边疆民族地区的教育支援方式,至今已连续举办了 18 年。内地新疆班作为一种特殊形式,其学生在语言交流与理解、学习心理、学习习惯和学习水平等方面都有较大差异。如我校本届新疆班预科中,超过 37% 的学生在小学阶段没有学习过信息技术课程,约 9% 的学生在初中阶段没有学习过信息技术课程,有 55% 的学生在日常生活中较少或不接触并使用计算机。为了让他们尽快适应新学习环境和学习要求,提升核心素养,我校尝试在新疆班预科信息技术课程中优先推进深度学习,转变教学方式,在课堂中培育发展每位学生的核心素养。

一、学习主题设计思路

怎么让学习主题有效促进预科学生建构学科知识体系?内地新疆班预科有独特的学制安排(高中四年中的第一年),语文、英语和数、理、化课程教材统一使用教育部组织编写的预科教材,但信息技术并没有相应的教材。这就要求教师从学科的角度去考虑预科信息技术的学习主题设计,将学科内不同板块的内容合理交融,选择适合预科学生发展水平的课程内容进行学习主题设计。于是,我们根据学生感兴趣的内容选择合适的课程内容,并加以优

---

① 陈宜挺,浙江省宁波市宁波中学教师发展中学主任,中学一级教师。

化。譬如，网络聊天是预科学生最感兴趣的学习内容，那么就设计关于即时通信与电子邮件的深度学习主题，将文字和图片处理、网络道德、计算机发展史、即时通信与电子邮件等学习内容统整在这一主题之下。只有学生感兴趣了，他们才会有充分的动机去学习、探究。

怎么让学习主题更具真实的情境？学习主题只有来自学生熟悉的生活，来自学生已有的经验，来自学生将要面对的实际问题，与生活中的真问题相关，创设的情境才真实。如何在预科学生特殊的生活经验基础上设计学习主题，是需要关注的重要问题。

怎么让学习主题充分激发预科学生的学习潜能？深度学习要求学生充分、灵活地运用知识去理解世界、解决问题。因此，在设计学习主题之初就应考虑探究的原则，通过设计有一定挑战性但不超越预科生能力范围的学习主题，激发其学习潜能，促进探究学习的持续与深入。

怎么让没有良好基础的预科学生不畏惧学习主题？这就需要课程内容符合他们的学习水平，并由此形成相应的学习主题。在每一个学习主题中，无论是经常使用计算机的学生，还是信息技术几乎"零基础"的学生，都有对应的学习内容，只是水平达成要求不一样而已。

二、课程内容与深度学习主题

中小学信息技术课程的主要任务是：培养学生对信息技术的兴趣和意识，让学生了解和掌握信息技术基本知识和技能，了解信息技术的发展及其应用对人类日常生活和科学技术的深刻影响。[2]因此，预科信息技术课程内容的选取和深度学习主题的确立需围绕这一课程任务进行。

（一）预科信息技术课程内容

针对预科学生的实际情况和预科阶段信息技术的课程目标，我们对初中和高中信息技术课程内容进行选择、整合和优化，确定以信息技术社会理解、计算机的结构和工作原理、算法基本思想、因特网有效信息获取、电子文档的运用、电子表格的运用、演示文档的运用、多媒体作品制作、网站设计与制作为主的课程内容，并对其进行模块化，具体如图1所示。

```
                    ┌─────────────────────┬─────────────────┐
                    │  信息技术社会理解   │ 电子文档的运用  │
                    ├─────────────────────┼─────────────────┤
                    │计算机的结构和工作原理│  算法基本思想   │
          ┌──┐      ├─────────────────────┴─────────────────┤
          │预│      │          因特网有效信息获取           │
          │科│─────▶├───────────────────────────────────────┤
          │信│      │                模块一                 │
          │息│      └───────────────────────────────────────┘
          │技│      ┌─────────────┬─────────────┬───────────┐
          │术│      │电子表格的运用│电子文档的运用│演示文档的运用│
          │课│─────▶├─────────────┴─────────────┴───────────┤
          │程│      │          因特网有效信息获取           │
          └──┘      ├───────────────────────────────────────┤
                    │            信息技术社会理解           │
                    ├───────────────────────────────────────┤
                    │                模块二                 │
                    └───────────────────────────────────────┘
                    ┌───────────────────┬───────────────────┐
                    │   多媒体作品制作  │   网站设计与制作  │
                    ├───────────────────┴───────────────────┤
             ─────▶ │          因特网有效信息获取           │
                    ├───────────────────────────────────────┤
                    │            信息技术社会理解           │
                    ├───────────────────────────────────────┤
                    │                模块三                 │
                    └───────────────────────────────────────┘
```

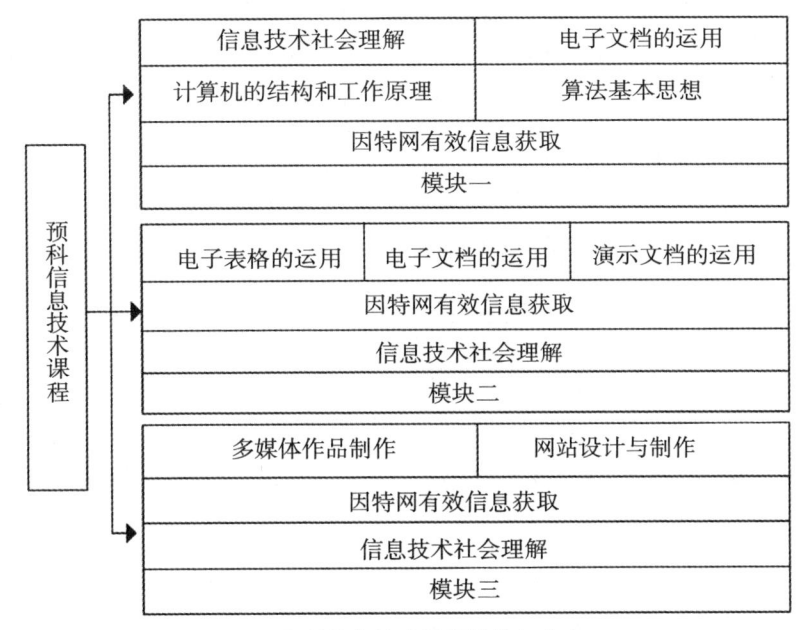

图 1 预科信息技术课程模块与内容

1. 课程内容的选取

这 9 部分课程内容的选取，一是根据预科整体课程的设置目标和预科学生的信息技术学习基础，二是参照了基础教育阶段信息技术课程标准规定的课程内容，三是融合了一部分高中信息技术学科的核心概念和核心实践。

2. 课程内容的模块化处理

根据信息技术学科的自身逻辑和预科学生的学习水平，将这 9 部分课程内容进行了模块化处理，以增强课程内容之间的联系，保证课程内容的综合性，为深度学习主题的设计奠定良好的内容基础。在这 3 个课程模块中，一部分课程内容是反复出现的，如"信息技术社会理解"，在第一个模块中作为显在学习内容出现在深度学习主题之中，但在其他模块则是以隐性学习内容、支持性学习内容或深化学习内容的形式存在于深度学习主题之中，其他课程内容也是如此。

（二）预科信息技术深度学习主题

围绕 3 个课程模块、9 部分主要课程内容，我们从预科学生已有经验或所面临的学习、生活中实际存在的问题里抽出具有实践性和深度学习意义的学习主题（表 1）。

基于核心素养的深度学习

表 1 预科信息技术深度学习主题

模块	相关课程内容	深度学习主题	建议课时
模块一	信息技术社会理解、因特网有效信息获取	拉近我与你的距离——"我·你"的 QQ 与 Email	3
	信息技术社会理解、计算机的结构和工作原理、算法基本思想	认识计算机的世界——"我·信息"的计算机原理与算法	4
	信息技术社会理解、因特网有效信息获取、电子文档的运用	网络公民公约——"我·网络"网络公德倡议	3
模块二	信息技术社会理解、因特网有效信息获取、电子文档的运用	我与宁波中学——"我·学校"电子文档制作	6
	信息技术社会理解、因特网有效信息获取、电子表格的运用	我为班级做名册——"我·班级"电子表格制作	6
	信息技术社会理解、因特网有效信息获取、电子文档与电子表格的运用	向您介绍我的家乡——"我·家乡"电子宣传册制作	6
	信息技术社会理解、因特网有效信息获取、电子文档与演示文档的运用	我的职业生涯规划——"我·人生"演示文档制作	6
模块三	因特网有效信息获取、信息技术社会理解、多媒体作品制作	我为远方的你做贺卡——"我·家"电子卡片制作	6
	信息技术社会理解、因特网有效信息获取、网站设计与制作	我为自己代言——"我·自己"个人网站设计	8

1. 深度学习主题与课程内容之间的联系

深度学习主题是课程内容的一种组织方式。如果按照传统的课程结构组织方式，这 9 部分课程内容往往是单独实施教学的，换言之，内容与内容之间是割裂存在的，在某一个学习阶段，预科学生基本上就单一的课程开展学习，教师的教学方式也基本以讲授式和浅表化的任务驱动式为主。

与传统课程结构组织方式相比，深度学习主题通过某一个主题将预科信息技术三个模块的课程内容加以组织，从而可以使课程内容呈现多元的、综合的、深度的影响力。同一课程内容可以以不同的学习要求出现在不同的深度学习主题之中，一个深度学习主题之下也可以有几部分的相关课程内容。在对某一深度主题学习的过程中，学生通过合作学习、探究学习、实践体验等学习方式，深度理解和灵活应用知识、技能、策略和情感态度价值观，更深入地理解信息技术的学科世界，运用信息技术去解决现实问题。当然，教师应该在教学安排中体现课程内容的侧重点，哪些内容是新授、哪些内容是巩固、哪些内容是加深、哪些内容是综合运用，都需要在学习主题设计之初就加以考虑。

2. 深度学习主题的确定与表述

深度学习主题应该是能激发学生学习兴趣，来自学生已有的经验和将要面对的实际问题，能充分激发学生的学习潜能的一种问题形式。预科学生远离家乡、家人和朋友，带着原有的语言和学习行为习惯，面对着全新的学习和生活环境，如何来规划自己的职业生涯，这就成了深度学习问题确认的最主要依据。譬如，"我与宁波中学——'我·学校'电子文档制作"这一深度学习主题，由于预科学生初到新学校，对学校的历史和概况是陌生的。教师引导学生运用信息技术从校园网、互联网中获取关于学校的有效信息，运用电子文档对这些信息进行处理，设计与制作关于宁波中学的宣传页，并以即时通信与电子邮件的方式发送给家人、朋友和同学，可以有效帮助预科学生尽快熟悉、适应和融入新学校。

在对深度学习问题的表述上，有两点需要考虑：一是指向探究活动，让学生看到深度学习主题的名称就能感知到"这个学习主题要做什么"；二是指向学生自身，让学生体验到"深度学习主题与我自身的关系"，保证其深度学习的动机和兴趣。

3. 深度学习主题教学建议

在深度学习主题的教学中，需要转变传统的教学模式，根据课程内容、预科学生特点和深度学习主题本身，实施有针对性的教学策略。面对有较大难度的深度学习主题时，可开展分组合作学习，通过合作降低学习任务的难度，更深入地开展理解和探究活动；针对预科学生在信息技术水平上存在较大差异的情况，可实施分层递进教学，即在同一主题之下设置不同层次的学习要求；深度学习主题的教学务必体现活动的探究性，以教师指导下的探究学习为主；元认知策略是预科学生在学习过程中普遍缺乏的，因此深度学习主题的教学要关注元认知策略的教学，帮助学生对自己的认知过程及结果进行有效监视及控制。

只有当教学活动和深度学习主题相适配，学生才能在深度学习主题的学习过程中，掌握学习的核心知识，理解学习的过程，把握学科的本质及思想方法，形成积极的内在学习动机、高级的社会性情感、积极的态度、正确的价值观。[1]

以上是我校在内地新疆班中，针对学生信息技术学科基础差异较大的情况，开展深度学习教学改革实验的初步探索，希望与有类似情况的学校和地区相互借鉴，共同商榷。

参考文献：

[1] 郭华.深度学习及其意义[J].课程·教材·教法，2016，36（11）：25-32.

[2] 段青.《基础教育信息技术课程标准（2012版）》义务教育阶段基础模块内容标准解读[J].中国电化教育，2012（10）.

"尽精微致广大"的美术深度学习

——由《生命中的色彩：凡·高绘画赏析》一课想到的

段 鹏[①]

当前，核心素养本位的课程教学改革成为方向，中国基础教育美术课程在"潮流"当中，亦处于大变革的关键时期。如何让"美育育人"的理想诉诸实践？课堂美术教学中培育学生核心素养的路径和方法为何？除了热情与目标的坚定之外，还需要"逢山开路，遇水搭桥"的智慧。

一、学校美术教育需要由"表浅学习"走向"深度学习"

当前，基于"双基"本位的传统学校美术教育还存在应试教育的强大惯性。"表浅学习"或低水平认知仍屡见不鲜，要么固守知识技能本位，过于强调美术教育的"术课"特质——这使得美术学习呈现出"碎片化"状态，无法引领学生获得学科理解力且形成知识结构、获得丰富的艺术体验；要么是狭隘地理解新课程的"活动"理念，更多只是形式上的探究（教学成为基于活动的展示或"表演"），与学生高水平认知、思维和探究能力的形成关涉无多。在美术鉴赏内容教学中，上述判断或许体现得更为明显。

笔者曾观摩过一节《生命中的色彩：凡·高绘画赏析》的课堂教学。该课执教教师主要讲解了凡·高坎坷的人生经历，辅以电影视频的播放，呈现了凡·高的生命情感以及对艺术的执着与专注。其中，教师也讲授了凡·高及其同时代著名艺术家的代表性作品，分析了其画面构成和特色。在讲解到《麦田上的乌鸦》这幅作品时，教师提及这是凡·高的最后一幅创作，之后他便结束了自己短暂的生命……学生在教师的生动讲解下，沉浸在一种悲怆的氛围当中，同时感慨于艺术家的不凡经历。于笔者看来，这样的美术教学较为常规。类似的教学中，有的教师或将"鉴赏"等同于"美术史的讲授"，或只是辅以多媒体的手段呈现艺术家的传奇经历——即便有作品的呈现和讲解，也更多的是呈现"教科书般的标准答案"，很难说能够在"分析、思考、判断"的层面给予学生有层次的思维养成和提升。

---

① 段鹏，首都师范大学美术学院美术教育系副主任，副教授。

基于核心素养的深度学习

目前，教育领域的课程教学改革倡导"深度学习"，这为核心素养、学科核心素养的达成提供了实践层面的路径参考。深度学习对于改进上述教学弊病，无疑是具有启示意义的——区别于浅层次的低水平认知，深度学习涉及更为复杂的思维和行为活动，多针对在真实生活情境下用学科观念、知识、技能等解决有挑战性的现实问题。此间，学习者将习得的内容（或经验）内化、融入到已有的知识结构中，其外化形式呈现出的素养可以"举一反三"，进行有效迁移和应用。基于教育学的思考，深度学习具有多重的意义和价值，"教学不仅要帮助学生承继人类认识成果，而且要在这个过程中感受、体验人类认识过程中的思想的、行为的、判断力的精华，成长为能够明辨是非、有正确价值观、有担当的未来社会实践的主人。总之，教学为了发展，教学要促进发展，教学要让学生具备自主发展的意识与能力，要发展学生的核心素养"。[1]

作为学校教育的一门重要学科，美术课程和教学自然也从属于上述"深度学习"之观念与教学行为逻辑，需要由"表浅学习"走向"深度学习"，由单一的美术知识技能传递、训练走向深度的艺术感知、理解和创造，由信息传输般的"碎片化"教学走向追求理解的统整式教学。笔者将结合布鲁姆的"知识维度"理论勾画学习进阶的路径与形貌。

二、四种知识类型与美术课堂教学的"深度进阶"

美国教育学家本杰明·布鲁姆（Benjamin Bloom）在教育目标领域的研究为业内所熟识，现今看来，其对研究深度学习和教学实践仍颇有借鉴作用。布鲁姆曾对教育目标分类体系做出了"知识、理解、应用、高级过程"的设定。[2]承袭于此，其对"知识维度"（Knowledge dimension）做出区分也是一大理论贡献。据其研究，教育中有四大类型知识：事实性知识（或"陈述性知识"）、概念性知识、程序性知识、元认知知识。简言之，事实性知识是学科门类中的重要信息和事实；概念性知识涉及知识的类目、区分、关联和关键定理；程序性知识是在具体情境中应用、操作或程序执行的知识；元认知知识又称为反省性知识，其关乎个体对知识的体认和思考，具体体现在分析、综合、评价、批判等多种学习行为方面。

这里我们同样可以凡·高美术鉴赏为例，对四种知识类型进行说明：

● 事实性知识：讲述凡·高的年代、生平、坎坷经历、代表作品。

● 概念性知识：讨论凡·高所属的后印象派及其艺术特征等。

● 程序性知识：分析凡·高是在什么样的条件下完成了《向日葵》《鸢尾

花》等名作，说说其创作经历及后人对作品的品评。

●元认知知识：联系凡·高的生平，分析其作品具有哪些画面形式、风格特点，思考其不同时期的人生经历和不同阶段的作品风格关联在哪里。为什么凡·高的艺术创新在当时不被理解和接受，乃至于只卖出了一幅作品？凡·高的艺术对人们艺术观念形成有哪些影响？其对当下艺术创作的启示为何？等等。

对比前文所述凡·高美术鉴赏的讲授方法，如果凭借知识四大类型来对凡·高及其艺术进行讲授的话，其路径和方式就呈现了"深度学习"之特质——并非只是对艺术家或美术史等进行简单的知识传递，学习者自然也不会对教科书上已有的既定事实"拿来主义"般地直接接受，而是由事实到概念，由概念到方法，由一般性的认知到批判性的思考，这使学习过程呈现出极强的深浅层次。尤其是对"元认知知识"的学习和理解，学生思考艺术家个人的人生经历、艺术作品的特色、艺术风格的形成、社会和时代、艺术审美的标准等之间错综复杂的关系，甚至是对个人艺术创作的启示等，这些都已经直接指涉"高阶思维"（Higher order thinking）的特质——学习过程中学习者势必会对知识进行有机整合，积极主动地学习新的学科观念和思想，并进行个体的反思与判断。秉持如此路径的教学，已经不单是基于既有"知识点"的传递式教学，而是指向了学科知识的结构化和学习者的个体理解。"深度教学反对'知识点'意识，主张从'知识点'教学走向'知识结构'教学。学科思想不是通过零散的知识点来表达的，而是蕴含在结构化、关联性的知识体系之中。"[3]

此外，布鲁姆认知领域的目标还有六大行为要素——记忆、理解、应用、分析、评价、创造，这从"认知过程"的角度对学习进阶进行了区分。同样结合凡·高绘画赏析的教学示例，教师可以据此为学生提出有针对性的问题：

●记忆：凡·高是谁？其生平经历为何？

●理解：结合艺术家个人的生活经历，谈一谈为什么凡·高对艺术如此的执着和热情？

●应用：凡·高运用的色彩、笔触在其情感表达中的作用为何？

●分析：凡·高为什么偏爱"向日葵"题材？生命的最后为什么又创作了《麦田上的乌鸦》？其蕴含了艺术家怎样的一种情感？

●评价：凡·高的艺术对后来的艺术家有何影响？其时代意义和价值为何？对艺术史的贡献为何？

●创造：如何借鉴凡·高以线条、笔触、色彩"借景抒情"？

综合上述的叙述和案例分析，我们可以发现，"四大类型知识"是对知识领域的横向划分，而"六大行为要素"则是对学习者个体认知过程进行的纵向区分。如果将二者结合，即构成了关于课堂"知识—学习"的立体谱系。对此，学者安德逊（L.W.Anderson）等人就在布鲁姆研究的基础上绘制了"知识与认知过程的二维结构"[4]（表1）。

表1　知识的种类与认知过程的维度（L.W.Anderson，2001）

知识的种类	认知过程维度					
	1. 记忆	2. 理解	3. 运用	4. 分析	5. 评价	6. 创造
A. 事实性知识						
B. 概念性知识						
C. 程序性知识						
D. 元认知知识						

在《普通高中美术课程标准（2017年版）》的"教学设计建议"中，就特别指出美术课堂教学要"创设引发探究行为的问题情境"。在笔者看来，这里的"问题情境"即是触发美术深度学习的"发生器"，"它能激励学生有目的地选择和获取知识与技能，综合运用跨学科观念、思维方式和探究技能发现、提出、分析和解决问题"[5]。在课堂学习的深度进阶方面，一个好问题的提出能够引导学生从"陈述性知识"的层面不断向"元认知知识"发展，且更加强调学习者个体的"分析、评价、创造"。凡·高美术鉴赏教学案例中，如给学生提出"如何用线条、色彩在绘画中表达丰沛情感？"这样的一个问题，可以有效地激发学生对知识的"自我构建"——在凡·高艺术创作的启示下，思考"绘画表现和情感表达"之学科大概念，推进对后印象主义美术风格和艺术语言的持续理解，进而为自身的艺术造型表现提供启示。这绝非是简单的"刺激—反应"般的接受性美术学习活动，而是一种理智的思维与认知活动，"教育在理智方面的任务是形成清醒的、细心的、透彻的思维习惯"[6]。比起浅表的知识学习，了解凡·高的生平、作品名称、意义和价值等的学习"是学生感知觉、思维、情感、意志、价值观全面参与、全身心投入的活动，是作为学习活动主体的社会活动，而非抽象个体的心理活动"[7]。相对于传统的倚重教师讲授的美术鉴赏方法而言，这样的教学活动无疑是"难的"，因为其需要教师精心进行教学设计，以真正引发学生高质量的探究性学习行为。

三、美术教与学的"三个度"——纵深度、广泛度与关联度

具体到课堂教学的实践层面,如果对"深度学习"之"度"进行要素分解的话,可以分为"纵深度""广泛度"与"关联度"三个层面。

(一)纵深度,实现美术教学的"层层递进"

深度学习是对学习者思维状态的关注,以引发其探究性的学习行为与活动表现。对此,课堂美术教学不能只停留于事实性知识的讲述,而需要呈现教学的纵深逻辑。以美术鉴赏教学为例,讲解艺术家生平故事和一般的作品基本信息之外,教师还可以在问题情境创设的基础上,引导学生研究艺术家的生平、风格与创作观,分析与体悟作品的造型表现形式及其内蕴的思想情感表达,关注作品的时代意义和价值,多方面评析后世的不同观点和评价,谈论艺术家对美术史的贡献等。这使得美术鉴赏学习涵盖了"艺术家—艺术创作—美术作品—美术评论—美术史"这一全方位且有纵深感的不同层次,涉及分析、评价、综合、创造等学习行为与认知过程。由于其不同于常规的"平面化作品讲解"之路数,在对知识进行深度加工和意义建构的同时,也可以带给学生更多的心智挑战,引发学生的鉴赏兴趣与探究欲望。

(二)广泛度,在丰富的文化情境中认知美术

学者格雷姆·沙利文(Graeme Sullivan)认为,"艺术是一种个人或社会文化表达的外在形式,它影响了我们观看自我的方式"[8]。在某种程度上可以说,美术是人类文化的外在视觉表征方式,其以视觉的方式镌写着人类不同时期的社会文化与生活,并强化了人们对于历史、社会和自我的省思。因此,对于学校美术教育来说,在丰富的文化情境中认知美术,培植学生文化理解的学科核心素养实为必须。深度学习中的"广泛度",可以理解为美术学习需要让学生"既见树木,也见森林",使得学习美术知识技能的内涵和外延不断丰富,从而建构自身的审美心理结构。对此,教师有必要将艺术看作形式与意义的动态组合,以引导学生揭示美术作品、美术现象中文化符号的意义。这区别于"知识点"的学习,能够在一个大的"为生活而艺术"的视角和观念下,提升美术教学对培植、涵养学生人文精神的重要作用。以凡·高美术鉴赏为例,教师可以提出相关问题——"凡·高的艺术为什么在当时不被赏识,而现在却成为经典?""如何理解艺术的审美和评判标准在不同时期的变化?"这种基于文化视野的美术学习,可以理解为是深度学习之"广泛度"的表现。

（三）关联度，美术教学需要追求理解

"在过去的几十年里，人们越来越强调把世界看作是由相互关联的系统组成的，而不仅仅是一系列离散的单元。世界各地的教育系统已经从将学科和必修课程知识定义为事实的集合，转向将学科理解为相互关联的系统。"[9]这是经济合作与发展组织（OECD）在最新颁布的"2030年未来教育和技能的概念说明"（OECD Future of Education and Skills 2030 Concept Note）中开篇明义的话，也为我们鲜明地指出了"世界是关联的"这一朴素的真理。学校美术教学亦可以从这个角度来思考"深度学习"在课程层面的实现形式。如了解一个作家或某种艺术，对其背后的"大情境"要所有了解、把握，并进行研究思考，将其诸多要素关联起来进行综合认知，才会有更深入的理解。在某种程度上，这样的学习可以提升学生对学科的理解力，这是一种真正建构式的学习模式。在核心素养教育的语境下，我们需要不断明晰其所倡导的学习理念不是要脱离学科，而是通过关联的方式让学生"知其然也知其所以然"，直指对学科本质的探寻以及学生对学科知识、思想的意义建构。仍是以凡·高美术鉴赏教学为例，其中的"关联度"可以体现在"凡·高作品中的笔触和色彩特征和艺术家本人生命状态的关联""凡·高和同时代其他艺术家的异同""凡·高艺术中对东方艺术的借鉴"等等。

《中庸》有言，"致广大而尽精微"，原是阐述君子德性与学问的完美境界。在笔者看来，这完全可以用来引述核心素养时代美术深度学习之诉求。其中，"精微"可以理解为对美术世界的发现与体悟与洞察，由表及里，由现象至实质，在教学中使学生获得深度的学科理解力；"广大"则可以用来说明美术深度学习的状态——通过问题情境，不断地思考、分析、判断，将知识学习放置在一定的脉络体系（或文化语境）中，进行有意义的推断和发现。

参考文献：

[1] 郭华.深度学习及其意义[J].课程·教材·教法，2016，36（11）：25-32.

[2] 钟启泉.现代课程论[M].上海：上海教育出版社，2006：353.

[3] 郭元祥.知识之后是什么——谈课程改革的深化（6）[J].新教师，2016（06）：7-9.

[4] 钟启泉.基于核心素养的课程发展：挑战与课题[J].全球教育展望，2016，45（01）：3-25.

[5] 中华人民共和国教育部.普通高中美术课程标准（2017年版）[M].北京：人民教育出版社，2018：46.

[6] [美]约翰·杜威.我们怎样思维·经验与教育[M].姜文闵译.北京：人民教育出版

社，2005：71.

[7] 郭华.深度学习与课堂教学改进[J].基础教育课程，2019（Z1）：10-15.

[8] Graeme Sullivan. Ideas and Teaching：Making Meaning from Contemporary art[A].Yvonne Gaudelius & Peg Speirs.Contemporary Issues in Art Education[C].Upper Saddle River，NJ：Prentice Hall，2002.23.

[9] OECD.OECD Future of Education and Skills 2030 Concept Note[EB/OL].www.oecd.org/education/2030-project，2019-10.